全国革命老区县发展史丛书——山西卷

永济市革命老区发展史

永济市老区建设促进会　编

山西出版传媒集团　山西人民出版社

图书在版编目（CIP）数据

永济市革命老区发展史 / 永济市老区建设促进会编.
-- 太原：山西人民出版社，2023.6
ISBN 978-7-203-12069-8

Ⅰ. ①永… Ⅱ. ①永… Ⅲ. ①永济—地方史 Ⅳ.
①K292.54

中国版本图书馆CIP数据核字(2021)第276587号

永济市革命老区发展史

编　　　者：永济市老区建设促进会
责任编辑：员荣亮
复　　审：贾　娟
终　　审：武　静
装帧设计：尹慧娟

出 版 者：山西出版传媒集团·山西人民出版社
地　　址：太原市建设南路 21 号
邮　　编：030012
发行营销：0351 - 4922220　4955996　4956039　4922127（传真）
天猫官网：https://sxrmcbs.tmall.com　电话：0351 - 4922159
E - mail：sxskcb@163.com　发行部
　　　　　sxskcb@126.com　总编室
网　　址：www.sxskcb.com

经 销 者：山西出版传媒集团·山西人民出版社
承 印 厂：山西万佳印业有限公司

开　　本：787mm×1092mm　　1/16
印　　张：21.5
字　　数：200 千字
版　　次：2023 年 6 月　第 1 版
印　　次：2023 年 6 月　第 1 次印刷
书　　号：ISBN 978-7-203-12069-8
定　　价：118.00 元

如有印装质量问题请与本社联系调换

《永济市革命老区发展史》编纂委员会

《永济市革命老区发展史》编纂人员

主　　　编　　袁宏轩

常务副主编　　姚立荣

副　主　编　　王新社　　韩彦平　　张国良　　张仰民

　　　　　　　王柏杉　　王宗周

编　　　辑　　曹中义　　王震亚　　杨彩霞　　薛越茜

　　　　　　　王军平　　范六一

摄　　　影　　王柏杉　　李向东

中共永济市委书记孙中全在东开张村调研

永济市市长黄亚平在康蜀村调研

中共永济市委副书记王文选在康蜀村调研

永济市老促会一班人在东开张村调研

冯彦俊 1937 年 6 月，山西省牺牲救国同盟会派冯彦俊任永济县牺盟会特派员，同年 11 月任中共永济县委宣传委员。

李 荣 1929 年 8 月，中共虞临永支部（特支）成立，李荣任支部书记。

张子英 1929 年 8 月，中共虞临永支部（特支）成立，张子英任组织委员。

于保安 1930 年 8 月，中共永济县支部成立，于保安任支部书记。

薛克忠 1937年9月，中共虞乡县委成立，薛克忠任县委书记。

姚伯功 1937年11月，中共永济县委成立，姚伯功任县委书记。

高一清 1938年1月，高一清任中共永济县委书记。

丁皖生 1938年10月，丁皖生任中共永济县委书记。

董奥林 1940年2月，中共永济条北县委成立，董奥林兼任县委书记。

白　峰 1941年7月，白峰任中共永（济）芮（城）虞（乡）解（县）联合县委书记。

负灏 1942年3月，负灏任中共永济县委书记。

郭久长 1943年5月，郭久长接任中共永（济）芮（城）虞（乡）解（县）联合县委书记。

张 凯 1940 年 2 月，中共虞（乡）解（县）边区工作委员会成立，张凯任书记，抗战期间曾任张凯支队队长。

卫 璜 1941 年 3 月，中共永济条北县委在张营镇敬祥庙组建永济县特务营，卫璜任营长。

杜耀生 1941 年 3 月，永济县特务营成立，杜耀生任教导员。

陈青林 1935 年 8 月，任中共永济县支部委员，1938 年任永济自卫五大队政治特派员，永济县委委员兼二区区委书记。

陈家红色地下联络站全家照　前排左起：陈鸣玺妻子杨友贤、母亲曹墩女、父亲陈庆炎、陈鸣玺；后排左起：陈鸣玺弟媳、女儿陈醒、侄子陈悟。

中共河东党组织早期负责人阎家德（左二）、金长庚（右三）经常来往陈家红色地下联络站，指导虞临永边界地区党的工作。

郭云舫烈士

胡赋行烈士

张士岗烈士

胡永康烈士

曹克恭烈士

周平定烈士

孙安定烈士

许宝德烈士

中共虞临永支部纪念碑

中共虞临永支部纪念馆

陈家红色地下联络站纪念碑

伍姓抗日纪念碑

抗日英雄纪念碑

抗日英雄纪念馆

虞乡村南日军残杀埋葬抗日军民的血泪井

血泪井纪念碑

舜都文化中心

樱花园

蒲 园

舜帝山森林公园

柳 园

滨河公园

老区村经济林特色产业

老区村西瓜特色产业

张营村米醋酿造厂

东开张村织布车间

七社村党支部、村委会

永济中学

任阳村东门

任阳村小学和幼儿园

普救寺

鹳雀楼

永济市老区建设促进会第一届理事会成员

永济市老区建设促进会第四届理事会成员

编纂人员深入村张营村收集资料

编纂人员向老促会原会长张克让、原秘书长张广印征求意见

编纂人员在一起讨论修改稿件

全体编纂人员合影

总　序

　　在举国欢庆新中国成立70周年前夕，中国老区建设促进会王健会长请我为"全国革命老区县发展史丛书"作序，作为一名在老区战斗过并得到老区人民生死相助的老兵，回首往事，心潮澎湃，感慨万千，深感义不容辞。

　　中国革命老区，是以毛泽东为代表的中国共产党人在领导人民推翻帝国主义、封建主义和官僚资本主义三座大山，争取民族独立和人民解放伟大斗争中建立的革命根据地。在这片红色的土地上，诞生了无数可歌可泣的革命英雄儿女，为后人立起了一座座不朽的丰碑，她是新中国的摇篮，是党和军队的根。

　　在艰苦卓绝的战争年代，老区人民把自己的命运与中华民族的命运紧紧地联系在一起，与中国共产党和人民军队的命运紧紧地联系在一起，他们生死相依，患难与共。我亲历过战争年代，并得到过老区红哥红嫂的救助，切身感受到发生在身边的一幕幕感天动地的革命故事。在那极其艰难的条件下，老区人民倾其所有、破家支前，不怕艰难困苦，不怕流血牺牲。"最后一碗米送去做军粮，最后一尺布送去做军装，最后一件老棉袄盖在担架上，最后一个亲骨肉送去上战场"，这是当时伟大的老区人民为建立新中国做出巨大牺牲的真实写照，它将永远镌刻在中国共产党、中国人民解放军、中华人民共和国的历史丰碑上。他们的光辉业绩永载史册，他们的革命精神必将影响一代又一代的革命新人，造就一代又一代的民族脊梁。

在社会主义革命和建设时期，革命老区和老区人民响应党的号召，面对落后的面貌、脆弱的经济、恶劣的生态环境，他们本色不变，精神不丢，自力更生，艰苦奋斗，干一行爱一行。始终坚持"革命理想高于天"，自觉做共产主义远大理想的坚定信仰者和忠实实践者，勇于向恶劣的自然环境和贫穷落后宣战，他们在各条战线上为国建功立业，用平凡的双手创造了一个又一个不平凡的奇迹，彰显了老区人的崇高精神和人格力量。

在改革开放的伟大进程中，老区人民解放思想，勇于创新，发奋图强，攻坚克难，老区的经济社会建设取得了辉煌成就。特别是在改变中国的面貌、中华民族的面貌、中国人民的面貌、中国共产党的面貌的伟大实践中发挥了至关重要的作用。老区人民既是改革开放的参与者，也是改革开放的推动者。

艰苦练意志，危难见精神。老区人民在近百年的革命战争、社会主义建设和改革开放的伟大实践中，孕育形成了伟大的老区精神：爱党信党、坚定不移的理想信念；舍生忘死、无私奉献的博大胸怀；不屈不挠、敢于胜利的英雄气概；自强不息、艰苦奋斗的顽强斗志；求真务实、开拓创新的科学态度；鱼水情深、生死相依的光荣传统。这是党和人民宝贵的精神财富、丰厚的政治资源，是凝心聚力、振奋民族精神的重要法宝，也是社会主义核心价值观的重要内容。

中国老区建设促进会怀着强烈的政治责任感和历史使命感，组织全国各地老促会人员克服困难，尽心竭力编纂"全国革命老区县发展史丛书"，记录老区的光辉历史和辉煌成就，传承红色基因，弘扬老区精神，是功在当代、利及千秋的一件大事。手捧这部丛书的部分书稿，读着书中的故事，倍感亲切，深感这部丛书具有资政、育人、存史的社会功能，有着重要的时代和历史价值。它是不忘初心、牢记使命的源头活水，是赞颂共产党、讴歌老区人民的一部精品力作，是弘扬老区精神、传承红色记忆的丰厚载体，是一项继承优秀传统文化、弘扬革命文化、发展社会主义先进文化，坚定"四个自信"的宏大文化工程。它必将成为一种文化品牌，为各界人士了解老区宣传老区支持老区提供一部有价值的研究史料。

希望读者朋友们能从中了解并牢记这些为党和民族的利益不断奉献的老区人民，从中得到教益，汲取人生奋斗的精神动力。新时代赋予新使命，新起点开启新征程。让我们更加紧密地团结在以习近平同志为核心的党中央周围，坚持以习近平新时代中国特色社会主义思想为指导，增强"四个意识"，坚定"四个自信"，做到"两个维护"，弘扬老区精神，铭记苦难辉煌，为实现"两个一百年"奋斗目标，实现中华民族伟大复兴的中国梦做出新的更大的贡献！

邝治田

2019 年 4 月 11 日

序

根据中国老区建设促进会的统一部署,在省市老促会的悉心指导和市委、市政府的大力支持下,经过全体编纂人员的辛勤努力,《永济市革命老区发展史》终于付梓。

这是历史的结晶、时代的产物、未来的昭示;这是伟大事业的需要,老区人民的期盼;这是回答历史诘问,反映时代心声,弘扬老区精神,传承红色基因,激励人们不忘初心、砥砺奋进的一大壮举。

永济革命老区位于山西省西南端,运城市西南部,秦晋豫三省交汇处的黄河金三角区域中心。这里大河北来、太华南依,东屏三晋、西控秦关,历来为兵家必争之地。这里古称蒲坂、传为舜都,历史悠久、人文厚重,是中华民族重要发祥地之一,千百年来永济先民根植这方热土,创造了灿烂的古代文明。鸦片战争始,列强入侵,水深火热,但永济人民不甘屈辱、奋勇抗争,仁人志士上下求索、苦寻光明。1929年迄今,嘉康杰蒲坂播火,虞临永支部建立,白色恐怖,抗日烽火,支前与土改,建设与革命,改革开放走进新时代。90年间,永济革命老区人民在中国共产党领导下,不畏艰难困苦,不畏挫折失败,不畏流血牺牲,战胜血火考验,为民族独立、人民解放,为新中国的建立做出了历史贡献;干革命、搞建设、抓改革,坚定

4

不移跟党走，为改变老区面貌，为祖国繁荣富强奋斗拼搏，成就辉煌。90年永济革命老区发展史，就是一部牺牲、奋斗、创新，站起来、富起来、强起来，寻梦、追梦、圆梦的壮丽史诗。

《永济市革命老区发展史》共三编约24万字，是首部记载永济革命老区人民90年探索与追求、奋斗与牺牲、付出与收获，展示老区人民镌刻于党旗的初心使命、扎根于内心的康庄大道、熔铸于血脉的老区精神的红色典籍。编纂《永济市革命老区发展史》，不只是为了记述史事、存照以往，更重要的是通过立德立言、资政育人，彰显铸魂励志、助力当今、昭示未来之重要作用。基于此，整个编纂过程中，各级领导关心支持，老区人民鼎力相助，编纂人员始终高站位严要求，以对党、对老区人民、对历史负责的政治意识，以严肃、严格、严谨的工作态度，甄别史料、据实记述、夙兴夜寐、善作善成，力求打造精品力作，着力体现精神高度、思想深度、语言力度。对大家倾注的热情与心血，付出的艰辛与努力，在此表示衷心感谢。

人民创造历史，历史承载人民；历史彰显文化，历史蕴含精神。问政于掌故，寻策于史籍，是中华民族治国平天下的优良传统。习近平总书记指出："我们回顾历史，不是为了从成功中寻求慰藉，更不是为了躺在功劳簿上、为回避今天面临的困难和问题寻找借口，而是为了总结历史经验、把握历史规律，增强开拓前进的勇气和力量。""时代是出卷人，我们是答卷人，人民是阅卷人。"我们衷心期待《永济市革命老区发展史》能以独特的书魂、书责、书品，不负时代重托，使老区人民满意，能为全市人民进行伟大斗争、建设伟大工程、推进伟大事业、实现伟大梦想，提供历史镜鉴和精神动力；能为全市人民铭记昨天苦难辉煌，无愧今天使命担当，深入实施"工业崛起、农业转型、旅游突围、城建提升、开放带动"五大战略，鼓舞斗志，激发活力；能为推进新时代中国特色社会主义建设、实现中华民族伟大复兴聚集磅礴力量，助力永济人民在新时代的时空坐标里谱写更加壮美的时代华章。

是为序。

中共永济市委书记　孙中全
永济市人民政府市长　黄亚平

2021 年 6 月 25 日

编写说明

2017年6月，中国老区建设促进会组织全国各地老促会启动编纂"全国革命老区县发展史丛书"，按照"建立中国共产党、成立中华人民共和国、推进改革开放和中国特色社会主义事业"三大里程碑的历史脉络，系统书写革命老区百年历史，深入挖掘革命老区红色文化资源，这对于充实丰富中国革命史籍宝库，在新时代传承红色基因、弘扬革命精神、强固根本，对于激励人民在新的历史条件下夺取中国特色社会主义伟大胜利，实现中华民族伟大复兴的中国梦具有重要意义。

丛书编纂以习近平新时代中国特色社会主义思想为指导，以《中国共产党历史》《中国共产党的九十年》等重要文献为基本依据，以党的领导为核心，以老区人民为主题，以老区发展为主线，体现历史进程特征，突出时代发展特色，坚持辩证唯物主义和历史唯物主义相统一、历史真实性与内容可读性相统一的原则，书写革命老区从站起来、富起来到强起来的光辉革命史、不懈奋斗史、辉煌成就史，把老区人民的伟大贡献、伟大创造、伟大成就、伟大精神充分展示出来，形成一部具有厚重历史特征和鲜明时代特色的精品力作。

这是一部培根铸魂、守正创新，既为历史立言，又为时代服务，字里行间流淌着红色血脉、催生着革命激情的传世之作。丛书的编纂出版将成为讴歌党讴歌人民讴歌时代、传播红色文化、为革命老区和老区人民树碑立传的重要载体。

丛书按照编年体与纪事本末体相结合,以编年体为主的编写体例确定框架结构;运用时经事纬、点面结合的方式记述史实;坚持人事结合、以事带人的原则处理人与事的关系;采取夹叙夹议、叙论结合、以叙为主的方法展开内容,做到了史料与史论、历史与现实、政治与学术相统一,文献型、学术性、知识性相兼容。

为编纂好"全国革命老区县发展史丛书",打造红色文化品牌,中国老区建设促进会认真组织积极协商,提出政治立场鲜明、史料真实准确、思想论述深刻、历史维度厚重、时代特色突出、编写体例规范、篇目布局合理、审读把关严格、出版制作精良的编纂出版总要求,力求达到革命史籍精品的精神高度、思想深度、知识广度、语言力度,增强丛书的权威性和社会影响力。各省(区、市)、市(州、盟)、县(市、区、旗)老促会的同志,以强烈的使命感、责任感和紧迫感,勇于担当,积极作为,认真实施,组织起有老促会成员、专家学者等参加的十余万人的编纂队伍。

编纂工作主体责任在县,省、市组织协商、有力指导、审计把关。各方面人员以高度负责的精神和科学严谨的态度,满腔热情地投入工作,为丛书编纂出版做出了重要贡献。丛书编纂工作还得到党和国家有关部委、地方各级党委、政府及有关部门的大力支持和积极参与,社会各界也给予了热情帮助。

中共中央政治局原委员、中央军委原副主席、原国务委员兼国防部长迟浩田上将，对老区怀有深厚感情，对革命老区建设发展十分关注，欣然为"全国革命老区县发展史"丛书作总序。

丛书由总册和 1599 分册（每个老区县编纂 1 分册）组成，共 1600 册。鉴于丛书所记述的史实内容多、时间跨度长和编纂时间紧，不妥之处，敬请批评指正。

中国老区建设促进会

目　录

概　述

　　革命老区永济市位于山西省西南端，运城市西南部，秦晋豫三省交汇处的黄河金三角区域中心。

　　永济南有中条山，西临母亲河，北接临猗县，东邻运城盐湖区，总面积1207.99平方千米。这里山塬河交汇、地形多样，气候温和、四季分明，资源丰富、物华天宝，自然条件优越，农耕文明发达，是中华民族重要发祥地之一。永济东屏三晋，西控秦关，地理位置独特，历来为兵家必争之地。永济历史悠久、人文荟萃，民风刚劲、英贤辈出，积淀厚重、古迹遍布。远古时期即为尧舜之都；夏属冀州，商属缶邦，春秋属晋，战国属魏，称蒲邑、蒲坂；秦置蒲反县；新莽改为蒲城县；东汉改为蒲坂县；唐定中都，与西都长安、东都洛阳、北都太原齐名，又与同州、华州、岐州并称"四辅"；自晋始，州、府、郡治皆置于此；宋至明清，虽都城迁移，蒲州仍为晋南政治文化中心；雍正六年（1728）置永济县。

　　1994年1月12日，经国务院批准，撤销永济县，设立永济市。1997年3月，被确定为革命老区县（市）。2018年，辖虞乡、卿头、开张、栲栳、张营、蒲州、韩阳7镇，城东、城西、城北 3 个街道，265 个行政村，22 个社区，总人口 44.6422 万人。

一

当历史的脚步沉重地踏进 19 世纪中叶，历经两次鸦片战争的大清王朝日渐衰落，列强入侵，内忧外患。永济与全国一样，统治者横征暴敛，民不聊生，苦难屈辱，长夜难明。风土刚劲、豪杰辈出的永济人民不甘屈辱，奋起抗争。抗柿酒税，仝撰文率众与官府论理，迫使停征；杨永清揭竿而起，聚众起义，火烧府县衙门。辛亥革命爆发，张士秀、韩仰斗、尚德等追随孙中山，参加同盟会，组织民团武装，西迎陕军援晋，终于光复永济。共和实现，民国建立，然军阀混战，兵连祸结，劳苦大众仍在水深火热中挣扎苦斗。

1921 年 7 月，中国共产党第一次全国代表大会在上海秘密召开。中国共产党从此登上政治舞台，从根本上改变了中国命运。1929 年，嘉康杰蒲坂播火，虞临永支部建立，永济人民革命斗争在中国共产党领导下踏上新的征程。

1937 年 7 月 7 日，卢沟桥事变爆发，日本全面侵华，亡国灭种，危在旦夕。7 月 8 日中共中央迅速向全国发出通电，指出必须实行全民抗战。1938 年 3 月，永济、虞乡沦陷，日军烧杀奸淫，制造了东伍姓、虞乡城南古井血案等多起惨案。永济人民并没有被敌人的淫威吓倒，在中共河东特委领导下，先后组建中共永芮联合县委、永济县委、永芮虞解四县联合县委，组建"牺盟永济县分会""牺盟虞乡县分会"、永济人民武装自卫队、妇女救国会、虞乡抗日人民武装自卫队。抗日烽火，燃遍蒲坂，全县人民浴血奋战，袭击敌机场、张营围歼战、马铺头阻击战、血战永济等，沉重打击日本侵略军，终于迎来抗日战争的伟大胜利。

抗战胜利后，久盼和平的中国人民迎来一线希望，1945 年 10 月 10 日国共两党签署"双十协定"。然而墨迹未干，蒋介石在美国支持下，于 1946 年 6 月悍然大举进攻解放区，又将人民推入内战深渊。在两种前途、两种命运的决战时刻，永济人民在中共永芮虞解四县联合县委领导下，全力以赴配合中国人民解放军向阎顽永济、虞乡政权发起猛烈攻击。虞乡、永济分别于 4 月 23 日、25 日彻底解放，基层政权随之建立。9 月中共永济、虞乡县委撤销，成立中共永虞县委，开始民主新政权建设。积极开展清匪反霸斗争、土地改革运动，恢复发展工农业生产、教育事业和群众文化活动，支援解放军攻克运城、南下西进，为全国解放战争的胜利做出了历史贡献，经过四年艰苦奋斗，终于迎来了新中国的诞生。

1949 年 10 月 1 日，毛泽东主席在天安门城楼庄严宣告中华人民共和国成立，开辟中国历史新纪元。从此，永济人民在中国共产党领导下，满怀翻身喜悦，自力更生，奋发图强，清除满目疮痍，克服一穷二白，积极投身社会主义革命和建设，全力描绘最新最美的图画。组建农业生产互助组，创办农业生产合作社，成立人民公社。完成手工业和资本主义工商业社会主义改造，建成机械厂、修造厂、配件厂等集体所有制企业，电机厂、永红化工厂、农药厂、化机厂、永纺等中央和省地企业入驻永济，工业化和城市化建设大步推进。然十年"文化大革命"影响严重，社会主义革命和建设在艰难中曲折前行。

经过20多年探索与建设，新中国不仅赢得了政治上的独立，而且建立了独立的、比较完整的工业体系和国民经济体系，为快速发展奠定了坚实基础。然中国在变，世界在变，中流击水，不进则退，在全球新一轮激烈竞争中，中国共产党又做出了改革开放的重大历史抉择。以1978年12月18日中共十一届三中全会召开为起点，永济和全国一样，进入改革开放和现代化建设的历史新时期。1979年，栲栳公社长杆大队第9生产队率先试行定额记工、联产奖惩责任制。1981年全县普遍实行家庭联产承包责任制，解放了生产力，极大地激发了农民的生产积极性，推动了全县农村经济，使全县各项事业飞速发展，相继建成全国优质棉基地县、国家商品鱼基地县、山西省商品粮基地县、山西省现代农业芦笋示范基地，国宝级唐开元大铁牛成功挖掘并对外开放，普救寺被评为国家4A级景区，提前实现"翻两番、达小康"奋斗目标，人民大步迈上幸福富裕之路。

在20世纪以铿锵足音步入倒计时之际，在改革开放的激荡春潮中，永济人民审时度势、抢抓机遇，积极申请撤县设市。1994年1月12日，经国务院批准，撤销永济县，设立永济市。这是永济发展史上重要的里程碑，潮平两岸阔，风正一帆悬，市委、市政府又带领人民开启了永济新的发展机遇期。以经济建设为中心，以邓小平理论、"三个代表"重要思想、科学发展观和习近平新时代中国特色社会主义思想为指导，解放思想，与时俱进，开拓创新，砥砺前行。全面深化经济、政治、科教、文卫和党政机构等一系列改革。从搞好国营、集体企业到发展个体、私营经济，实现多种所有制共同发展；从不断解放和发展生产力，发展有计划的商品经济到建立适应社会主义市场经济新体系，开创全面建设小康社会新局面，加快经济转型跨越发展；从解决温饱到富起来再到强起来；从开展经济文明建设到精神文明、政治文明、文化文明、生态文明建设统筹推进。永济市委、市政府带领全市人民，定目标、绘蓝图，强基础、抓项目、引资金、增实力，调结构、改面貌、促发展、求突破，实施工业崛起、农业转型、旅游突围、城建提升、开放带动"五大战略"，建设山西重要的铝深加工基地、机电制造基地、农副产品加工基地、城乡一体化示范基地和全国文化旅游名城"四基地一名城"，不断深化重点领域改革，统筹推进稳增长、促改革、调结构、惠民生工作，大打扶贫攻坚战，不断增强人民群众的获得感、幸福感、安全感，全面建成小康社会。中国共产党领导永济人民在蒲坂热土上演了风云流变、可歌可泣、翻天覆地、磅礴升腾的时代活剧。

二

　　新中国成立迄今，永济老区人民在中国共产党领导下，自力更生、艰苦奋斗，开拓进取、砥砺前行，取得了无愧于后人的辉煌成就。

　　农业产业化已具规模。中华人民共和国成立后，翻身农民满怀喜悦，在希望的田野上播种耕耘，变革图强，组建农业生产互助组，创办农业生产合作社，成立人民公社，意气风发地在社会主义康庄大道上阔步前进，涌现出高鸣钟、李敬才等先进个人和名列"晋南小麦十杆旗"的栲栳大队、青台大队，名列"山西省小麦十杆旗"的栲栳大队、南营大队等先进集体。中共十一届三中全会后，永济全面实行家庭联产承包责任制，解放生产力，激发农民生产积极性，落实强农惠农政策，加大农业投入，调整产业结构，加快农业科技推广，大搞农业综合开发，建设高标准农田，实施产业化项目，建成东北腹地棉花红枣生产区、城郊蔬菜生产区、黄河滩涂芦笋蔬菜生产区、栲栳台塬小麦水果生产区、沿山干鲜果经济林区和现代农业产业化示范园区，逐步形成生产、加工、流通相互衔接的现代农业产业体系，成为山西省商品粮基地、国家优质棉基地、国家商品鱼生产基地、全省现代农业芦笋示范基地、山西省小麦良种繁育基地、无公害农产品基地和全国粮食生产先进县（市），现代农业产业化示范园区被农业部确定为全国首批、全省唯一的国家农业产业化示范基地。2003 年永济市芦笋种植面积达 10 万亩，出口总量占全国二分之一，占世界芦笋贸易总额 20%以上，是国内最大的芦笋加工出口基地，永济芦笋 2008 年被国家质检总局确定为地理标志保护产品。2018 年，永济市耕地保有量 80.91 万亩，农作物播种面积 111.42 万亩，粮食总产达 41.1 万吨，棉花总产 384.7 吨，农林牧渔业总产值达 41.51 亿元，增加值达 24.9 亿元。永济市连年被国家、山西省和运城市表彰为新农村建设先进市、农业产业化发展先进市、美丽乡村建设先进市、改善农村人居环境省级先进市、全国农村信息化电商惠农先进市。

新型工业化体系形成。20 世纪 50 年代，完成对手工业和资本主义工商业的社会主义改造，境内国有、集体工业迅速发展。60 年代始，中央和省、地先后在永济建成电机厂、农药厂、发电厂、化工厂、化机厂、纺织厂、印染厂等大中型企业，至 1978 年，永济市有地营以上工业企业 11 个，县营企业 81 个。改革开放后，以经济建设为中心，工业经济飞速发展，至 1994 年永济撤县设市，工业总产值达 13.24 亿元，实现利税 8305 万元，产值和利税分别比 1978 年增长近 10 倍。进入 21 世纪，实施"工业强市"战略，调整工业结构，扩大企业规模，建设工业园区，推进转型跨越，走新型工业之路，先后投资 152.7 亿元建成铝深加工产业园、机电制造产业园、现代农产品加工产业园、高新技术产业园、化工产业园五大工业园区，形成五大产业集群，占地 8410 亩，入驻企业 57 个。拥有永济新时速电机电器有限责任公司、山西华圣铝业有限公司、山西漳泽电力股份有限公司蒲洲发电分公司、山西丰喜化工设备有限公司、粟海集团、忠民集团等一批龙头企业，机电、化工设备、铝、电、肉鸡、食用油等优势产业和产品。2018 年，永济市有规模以上企业 48 个，工业总产值 132.09 亿元，工业增加值 17.49 亿元，利税总额 3.89 亿元，连续五年被评为"运城市工业先进县（市）"。

城市功能日臻完善。1948 年 10 月，永济县治自蒲州城迁至仅有一条狭窄街道的赵伊村。新县城经过 70 余年的艰苦建设，变化翻天覆地，功能日臻完善。2018 年末，市区建成"九路九街",一批大型购物中心、星级酒店、专业市场、住宅小区和政府保障性安居房投入运营和使用;建成文化休闲娱乐场所 12 个,体育场地 923 个,市民出门 10 分钟即可步入公园或广场休闲健身;开设市内公交线路 12 条,方便城乡居民出行。在全省县级城市中率先实现统一供水,统一供热,统一供气,统一污水处理,统一垃圾处理。城市建成区绿化覆盖面积 1073 万平方米,绿地面积 978 万平方米,公园绿地 249.8 万平方米,绿化覆盖率 41.6%,绿地率 37.9%,全年空气质量二级以上天数 233 天。初步建成行政办公、商贸金融、文化娱乐、工业生产、交通电信、科教卫生、生活居住布局合理、设施齐全的现代化新兴城市。

交通电信通达便捷。中华人民共和国成立后,交通电信事业快速发展。中共十一届三中全会后,交通电信事业日新月异,1996 年末实现村村通油路,1997 年末实现村村通电话,2000 年实现通高速公路。2011 年,境内建成"四横六纵"的公路网络,总里程 1539.05 千米。建成客运中心汽车站,成为永济又一标志性建筑。2018 年,公路通车里程 1472.3 千米,其中省道 2 条 78 千米,高速公路 1 条 65 千米,县道 8 条 196.6 千米,乡道 74 条 540 千米,村道 384 条 657.7 千米,民用车辆 11.66 万辆,其中轿车 6.43 万辆。南同蒲铁路在境内全长 59.5 千米,建有车站 7 个;大西高速铁路在境内全长 15 千米,设车站 1 个。永济市有固定电话用户 30074 户,移动电话用户 383776 户,宽带用户 108615 户。

文化艺术日益繁荣。在中国共产党的领导下,永济市始终坚持"百花齐放，百家争鸣"方针，文化事业欣欣向荣，硕果累累。王西兰、冯浩、范明乐、高菊蕊、李春荣等一批优秀作家创作颇丰，《楼铃叮当的季节》《大唐蒲东》《一条通向天堂的路》等作品获赵树理文学奖；吴自创被香港《大公报》誉为"山西鼓王"，编导的《船夫锣鼓》《黄河娃》《黄河娃笑哈哈》分别荣获山西省民间艺术展演金奖、山西省"两会一节"金奖、国家"小荷风采"银奖。背冰、道情、亮宝、形意拳、空中飞狮、耍玄等非物质文化遗产和麦秆画、泥金笺、布艺、木雕等民间工艺不断传承发展，推陈出新。文化旅游融合，产业优势明显，先后成功举办鹳雀楼海内外大征联、鹳雀楼诗歌文化节暨"鹳雀楼杯"诗歌大赛、中国·永济第四届柳宗元国际学术研讨会、"诗意中国·诗歌电影艺术季启动仪式"等文化活动，被确定为"诗意中国·诗歌电影艺术季"永久举办地，被授予"中国楹联文化城市""中华诗词之乡""中国诗人之家""十佳魅力城市"和"山西省十大文化强县"等称号。2018 年末，永济市建有文化馆、博物馆、图书馆，设有艺术表演团体、广播电台、电视台，有线数字电视用户达 3 万余户，广播电视节目综合人口覆盖率达90%，农家书屋覆盖 265 个行政村，"三馆一站"免费开放，图书馆藏书达 12.7 万册，电子图书10.9 万册。

教育事业成绩斐然。境内向有兴学育人的传统。中华人民共和国成立后，教育事业快速发展，成绩斐然。永济中学被确定为省级重点中学，卿头小学被确定为山西省科技试点学校，西厢小学被确定为全国小学思想品德教学实验校，银杏东街小学被中国楹联学会确定为中国楹联教育基地校，并荣获全国特色教育百强学校称号，市职业中学被确定为国家级重点中专职业学校，各类教育均衡发展。永济市被授予山西省教育先进市，不仅为高校输送了大批优秀学子，而且为永济发展培养了大批高素质实用人才。2018 年，永济市有学校 178 所，在校学生 54660 人，专任教师 4964 人，高考文理两大类达二本线以上 812 人，达线率 44.8%。

医疗卫生飞速发展。中华人民共和国成立后，党和政府重视发展卫生事业。20 世纪 50—60 年代，境内开始建设县乡村三级医疗机构，医疗队伍不断壮大，医疗技术不断提高，医疗设施不断完善。2018 年末，永济市共有医疗卫生机构 54 个，其中市直医院 3 个，镇（街道）卫生院 15 个，社区卫生服务机构 3 个，市妇幼保健院 1 个，专科疾病防治院（所、站）12 个，疾病预防控制中心 1 个，卫生监督所 1 个；卫生专业技术人员 1256 人，床位 1992 张；三级医疗卫生机构达标率县级 100%，镇（街道）级 100%，村级 100%，新型农村合作医疗参合率 99.91%。

旅游大市格局凸显。改革开放始，特别是撤县设市后，坚持围绕建设旅游大市、旅游文化强市的目标，开发吃住行游购娱产业链条，构建东部山水休闲旅游圈、中部伍姓湖湿地生态旅游圈、西部古蒲州历史文化旅游圈的大旅游格局，成效显著，永济成为山西省县级市中唯一的中国优秀旅游城市和中国特色魅力城市。2018 年，永济市知名景区达 11 个，其中 4A 级景区 3 个，2A 级景区 2 个；有运蒲路百里沿线观光农业及特色采摘基地 20 个、特色优势产业村 86 个、乡村旅游村 12 个、历史文化村 4 个，乡村客栈和"农家乐"158个；有星级宾馆4个、旅行社5个、分社和服务网点23个，并组建有旅游车队；接待游客1223万人（次），旅游总收入达104.5亿元。

人民生活显著提高。70年来，各项经济指标大幅增长，社会事业齐头并进，人民生活显著提高。2018年，永济市生产总值143.7亿元，财政总收入7.63亿元，固定资产投资57.4亿元，社会消费品零售总额65.3亿元，城乡居民储蓄存款余额131.5亿元，城镇居民人均可支配收入29793元，农村居民人均可支配收入13500元，城镇居民人均居住面积35.44平方米，农村居民人均居住面积4.42平方米，企业和机关事业单位养老保险、城乡居民医疗及养老保险待遇不断提高。

三

90年永济革命老区发展史，无疑是一部党领导人民牺牲、奋斗、创新，站起来、富起来、强起来，寻梦、追梦、圆梦的壮丽史诗。

90年时空承载的奋进重量雄辩地证明：没有共产党就没有新中国，只有中国共产党才能够救中国，只有社会主义才能发展中国。

90年艰辛探索开辟的中国特色社会主义道路，是一条从中国国情出发、把人民利益放在首位、经过实践检验的人间正道，是实现中华民族伟大复兴的必由之路。这条道路来之不易，凝结着共产党人的初心和夙愿，凝结着人民不懈的追寻和期盼；浸染着英烈的鲜血和汗水，浸透着一代代永济儿女的拼搏和奉献；接续着五千年文明的不屈和倔强，承载着中华民族伟大复兴的梦想和希望。

回首来路，是为了总结历史经验，把握发展规律。展望未来，复兴大业重任在肩，我们仍需砥砺前行。

我们致敬历史，更能书写好未来。永济革命老区人民正在永济市委、市政府的坚强领导下，以中华人民共和国成立 70 周年隆重的庆祝会、盛大的阅兵式、群众游行和联欢活动又一次点燃的豪情壮志，全面贯彻党的十九大精神，围绕省委"示范区、排头兵、新高地"三大目标，按照运城市"改革抢先机，发展站前列，各项工作创一流"总要求，强力实施工业崛起、农业转型、旅游突围、城建提升、开放带动"五大战略"，加快建设山西重要的铝深加工基地、机电制造基地、农副产品加工基地、城乡一体化示范基地和全国文化旅游名城"四基地一名城"，不断深化重点领域改革，统筹推进稳增长、促改革、调结构、惠民生工作，不断增强人民群众的获得感、幸福感、安全感，全面建成小康社会。

站在历史与未来的交汇点上，永济人民矢志不渝、从未改变的初衷和理想，不曾懈怠、从未退缩的精神和勇气，已汇聚成无处不在的奋进力量，汇聚成伟大复兴路上阔步前行的强劲动能，砥砺奋进新时代，改革开放再出发，共建新永济，同筑中国梦，永济革命老区的未来必将更加辉煌灿烂！

第一编　新民主主义革命时期

　　新民主主义革命是无产阶级领导的，人民大众的，反对帝国主义、封建主义、官僚资本主义的革命。五四运动是其伟大开端，中国共产党成立是其重大事变。这一时期，中国共产党登上政治舞台，由小到大，由弱到强，不断从胜利走向更大胜利，带领全国人民历尽千辛万苦，战胜艰难险阻，推翻了帝国主义、封建主义、官僚资本主义三座大山，实现了民族独立和人民解放，从根本上改变了中国命运，建立了人民民主专政的新中国，实现了中华民族伟大的历史转折，开辟了中国历史的新纪元。新民主主义革命之初，一批在运城、太原求学的永济籍爱国青年回到家乡，传播新文化、新思想和马克思主义，为永济党组织的建立奠定了基础。

　　1929 年中共虞（乡）临（猗）永（济）三县联合支部在西开张小学秘密建立，从此永济人民在中国共产党领导下踏上全新革命征程，其后 20 年间，矢志不渝听党话，坚定不移跟党走，历经土地革命战争的白色恐怖、抗日战争的烽火浴血、解放战争的支前南下，付出了巨大牺牲，作出了历史贡献，终于迎来了新中国的诞生。

第一章 中共永济党组织成立前的社会状况

第一节 永济的反帝反封建活动

1840 年，鸦片战争爆发，英国的坚船利炮打开了中国闭关锁国的大门，使中国沦为半封建半殖民地的社会。从此，西方侵略者纷至沓来，对中国进行了疯狂的军事侵略和野蛮的经济掠夺，给中华民族带来了深重的灾难和无比的屈辱。

1901 年 9 月，清政府与西方列强签订丧权辱国的《辛丑条约》，中国向八国联军赔款白银 45000 万两，全国人均白银一两。蒲州府共捐 73000 两，其中永济县 15000 两，虞乡县 5000 两。

《辛丑条约》签订之后，因清军在娘子关兵败，山西还被迫签订了《山西另议和款》，以安抚教会。山西为天主教赔款总计 290 万两白银。永济人民不堪苛捐杂税的盘剥，多次奋起反抗，掀起了反封建、抗捐税斗争，其中以抗酒税斗争和杨老三造反影响最大。

1904 年，永济知县项则龄打着完成清政府科派捐银之旗号，乘机巧立名目，搜刮民财，竟破古例下令开征"柿酒税"。永济历史上盛产柿子，农民以柿酿酒历史悠久，已成传统。柿树生长所占的不宜种植粮食作物的中条山洪积扇沙石贫瘠土地，已按粮田交纳地银，地银来源即为卖柿酒的收益，故而历史上从不征酒税。

《辛丑条约》签订后，永济开征酒税，即同一块土地重复交纳两次税银，激起民众的反抗。乡绅仝揆文、党凌霄、祁凤翔等率东乡53村、南乡47村共5000余人，赴县衙请求豁免。项则龄调来练军马队镇压请愿民众，当场开枪打死2人，打伤七八人，引起众怒。请愿民众当场奋起反抗，打死练军两人。项则龄即禀蒲州知府，言说百姓造反，请派兵弹压。蒲州知府公文到太原后，布政司委任河东道台朱子明前来蒲州处理此事。朱子明一是采取釜底抽薪之法，让死者家属具结不告。二是索取鸡毛传单，取得"罪证"。判处主犯仝揆文10年监禁，从犯党凌霄、祁凤翔拘留10个月结案。但不得不宣告取消柿酒税，项则龄革职，抗酒税斗争取得胜利。

1911年秋，滩民杨永清（河南人，人称杨老三）于长旺、韩阳、辛店一带起事，集结千余人的造反队伍，夜袭蒲州城，火烧府、县衙门，打开监狱，放出犯人。事败入中条山，后入陕参加陕西民军。杨老三造反虽然失败，但沉重地打击了清政府在地方的统治力量。

闰八月二十六日，因政界抽取自治经费，加派亩捐，民力不支。虞乡县商民一律罢市，聚众数千人，再次震动了地方，蒲州府派人调处。

1911年10月17日，张士秀、王利臣、韩仰斗、张福堂等革命党人在蒲州会合，以维护地方治安为名，商议筹办蒲属 6 县民团，并推举张士秀为民团总长。名为保护地方，实为革命聚集力量，伺机暴动。11 月 8 日，迎接陕西革命军东渡，永济遂告光复。之后，张士秀和秦军攻打运城，11 月 9 日傍晚攻城，次日光复。1912 年 1 月，成立河东军政分府，运城、永济革命成功。

1912 年，地方士绅公推韩仰斗为永济县知事。河东军政分府委派王永年任虞乡县县长。1916 年初，韩仰斗被马骏杀害，阎锡山委派樊西丙（应实）顶替王永年。

永济推翻清朝地方政府的革命和全国一样，由于同盟会革命党人未充分发动民众，使革命的前途留下阴影。从根本上看，辛亥革命没有铲除帝国主义和封建势力在中国统治的根基，也没有改变中国的半殖民地半封建的社会性质，没有完成中华民族救亡图存的民族使命和反帝反封建的历史任务。如磐风雨，漫漫长夜，革命的前途在哪里？救国的道路在何方？

第二节　马克思主义在永济的传播

辛亥革命为中国先进分子探索救国救民的道路拓宽了视野，为中国的进步开启了闸门。继之，新文化运动、五四运动的相继爆发，为中国新型的无产阶级政党的诞生并登上政治舞台提供了契机。

山西是较早响应五四运动的省份之一，五四运动波及运城后，在运城中等学校、省立运城二中求学的永济学子赵紫波、虞乡学子侯怡如积极响应，并很快行动起来。赵紫波此时担任运城中学学生联合会会长，他们组织和领导运城各校学生上街游行示威，反对在巴黎和会上签字，引起校长不满，被开除学籍。

在新文化浪潮的推动下，永济的教育发生了深刻的变化。据 1920 年统计资料显示：永济已有高小 5 座，在校学生 410 名，教职员 43 名，并建立女子高等学校；有男子、女子国民小学 208 座，入学儿童达 7058 名，入学率为 73%。永济、虞乡两县乡村大都设有女子国民学校或男女国民学校。入学女生人数达 4589 名，盛况前所未有，妇女在受教育方面被歧视的状况得以改变。永济、虞乡两县都设有师范讲习所和二年制师范学校。教育的发展，为先进知识分子接受新思想、传播马克思主义提供了条件。

1921 年，中国共产党成立，这是中国历史上开天辟地的大事件。山西近代文化教育事业的发展，培育了新型的知识分子群体，这时在山西省立第二师范学校（校址运城）读书的永济学子周北峰，最先接触到《新青年》《每周评论》《先驱》《向导》等进步书刊，接受马克思主义，思想启蒙由此开端。他积极参加反对军阀统治的学生运动，被推举为山西省学生代表，参加了在北京召开的全国学生会临时代表大会，结识了李大钊、张友渔等共产党员，并于 1926 年加入中国共产党，积极传播马克思主义学说。

在临晋县第一高小读书的李荣（宋家卓人），阅读到进步书刊后，对马克思主义有了更多的了解，对中国共产党逐步有了认识，高小毕业后，考入嘉康杰创办的夏县平民中学，面对面受到嘉康杰的启迪和教育。李荣担任学生会干部后，与嘉康杰有了更多的接触，对他的成长影响较大。1925年1月，学校搬到运城后，李荣积极地参加嘉康杰发动学生进行的反对阎锡山提高食盐价格的罢课游行，得到嘉康杰的夸奖，说他"胆大，有魄力"。李荣返回家乡后从事小学教育，并将新文化、新思想融入教学中，使学生受到革命思想的启蒙教育。

同时，在运城师范读书的永济青年于保安也深受先进文化影响。《新青年》《平民周刊》等进步书刊也在小学老师中流传，一些小学师生争相传阅。这时在小学任教的李雪峰（原名张青巽，任阳村人）阅读进步书刊后，于1925年秋考入山西省立国民师范学院。在学校他组织和领导了读书会、书报合作社，影响和引导了一批进步青年走上革命道路。

与李雪峰同期入学的还有永济学子杨震乾，他们是志同道合的朋友，他们与史纪言合办书报合作社，经常刊发一些进步文章。震乾让在北京大学读书的四弟震恒秘密带回《新青年》《资本论》《共产党宣言》等进步书刊。当白色恐怖笼罩太原时，震乾不顾个人安危，支持和掩护地下党员。1934年，阎锡山特务到学校抓捕李雪峰时，震乾闻讯后机智地把李雪峰转藏他处，躲过了敌人的搜捕。有一次，李雪峰说他想去苏联（实际是太行革命根据地）没有盘缠，杨震乾从学费中拿出500块银圆交给李雪峰。同乡许奇之为躲避敌人的抓捕，来找震乾借钱，他将手上戴的两个金戒指和身上穿的大衣送给许奇之，帮助许连夜逃脱。

1934年6月，太原的大中专学校学生联合起来，反对阎锡山政府迫害进步学生,组织发动了一次大规模的学潮。同学们推举杨震乾为领导者,他即带领大家罢学罢课。当局感到恐惧,决定开除一批学生领袖,杨震乾名列其中。后因师生强烈反对,当局只好作罢。

这一时期,在五四新文化运动的影响下,永济最早接受马克思主义的是一批在运城、太原求学的爱国青年学生。主要有李雪峰、周北峰、张子英、王彦萍、张士岗、胡赋行、张少宜、陈鸣玺、高功叔、肖扬、郑林、崔光、傅子合、罗毅等知识青年。他们回到家乡传播新文化、新思想和马克思主义,促进了永济各阶层人民的觉醒,为中共永济党组织的建立,奠定了一定的思想基础,进行了干部上的准备。

第二章　永济党组织的建立及早期活动

第一节　中共永济党组织的建立

中国共产党成立后，领导各地党组织迅速开展工作，掀起了轰轰烈烈的大革命高潮，推动了全国各地党组织的建立和发展。1924 年国共合作后，经过五卅运动、省港大罢工、北伐战争，中国各阶层民众被广泛动员起来，接受了大革命的洗礼，推翻了北洋军阀的统治，打击了帝国主义的在华势力。当革命形势迅速发展之际，1927 年蒋介石、汪精卫相继背叛革命，国共合作破裂，在血腥屠刀下，轰轰烈烈的大革命运动失败。

1927 年 8 月 7 日，中共中央在汉口召开紧急会议（即八七会议），确定了土地革命和武装反抗国民党反动派的总方针。根据八七会议精神，王荷波、蔡和森到北方局主持工作，整顿顺直、山东、山西、东北三省及内蒙古等地的党组织。

1929 年 6 月，中共顺直省委特派员、太原市委书记汪铭到河东地区巡视工作。6 月 7 日至 8 日在夏县堆云洞召开河东地区党的活动分子会议，传达中共中央政治局常委周恩来指示，确定河东的工作计划，将中共河东特委改组为中共河东特支，选举嘉康杰同志任书记。

堆云洞会议后，嘉康杰按照"到反革命统治比较薄弱的农村中去，领导农民走上恢复革命斗争的道路"和中央"积极向前、积蓄力量"的总方针，利用他的学生遍布各县的有利条件，决心重建和恢复河东地区党组织。

1929年7月，嘉康杰以买卖书画为名，来到永济、虞乡、临晋三县交界处的西开张村小学校，向在此任教的他的学生李荣传授马克思主义，宣传革命思想，并介绍李荣加入中国共产党，又特别指示李荣"在农村发展组织闹革命"，由此李荣成为永济县第一个共产党员。之后，李荣介绍同在西开张小学教学的张子英（西开张村人）、在东信昌村小学教学的于保安（栲栳镇南苏村人）以及卢占元（开张镇南营村人）加入中国共产党。

1929年8月，经中共河东特支批准，在西开张村小学校秘密成立中共虞（乡）临（晋）永（济）三县联合支部。李荣任支部书记，张子英任组织委员，于保安任宣传委员。从此，永济人民的革命斗争有了中国共产党的领导。

第二节　永济党组织的早期活动

中共虞临永联合支部建立后，即把发展党员、壮大地方党组织作为重点工作来抓。1929年12月，于保安介绍任家庄村小学教师王鹤清加入中国共产党。1930年6月，张子英介绍李克敏加入中国共产党。7月，嘉康杰来到北吴村学校，介绍聂振铎加入中国共产党。8月，于保安在东信昌村介绍陈青林（梁庆安）、杨学时（杨小石）先后加入中国共产党。在太原上学期间加入中国共产党的陈鸣玺回家即与李荣接上关系，党员数量不断增加。

1930年8月，中共虞临永三县联合支部决定，在东信昌村建立中共永济县支部，于保安兼任支部书记，王鹤清为委员。此前，中共临晋县支部已经建立，张子英任支部书记。在党员队伍、党组织发展壮大的同时，党支部及时组织党员带领群众开展活动。

一是成立"读书会"，宣传、扩大马列主义的影响。

1930年9月，中共虞临永联合支部决定成立"读书会"，以小学教师、农村进步青年为基本会员，于保安总负责，陈青林和杨学时具体负责，秘密组织阅读《晨光》《少年漂泊记》《丁玲文集》《狂人日记》等进步书刊，以影响基本群众，团结进步人士，物色发展对象，交流学习情况，促进更多的青年觉醒，从而在青年中发展党员，壮大党的组织。

"读书会"负责人于保安，用自己收藏的《政治经济学》《联共（布）党史简明教程》《大众哲学》等书籍，在东信昌村学校办起小图书馆，为进步青年阅读提供方便。陈青林和杨学时以读书会作掩护，他们背起背包、包袱，带上石笔石板，东奔西走，走街串巷，摆摊卖书，活动在虞乡、临晋、永济一带。为了避免怀疑，每人置办一对书箱，一根扁担，挑着书担，进村入户，使更多的青年阅读进步书刊，接触马列主义，接受革命思想，对中国时局有较深刻的了解。后来由于党组织遭到破坏，中共虞临永支部成员不得不西渡黄河隐蔽，"读书会"被迫解散。

二是反对当局"会考"斗争，保护教师权益。

1930年10月，临晋县政府发出通知，要求全县小学教师统一考试，规定凡不参加考试或考不及格落榜者，一律不得从事教学工作，其实质是通过会考鉴定教师资格，目的是甄别共产党员，这在教师中产生了强烈反响，引起公愤。中共临晋县支部根据这一情况，计划发动一次反"会考"斗争。

此时，中共临晋县支部书记张子英在宋家卓教学，聂振铎在北吴村教学，张子英写信托人转给聂振铎。聂接信后即刻赶到宋家卓小学，再赶到西开张村和李荣研究"抗考"斗争方案。最后决定让聂振铎和王智仙负责到各村联络教师，揭露阎锡山统治下的临晋县政府会考目的，让教师不报名，不参加考试。第二天，聂振铎就去了临晋县城以北坡上各村小学校宣传。

然而始料不及的是，考试那天，当局派出大批警察严密监视教师的行动，教师之间的联系受到限制，迫于无奈，李荣、张子英、聂振铎都报名参加了会考，反"会考"计划落空。这次斗争虽然失败了，但在教师群众中留下红色种子，"抗考"斗争虽未达目的，但震动了当局，为后来开展工作打下了基础。

1931年10月，阎永济县政府在晓朝村第五高小会考教师。中共永济县支部吸取临晋"抗考"斗争失败的教训，发动党员组织教师抵制，要求当局说明会考目的，政府要员理屈词穷，不得不宣布取消考试。教师权益得以保障，抗考斗争取得胜利。

大革命失败后，全国一片白色恐怖，晋南地区党的组织遭到严重破坏，形势日益严峻。

1931 年 9 月，嘉康杰来到虞临永三县边界农村考察党组织遭受破坏情况及党员发展工作，李荣、张子英、于保安详细汇报。嘉康杰指示党员发展工作须积极而又谨慎、细致，宣传工作要针对不同对象采取不同方法，注重实效性，切莫流于形式。他要求党员大胆工作，同时注意保守党的秘密。同年，陈青林介绍东信昌村孙兴旺、西信昌村王水林入党。

1932 年春，中共山西临时特委特派员阎子祥和中共河东特支书记嘉康杰一起到虞临永三县交界农村，整顿党组织，将普乐头村党员陈鸣玺家确定为党组织活动的秘密"联络站"。

1932 年 10 月，由于中共河东中心县委组织部部长李仰南被捕，嘉康杰隐蔽起来，中共虞临永联合支部与上级失去联系。后阎子祥又一次来到普乐头陈家"联络站"，将中共虞临永三县联合支部改组为中共虞临永特别支部（又称中心支部，相当于中心县委），由李荣担任书记，张子英担任组织委员，于保安担任宣传委员，陈鸣玺、卢占元为特支委员，特支下辖中共永济县支部和中共临晋县支部。中共虞临永特别支部成立后，党员分头进行建党工作。张子英介绍普乐头村李作洪入党，于保安介绍樊耀武入党，孙兴旺介绍东信昌村汪金兰（女）入党。

1934 年起，阎锡山在山西全省"清乡"，山西特委秘书处负责人王光甫被捕叛变，阎子祥被捕。阎子祥在狱中通过东开张村进步青年卫屏藩给中共虞临永特支发出秘密指示信。4月李荣接信后，立即通知特支成员张子英、于保安等迅速转移隐蔽。

李荣等西渡黄河到西安隐蔽后，中共虞临永特支活动停止。但永济、临晋两个支部和未暴露的党员依然坚持活动。樊耀武接任中共永济县支部书记，领导未转移党员坚持斗争。

1935年10月，李瑞呈开办的"工学医院"在康蜀村挂牌营业。"工学医院"以解除劳苦大众的疾病痛苦为宗旨，既是医院，更是保护未暴露的共产党员的场所。随后，"工学医院"成为党的地下交通站。

1936年，樊耀武发展东下村郭秀恒、东信昌村阳立言入党。1937年，发展大屯村廉建新、刘志杰和东信昌村杨荣花（女）入党。4月，杨学时、芦雪参加国民兵军官教导团。

1937年9月，阎子祥回河东担任工委书记，樊耀武立即派陈青林到运城与阎子祥接上关系。党支部发展高市村魏金寇、杜耀生等入了党。

1938年樊耀武同志病故后，由陈青林担任中共永济支部书记，发展的党员有杨丙文、郭德成、张有瑞，还有西白村教师王友生。

为配合阎锡山"清乡"活动，永济成立了反共保安团，各村镇成立保安队，严密监视中共党员和党组织的活动。中共永济县支部随机应变，动员康蜀村思想进步的老中医李瑞呈开办医院，隐蔽开展党的活动。

中共永济县支部在特殊时期改变斗争策略，在群众基础较好的村庄建立群众性组织"老人会"，把农村的穷苦人组织起来，互帮互助，互相支援。谁家老人去世，大伙儿出钱出力出粮食，帮助安葬；凡是当局摊派的粮款，由地主家负担一半，其他群众负担一半。老人会的组织者有西白铺头村的赵文华、王兆俊，东下村的郭爱恒，西下村的张有恒、张虎等。

第三节　抗日民族统一战线的形成

1935 年 10 月，中央红军长征到达延安，结束了战略大转移。此时，日本一手导演的"华北五省自治运动"正在紧锣密鼓进行，中华民族处于生死存亡的危急关头。而蒋介石却置国家民族利益于不顾，坚持"攘外必先安内"，调动数十万大军大举进犯陕北延安。12 月，中共中央在瓦窑堡召开政治局会议，分析国内外形势，讨论转变党的策略方针的必要性和建立抗日民族统一战线的可能性，制定了抗日民族统一战线的方针和政策。12 月 25 日，中共中央政治局通过了《中央关于目前政治形势与党的任务决议》。27 日，毛泽东发表了《论反对日本帝国主义的策略》，提出了抗日民族统一战线的政策。

1936 年 1 月 15 日，毛泽东、周恩来、彭德怀签发了《关于红军东进抗日及讨伐卖国贼阎锡山的命令》，2 月，毛泽东签发《东征宣言》，红军陆续进入山西作战。东征红军经过晋南地区新绛、稷山、河津、万荣等县时，永济、虞乡、临晋三县边界党组织在党内组织学习《东征宣言》，自觉配合中央开展抗日活动。

中共永济县支部动员全体党员，深入农村、学校，发动小学教师和学生，向广大群众宣传红军东征是为了抗日和抗日则存、不抗日则亡的道理，唤醒了永济民众的抗日救亡意识。红军东征在山西发动群众，宣传党的抗日主张，扩大了我党我军的政治影响，推动了华北乃至全国抗日救亡运动的发展，促进了抗日民族统一战线的形成。

1936年5月5日，中华苏维埃共和国临时中央政府主席毛泽东、中国人民红军革命军事委员会主席朱德发表《停战议和一致抗日通电》，振奋了全国民心，对国民党上层震动极大，尤其对山西军阀阎锡山震动更大。当时，摆在阎锡山面前有三条路，一是继续"联蒋剿共"，二是"亲日反共"，三是响应共产党号召"联共抗日"。阎锡山权衡左右，选定了"联共抗日"的道路。下半年，隐蔽在阎锡山政府机关和社会团体中的共产党员和在主张公道团训练团担任指导的杜任之等人，发起组织抗日救国同盟会，后经阎锡山审定改名"牺牲救国同盟会"（简称牺盟会）。在"九一八"事件五周年纪念日那天，正式宣布成立，阎锡山任会长。牺盟会是山西国民党与共产党合作的产物，是以抗日救亡为宗旨，以各阶级、各界爱国人士为主体的真正统一战线性质的群众抗日救亡组织。

10月，薄一波受中共中央北方局派遣，接受阎锡山邀请回山西主持牺盟会工作，牺盟会的领导权实际上被共产党所掌握。12月至次年3月，牺盟会招募了1080名进步青年学生和爱国青年，集训后以"临时村政协助员"名义分两批派往全省各县。当时派往永济县的村政协助员按五个行政区分工：

王成璋（共产党员，太原师范学生，吉县人）担任联络员，驻县城（蒲州城）；曲敦义（太原师范学生，安邑人）分在第一区（驻花园村）；刘哲民（在乡知识分子，虞乡人）分在第二区（驻赵杏）；张呼晨（太原师范学生，夏县人）分在第三区（驻永乐镇）；张喜登（太原师范学生，平陆人）分在第四区（驻风陵渡）；张培民（夏县人）分在第五区（驻张营村）。

12月上旬，村政协助员分赴工作地点，协助村长搞村政，宣传党的抗日救亡主张，发动群众，积极开展抗日救亡活动，发展牺盟会员，挑选招收"国民兵军官教导团"学员，为建立牺盟会组织打基础。

经过4个月的活动，永济发展牺盟会员2万人。并在会员中初选了86名"国民兵军官教导团"学员到太原培训。实际上这是一支由共产党通过牺盟会组织起来的新型人民抗日军队，在日后的抗日斗争中成为中坚力量。同时，以牺盟会名义建立起来的农救会、青救会、妇救会等群众组织，培养了许多抗日骨干。共产党员姚伯功、吴东元、杨学时等一批抗日积极分子，通过到太原培训，成为抗日队伍的中坚力量，为党在永济、虞乡开展抗日救亡斗争奠定了坚实的基础。

12月，山西工委派共产党员黄安仁到蒲州，与冯彦俊取得联系后，迅速打入阎永济政府并任第一区区长。他利用各种机会宣传"守土抗战"，发动群众抗日救亡。根据上级指示，还秘密组建了一支"抗日义勇军"，黄安仁任司令，下设三个团。一团团长张思太，二团团长姚崇德，三团团长曹效彬，队伍一度发展到 500 多人。由于机密泄露，黄安仁等 10 多人被捕入狱，80 多人被迫逃亡。黄安仁被捕后，阎锡山亲自派员训教，黄安仁据理力争："组织队伍是为了抗日，抗日有何罪？"黄安仁的正义行动得到社会各界人士支持，当局无奈，黄安仁无罪释放。黄出狱后，立即准备发动武装暴动，在印传单时被阎永济县政府发现，并被搜去"党证"，确认系中共党员，黄安仁再次被捕入狱。次年 11 月，阎锡山急电将 26 岁的黄安仁枪决，永济抗日救亡运动遭遇巨大挫折。

1937 年 1 月，山西牺盟会总部派傅生麟为虞乡县牺盟联络员，任长茂、孙廷敬、张士范、田章然、杨俊峰为村政协助员，他们到任后积极工作，为虞乡县牺盟会的建立做好了准备。

6 月，山西牺盟会总部派共产党员冯彦俊、郭安选任永济牺盟会特派员，组建了永济牺盟会和所辖各区牺盟会。一区牺盟会秘书兼联络站负责人吴东元、山南交通员程成家、山北交通员边振藩负责传送函件、交换情报。二区牺盟会秘书王健吾；三区牺盟会秘书陈青林；四区牺盟会秘书薛新发（张凯）；五区牺盟会秘书张士岗。各区牺盟会组建后，又向各村派驻了牺盟会员，牺盟组织自上而下，为抗日救亡运动的开展创造了有利条件，使永济的抗日救亡运动进入新阶段。同时，党组织利用牺盟会这一特殊形式的统战组织，秘密进行建党工作，为中共永济党组织的发展奠定了良好的基础。利用有利时机，永济牺盟会改组了县公道团，冯彦俊兼任公道团团长，党外人士高履青任副团长，共产党员薛波任副团长。

同时，牺盟运城中心区派共产党员薛克忠任虞乡县牺盟特派员。薛克忠到任后，在洗马村、普乐头村、常旗营村、麻村组织发动群众，推动了全县抗日救亡运动的开展。7月，成立了虞乡县牺盟会。9月，上级又派共产党员乔春娴、刘绍伊和牺盟干部王菊潭、王怀章、陈韵生、李善余等到虞乡会工作。很快虞乡县第一、第三区牺盟会也建立起来，徐肇钰、王怀年分别任区牺盟秘书。随后，上级又派路林锋任虞乡牺盟会特派员。路调走后，王永贤任秘密特派员。王友贤、王品山为牺盟会交通员。12月，上级又增派张培民、张云生任永济牺盟会特派员，加强了牺盟组织，推动了抗日救亡运动的兴起。

1938年10月，虞临永边区牺盟工作委员会在西开张村成立，张子英任牺盟边委秘书。1939年2月，虞乡县牺盟会、解县牺盟会和"公道团"合并为虞解牺公会，王永贤为虞解牺公会秘密特派员，直接受牺盟夏县中心区领导。

永济、虞乡两县牺盟会的建立，使两县的抗日救亡运动进入有组织、有领导的阶段。

第三章　全民抗日战争时期

第一节　永济抗日救亡运动的兴起

一、建立抗敌动员委员会

1937 年 7 月 7 日，卢沟桥事变爆发，标志着日本侵华战争的全面开始。中华民族陷入了空前的灾难之中，中国军队奋起反抗，全民族的抗日战争开始了。7 月 8 日，中共中央通电全国："全中国的同胞们，平津危急！华北危急！中华民族危急！只有全民族实行抗战，才是我们的出路！"并提出响亮战斗口号："不让日本帝国主义占领中国寸土！""为保卫国土流尽最后一滴血！"同时，中共中央决定把山西作为整个华北抗战的战略基地，与八路军开赴山西同时运筹，创建敌后抗日根据地，坚持长期游击战争。并明确要求在地方工作中"普遍组织合法的统一战线的人民参战团体"。

1937 年 7 月 23 日，彭雪枫代表中共中央主席毛泽东会晤阎锡山。阎锡山为了表示合作诚意，允诺中共提出的红军与之合组"战地总动员委员会"的设想。8 月，党中央正式确定与山西当局协商成立战地总动员委员会，以协调八路军与友军及地方政府的行动，实施全民总动员，组织和开展敌后游击战争，创建抗日根据地。

1937年9月20日，第二战区民族革命战争战地总动员委员会在太原正式宣告成立，发表成立宣言，通过工作纲领。工作纲领不仅体现了中共抗日救国十大纲领的精神，而且为各级动员委员会在实际工作中代行行政机关职能提供了合法的依据。据此，永济县成立了"抗敌动员委员会"，县长王志彬任主任委员，公道团团长、牺盟特派员冯彦俊任副主任委员，并吸收绅士参加，建立上层抗日统一战线组织，有力地推动了永济抗日救亡运动的开展。

二、成立中共永济、虞乡县委

为加强党对敌后抗日根据地群众性抗日救亡运动的领导，1937年7月，中共虞乡临时支部（又名特别党支部）成立，薛克忠任支部书记，乔春娴任组织委员，刘品山任宣传委员。这是在虞乡县单独建立的第一个党组织，自1937年7月成立至1938年5月，党支部重点培养郭子秀、柴生滋、王永岗、黄天保、朱胜家等人入党，支部共有12名党员。支部在积极发展党员的同时，抓紧开展组建地方抗日武装的工作。

1937年9月，中共河东工委指示由薛克忠、乔春娴、高功叔组建中共虞乡县委，书记薛克忠、组织委员乔春娴、宣传委员高功叔。县委建立后，着重宣传党的《抗日救国十大纲领》，教育群众认清抗战形势，唤醒民众的抗日意识，积极发展党员，扩大抗日武装力量，虞乡的抗日救亡运动有了核心领导。

1938年6月，中共虞乡县委、县牺盟会、游击支队驻地黄旗营村被当地土匪武装杜文斌部围袭，薛克忠、乔春娴被捕，高功叔隐蔽并接任中共虞乡县委书记，隶属中共猗氏中心县委领导。

1937年7月底8月初，根据中共中央指示，刘少奇在太原重新组建中共中央北方局，刘少奇任书记。11月，太原沦陷，中共中央北方局转移临汾，在帽儿刘村举办三期党员干部训练班，中共永济党组织派姚伯功参加培训。学习结束，姚伯功返回永济，按照中共中央北方局领导关于迅速成立县委和组织抗日武装的指示，于11月由冯彦俊主持，在蒲州傅家院秘密召开会议，成立中共永济县委。姚伯功任书记，郭安选任组织委员，冯彦俊任宣传委员。此时，中共河东特委书记阎子祥指示，将活动在虞临永三县边界的永济县党员的组织关系转归中共永济县委。县委建立后，通过牺盟会组建起永济人民武装自卫队，实现了党对武装工作的领导。到1938年3月永济沦陷前，永济各界人士抗日救亡情绪空前高涨，以牺盟会为中心，团结开明进步人士、爱国的国民党友军共同抗日救国，推动了全县抗日民族统一战线的发展。

1937年8月，国共开始第二次合作，促进了抗日民族统一战线的形成，为抗日救亡运动的全面发展铺平了道路。1938年3月，永济县牺盟会和公道团合并，简称"牺公会"，牺盟会特派员冯彦俊为负责人。"牺公会"在中共永济县委的直接领导下开展工作，通过"牺公会"宣传党的抗日救国主张，由薛波负责出版油印刊物，刊印《抗日救国十大纲领》和全国抗日救国活动消息，在群众中广为散发。同时，县委还组织歌咏队、演出队到城乡宣传，揭发控告县差征局的贪赃枉法行为，迫使县长王志彬将差征局局长任雅亭、二区区长卫振华、一高小校长李少白撤职，"三撤职"震动了全县，鼓舞了群众。

永济是一个大县，地处三省要冲，历来为兵家必争之地。阎锡山一向重视永济，大都派亲信出任永济县长，统治十分严密。抗战前，永济、虞乡的党组织基础薄弱。1937年永济县牺盟会成立前，两县只有25名党员。1938年1月，中共运城特委派高一清任永济县委书记，姚伯功改任永济县人民武装自卫队政治主任。高一清到任后，与冯彦俊接头，以县牺盟会工作员的名义做秘密党务工作。并在牺盟会中建立党团组织，先后在自卫队中任教导员或指导员的秘密党员有吴东元、李半坡、张凯、尚仰卿、周仙瀛等。1937年冬到1938年3月，新发展党员薛树功、张全福。至日军第二次侵占永济县城，发展了党员常志高、赵发生、周仙德、卫瑛等。其后，又发展了党员李天虎、段继直、李平、杨秀明、杨敏芳等。1938年秋冬在二区的东信昌村、东下村、赵柏村、西白铺头村、下朝村，三区的北杜庄村、韩卓村、磨涧村和牺盟会员的积极分子中发展党员20名。这些党员在艰苦的斗争中，充分发挥了先锋模范作用，对鼓舞群众坚持抗战起到了至关重要的作用，也进一步加强了党对县牺盟会和自卫队的领导。

三、勇斗阎顽固势力

抗战初期，永济形势错综复杂，各种顽固势力盘根错节。主要表现在阎永济县政府和改组前的公道团同反动地主劣绅勾结在一起，形成一股顽固势力。面对这样的局面，以县牺盟会为代表的进步力量与阎顽固势力展开针锋相对的斗争，斗争的中心是政权和武装问题。主要经历了四个阶段。

第一阶段，从 1937 年下半年到 1938 年 3 月。斗争的焦点是要不要动员广大人民群众进行抗日救亡运动，要不要组织人民武装参加抗日的问题。顽固势力害怕人民组织起来，散布县牺盟会是共产党，暗地里阻挠牺盟会工作的开展。而县牺盟会针锋相对，大力宣传动员，使抗日救亡运动蓬勃发展。县"抗敌动员委员会"内部的斗争也十分明显，先后在"有钱出钱""有力出力"及第一高小校长人选上，县牺盟会针锋相对，据理反驳，保护了贫苦农民的利益，保护了县牺盟会选定的校长。

第二阶段，从永济沦陷后，在如何坚持抗战的问题上，斗争更为激烈。县委、县牺盟会和自卫队取消原转移到二区、五区打游击的计划，决定暂向稷王山附近转移，以便与临晋、猗氏和夏县的抗日武装汇合。在转移途中，崔晦堂等人提出要把自卫队拉到阎锡山第三十四军去。县委、县牺盟会坚决反对，以保持自卫队的独立性，伺机返回永济打游击。双方僵持不下，崔晦堂、梁吉庆等人背着县委、县牺盟会秘密召开军事干部会议，商定要谋害县牺盟会的领导干部。县委、县牺盟会察觉到崔的阴谋，当机立断，将县牺盟会全部干部和能掌握的自卫队员 30 余人编为一个中队，连夜将队伍拉出来，避免了一场危机。

夏收时，中队配合夏县自卫队沿同蒲线对沿线敌人开展政治攻势，发动群众扒铁轨，破坏敌人的交通线。两个月的游击活动中，提高了中队的战斗力，队员大多成为永济抗日斗争的骨干，广泛播撒了抗日救亡火种。

第三阶段，从 1938 年 5 月中旬开始。日军从永济撤退，县委、县牺盟会立即返回永济。大敌当前，县长王志彬逃跑，阎锡山委派杨向荣为永济县长。此时，崔晦堂带领自卫队回到五区。严振芳、杨子良、惠子和等分别拉起了武装。陕西孙蔚如部渡过黄河，驻扎在风陵渡一带。在这种复杂的情况下，县委和县牺盟会非常艰难地推动工作。通过县政府迅速安定社会秩序，恢复与整顿牺盟会，总结第一次日军进犯的经验教训，继续做好战备，而最棘手的问题是如何把分散的武装统一起来，形成合力。县牺盟会和县长杨向荣召集各派军事干部集训半月，并研究统一整编，成立永济人民武装自卫总队部。形式上虽然实现了整编，但各自政治利益不同，明争暗斗，为之后留下分裂隐患，也使中共永济党组织认识到直接掌握武装的重要性。

第四阶段，从 1938 年 8 月 15 日日军第二次进犯永济开始。县委、县牺盟会、自卫总队部共 100 多人有计划地转移到山南打游击。当时的形势是，中条山北是敌占区，西面是日军占据的县城、风陵渡和同蒲线铁路，南面三区、四区沿黄河一带是"抗日不足、扰民有余"的保安团和国民党军队，在永虞芮三县交界上还有杜文斌土匪武装。中共永济党组织、县牺盟会、自卫总队部活动范围半径不足20 千米，形势极为严峻。

经过四个阶段的艰苦斗争，在与阎永济县政府、顽固势力的较量中，中共永济党组织经受了锻炼和考验，从维护抗日民族统一战线的大局出发，有礼、有节、有让步、有斗争地揭露了顽固派的倒行逆施面目，培养了抗日骨干，争取团结了开明绅士，使党的抗日主张深入人心，也为党组织的发展壮大打下了坚实基础。

四、成立战时虞乡青年学生救国会

七七事变后，虞乡县在太原、运城等地求学的青年学子被迫离校返回故里。牺盟会抓住这一有利时机，组织牺盟干部带领返乡青年分赴各乡（镇），宣传抗日救亡。在县长李汝骧、县牺盟会特派员薛克忠、王菊潭、乔春娴、李善余的支持下，成立了"战时虞乡县青年学生救国会"（简称"青救会"）。张映菊担任主席，赵泽溥、李远虹、徐肇钰、戈润生等任常务委员，会员约 200 人。

"青救会"组织宣传队，大力宣传国共合作，共同抗日的重要意义。组织歌咏队，教唱抗日救亡歌曲《义勇军进行曲》《黄河大合唱》《打回老家去》等，激发了群众的抗日热情。组织会员写标语、画漫画、出墙报揭露日军罪行，宣扬中国军队抗战业绩和英雄人物。组织话剧团编演《放下你的鞭子》等剧目，结合蒲剧、眉户、道情、秧歌等多种形式助演，群众喜闻乐见，收到良好效果。

同时，"青救会"在县牺盟会的领导下，配合人民武装自卫总队部，积极推行"合理负担"政策，动员民众出钱出粮，解决抗日部队军需。在县牺盟会支持下，排查登记全县富户，使富户数量增加约 200 户，并让他们负担了相应数额，增加了财政收入。在此基础上，开展打土豪斗劣绅活动，严惩了作恶多端的郑汉三。驱逐了道德败坏的高小校长李含三，推举德高望重的赵紫波为高小校长。这些活动的开展，极大地鼓舞了人民群众的抗日斗志，从军人数增多，虞乡抗战救亡运动呈现一派生机。

1938 年 3 月，虞乡沦陷。"青救会"提出"宁在山西牺牲，不到外地流亡"的口号。虽被迫停止活动，但会员有的奔赴延安"抗大"学习，有的参加自卫队，有的以职业作掩护，继续坚持在本地开展抗日斗争。

第二节　永济抗日武装的组建及活动

1938 年 3 月，侵华日军沿同蒲铁路南下，侵占了风陵渡，永济、虞乡相继沦陷。中共永济县委转战夏县，中共虞乡县委转战黄旗营。5 月，日军退缩运城。6 月，由于个别干部叛变并勾结土匪杜文斌袭击黄旗营，县委书记薛克忠等人被捕，虞乡人民自卫队第二中队被驱散，王菊潭等 7 人被杀害于清水峪，史称"清水峪惨案"。斯时，杨虎城西北军警备第二旅东渡黄河，部署在蒲州城东。中共永济县委 6 个自卫大队组成自卫总队部。8 月，日军二次进犯永济，中共永济县委自卫五大队首先同日军展开激战，五大队长王鹤清同志壮烈牺牲。县委率自卫一大队协同西北军在孟盟桥展开血战，史称"血战永济"。后西北军转移平陆。中共永济县委转移中条山南三区太平庄，建立三区抗日游击根据地，任命张全福为三区区长。阎永济县长逃跑，县委决定冯彦俊代理县长。县委办起抗日骨干训练班，组建农民救国会、青年救国会等，开展敌占区抗日活动并分别建立一区牺盟联络站和各区牺盟会，把群众性的抗日活动逐渐推向高潮，同时发展党的力量，相继建立中共二区、三区区委。

一、组建永济人民抗日武装自卫队

全面抗战开始后，永济人民要求抗日救国的呼声日渐高涨。为响应中共建立抗日民族统一战线的号召，1937年6月，省牺盟会派共产党员冯彦俊、郭安选到永济担任牺盟会特派员，后又增派张培民为牺盟会特派员。特派员遵照省牺盟会总部铲除汉奸、武装抗战、牺牲救国的宗旨，一到县城蒲州，即深入城乡展开宣传活动。随之，在中共永济县委、县牺盟会领导下，抗日救亡运动进入有组织、有领导的公开合法大发展时期。分会自上而下建立的区牺盟组织发挥了重要作用，在半年内很快发展会员500余人，其中一批进步的知识分子成为骨干。当年冬，县委通过牺盟会这一统战形式，同阎永济县政府合作，号召民众"抗日救国，人人有责"，动员广大青年积极参加抗日斗争。1937年11月，组建起永济人民第一支抗日武装永济人民抗日武装自卫队。

永济人民抗日武装自卫队的组建，引起阎顽固势力的反对。少数土豪劣绅先抵制"有钱出钱，有力出力"，继而胁迫阎永济县长王志彬妄图让劣绅李少白担任自卫队队长。冯彦俊以永济县"牺公会"负责人、"抗敌动员委员会"副主任委员的合法身份，同顽固势力作针锋相对的斗争。在群众一致要求抗日的强大呼声下，阎永济县政府任命牺盟特派员、共产党员郭安选兼任自卫队队长。顽固势力未达目的，则又向阎省政府要求派员到永济，试图控制这支抗日武装领导权。1937年底，阎省政府派旧军官崔晦堂、梁吉庆、田雨亭到永济。是时，自卫队扩大到200余人，设政治主任、军事处、教育处，编为4个中队。边成瑾任一中队长，田生贵任二中队长，侯子云任三中队长，共产党员冯冠英任四中队长，四中队系县直属中队，吴东元任直属中队政治指导员。

由于牺盟会对崔晦堂等旧军官认识不清，对形势估计不足，对掌握武装的重要性认识不深刻，且从团结抗日的目的出发，让出了自卫队的领导权。阎永济县政府遂任命崔晦堂为自卫队队长，梁吉庆、田雨亭为副队长。为了加强自卫队的领导，中共永济县委采取了加派牺盟政工干部的措施。当高一清接替姚伯功担任永济县委书记后，姚伯功改任自卫队政治主任，又派陈青林、尚仰卿、李半坡担任各中队政治指导员。崔晦堂虽不公开反对政工干部活动，却以种种借口阻挠和破坏政治工作实施。

为打破僵局，县委派共产党员李半坡到崔部做政工工作，争取这支武装。由于那些反动军官坚持反动立场，争取工作未能成功。

1938年3月6日清晨，日军牛岛师团金岗部兵临蒲州城，城东、城南枪声突起。守城警戒的自卫队员看到日军太阳旗，立即向日军开枪射击并向城内紧急通报。县委、县牺盟会组织自卫队应战，短暂的阻击后终因众寡悬殊放弃抵抗，县长王志彬躲进了福音堂。县委立即决定自卫队和牺盟干部有组织地撤出转移夏县，保存了有生力量。

5月，中共永济县委、县自卫队从夏县返回永济，县委通过牺盟会与新任县长杨向荣商定，趁日军紧缩之际，将全县各自为伍、自树旗帜的武装力量统一整编、统一指挥，在县城成立永济县人民武装自卫总队部，由县长和牺盟特派员分别担任指挥和副指挥。总队部下辖 6 个大队：一大队张子其任队长，吴东元任政治教导员，驻地蒲州城；二大队卫振华任队长，驻地中条山南三区永乐；三大队冯玉林任队长，任志刚（字毅斋）任副大队长，驻地中条山南四区江口；四大队惠子和任队长，驻地一区韩阳；五大队王鹤清（共产党员）任队长，政治特派员兼中队长陈青林，政治指导员张凯、尚仰卿、郝支峰，驻地二区龙王庙一带。六大队崔晦堂任队长，梁吉庆任副大队长，驻地五区张营。县委、县牺盟会将培训过的骨干和共产党员派入各大队，主要派进第一、第五两个大队，使人民武装自卫总队部中党的力量明显增强，队伍也扩充到 700 多人。

1938 年夏，永济人民抗日救亡运动高潮迭起，广大爱国青年涌进蒲州城，积极要求参加抗日队伍。县委遂任命吴东元为政治教官，公安局局长张子其为军事教官，在城内李家巷和普救寺举办抗日青年训练班。

正当县委组织抗日武装力量加紧备战之际，顽固势力却暗地里施展阴谋，破坏军民抗日。他们窜入乡村，阻止群众捐献门板，阻碍修筑战壕、碉堡等战备工事。县委、县牺盟会及时召开各种形式的群众大会，揭露顽固势力阴谋。他们又串通反动军官崔晦堂、梁吉庆等，拒绝自卫总队部调遣，总队部采取断然措施，由县长杨向荣亲自带领一大队队员赶到张营敬祥庙，集合部队，历数反动顽固势力破坏抗日救亡的罪行，逮捕反动军官崔晦堂、梁吉庆并遣送回太原。此举沉重地打击了顽固势力的投日卖国行径，维护了自卫总队部的团结，巩固了自卫总队部的统一领导。

　　1938 年 8 月，日军第二次侵占永济，县委领导人民武装总队部配合孙蔚如部独立第四十六旅官兵在永济保卫战中取得局部胜利，鼓舞了民心，使百姓坚定了抗战必胜的信念，在永济抗战史上写下了光辉一页。

　　随后，永济人民抗日武装自卫总队部在冯彦俊、高一清等人率领下转移到中条山南三区太平庄一带。县委在整训自卫总队部的同时，还整顿了县牺盟会，组建了农民救国会、妇女救国会、青年救国会和儿童宣传队（儿童团），深入农村开展抗日救亡宣传。当时，中共永济党组织和自卫总队部所处环境恶劣，四面皆敌，县委决定跳出包围圈，率部向东转移。此时，土匪杜文斌部围袭了中共虞乡县委后，又突袭了永济人民武装自卫总队部，自卫总队部边打边撤，避免了重大损失。之后按照上级党组织的指示，留下少数干部，由新任县委书记丁皖生带回永济三区太平庄一带坚持抗日救亡活动；冯彦俊率队到夏县编入山西政治保卫队第三大队，继续坚持抗日斗争。

　　二、虞乡人民武装自卫总队部的壮大

　　太原失陷，日军长驱直入山西南部，河东危急。1937 年 10 月，建立不久的中共虞乡县委即把组织抗日武装当作中心工作来抓。根据省"战动总会"（由中国共产党参与、国民党元老续范亭领导的"第二战区民族革命战争战地总动员委员会"，简称"战动总会"，1937 年 9 月 20 日在太原成立，是一个统一战线的半政权半群众性质的抗日革命组织）颁布的《人民武装自卫队组织条例》，县委通过县牺盟会和县政府向全县各村发布命令，首先建立不脱产的村自卫队。乔春娴、陈韵生等牺盟特派员走村串户宣传抗日救国，群众的爱国热情十分高涨。随之由各村长和公道团长组成村抗日动员誓师委员会，具体负责村自卫队的筹建工作。在村自卫队的基础上，县牺盟会举办了骨干力量训练班。按照党组织的计划分期分批集中训练，每期3个月，共两期。第一期训练了100多名自卫队队长，第二期训练了200多名班长，为县人民武装自卫总队部的创建打下了基础。同月，中共上级党组织派党员张坚、肖丁、赵月等到虞乡加强对武装工作的领导，有力地推动了全县抗日工作的开展。

1937年11月，县委根据上级有效抵御日军的指示，在不脱产自卫队骨干的基础上，选拔40余名自愿从事武装斗争的脱产人员，组成虞乡县抗日人民武装自卫队，由张坚任队长。薛克忠、乔春娴不定期给队员讲课，进行政治教育。12月，"虞乡县人民武装自卫总队部"成立，在很短时间内发展到200多人，50支枪，设总队部、两个中队、6个分队，由贾玉良任自卫总队部队长，张坚任政治指导员，刘治邦任副队长，陈韵生任副政治指导员。徐传贤任一中队队长，高功叔任政治指导员；王永岗任二中队队长，张兆域任政治指导员。

1938年3月，日军占领虞乡县城，县长李汝骧及政府职员弃城而逃。中共虞乡县委将自卫总队部改名为"虞乡县人民武装抗日游击支队"，贾玉良任支队长，张坚任指导员，刘治邦任副支队长，徐传贤、郭子秀分别任中队长，张兆域任参谋长，保存了有生力量，改变了斗争策略，灵活机动地开展敌后游击战。同时又决定组建第三中队，李锐之任三中队队长，王永贤任政治指导员。

同月，游击支队转移途经关家庄时，政治指导员张坚带队员王永岗、杜安新去做阎保安团团长赵通山（字宏儒）的统战工作，赵通山却授意卫兵开枪打死了张坚。王永岗、杜安新向支队长贾玉良汇报情况后，联合猗氏人民武装自卫队趁夜摸进关家庄包围赵家，赵通山趁乱逃脱。解放初，人民政府在兰州将其逮捕归案，予以镇压。

面对严酷的现实，一部分意志薄弱者思想产生动摇，县牺盟会工作人员丁健、宋迁岳逃跑。支队在转移途中，侯帮杰蛊惑10多名队员上山为匪。二中队指导员张兆域携枪投靠土匪杜文斌部，自卫总队部蒙受了一定损失。

1938年4月，为纯洁队伍，县委书记薛克忠、支队长贾玉良着手整顿工作。就在此时，班长武梦雄、申耀州秘密串联，拉帮结派，企图暗杀支队领导，叛变投敌。支队领导采取果断措施处决了他们，化险为夷。随即在全队组织学习毛泽东《论持久战》《抗日游击战争的战略问题》，开展思想教育，强化军事理论知识。经过学习整顿，纯洁了队伍，严肃了军纪，增强了凝聚力，提高了战斗力。

社会动荡中，一些地痞、流氓、土匪也打着"抗日"旗号，组织名目繁多的"抗日游击队"。土匪杜文斌以马铺头窑和吴村窑为据点，拉起队伍，拥兵自重。中共虞乡县委、县牺盟会和游击支队转移到黄旗营村后，杜文斌趁县委、牺盟会和游击支队立足未稳，1938年6月某天晚上由叛徒、原二中队指导员张兆域打头偷袭黄旗营村，枪声惊醒李锐之、王永贤、贾玉良等人，他们迅速从后门逃出，脱离了险境。猝不及防的县委、县牺盟会、游击支队主要领导及部分主干被捕，史称"黄旗营事件"。事件发生后，牺盟干部赵泽甫、王保山遇害，王怀年、王菊潭、刘治邦、陈云生、李有娃、谢永福、李善余等被集中到清水峪杀害，史称"清水峪惨案"。李善余死里逃生，后在群众救护下辗转到牺盟汾南办事处。随后杜文斌释放了范婉益、杨希仁、余飞。县委书记薛克忠被关押在虞乡城，转移中伺机逃出虎口，辗转来到牺盟汾南办事处，后接任牺盟稷王山工委负责人。县委组织委员乔春娴被严振芳部关押在商会，在同情革命的看守班长杜福德帮助下逃出牢笼，辗转来到牺盟汾南办事处。

"黄旗营事件"发生后，高功叔接任中共虞乡县委书记，决定由原三中队长李锐之负责重建游击支队。李锐之从芮城县蔡春游击团借调一个分队作为基本力量。此时，随西北军一七七师作战的余殿选分队返回虞乡，高功叔从吉县返回虞乡。虞乡抗日人民武装自卫队在南梯村重建，贾玉良任队长，李锐之任副队长，高功叔任政治指导员。

虞乡抗日人民武装自卫队重组后，抗日武装斗争再次开始。1938 年 12 月，虞乡抗日人民武装自卫队整编为山西政治保卫队第一支队（简称政卫一支队）第八大队。整编后薛克忠指示李锐之立即集合队伍，在三路里村集结，正式划归建制，随政卫一支队在万泉县一带打游击。

1939 年 7 月，政卫一支队改编为山西新军政卫二一二旅，全旅大约 4000 人，第五十六团由原政卫一支队的第七、八、九大队编成一、二、三营，贾玉良任三营营长，姜瑞元任政治指导员，刘世旺任副营长。下辖第七、八、九连。七连连长徐传贤，八连连长郭子秀，九连连长王水清，后为朱胜家。整编后阎锡山为限制新军扩展，以"就地抗战，就地生存"理由，把中条山一线的平陆、夏县、垣曲、闻喜等县划为新军二一二旅防区，旅部调第五十六团三营到芮城中条山上，与新军二一三旅五十九团三营、国民党二十五师一○五九团联合行动，共同抗击日军。

第三节　重要战事

一、张营攻坚战

1938 年 3 月，日军侵占永济并派 1 个联队驻扎在张营村。5 月 3 日，国民革命军李兴中、许权中率一七七师各部分别由夏阳渡、榆林渡等处东渡黄河，进入山西。部队驻扎在吴王渡、东张村一带。驻蒲州城日军侦得消息后，5 日夜出兵 500 余人，携带大炮北上，寻机作战。6 日上午，一七七师某部与日军在东吕村北遭遇，双方激战 5 小时，日军退守张营。傍晚，一七七师五三○旅旅长任云章率一○五九、一○六○两个步兵团和师直属杨复震团（预备队）进入阵地，从南社、吕庄、冯营、常里、王西包围张营。7 日晚再次发起进攻，经过三昼夜激战，击毙日军 500 余人，一七七师收复张营。一七七师伤亡 300 余人，营副武振邦、连长李伯俊、排长李锐等壮烈牺牲。

二、虫王庙伏击战

1938 年 4 月 20 日，陕西王子敬率平民游击队渡河进入永济抗日，永济青年 400 余人参加平民游击队。游击队驻守太峪口、水峪口等地,多次下山截断日军铁路、公路,切断电话线。5月9日,情报人员探知一股日军第二天将通过公路向东进发,王子敬决定在虫王庙(赵伊村北)一带设伏。10日早上八九点钟,数十名日军乘汽车从蒲州驶入伏击圈。伏兵同时开火,打得敌人晕头转向,两辆汽车被毁,死伤数十人。游击队又乘胜在蒲州城、虞乡县城等地四处袭扰,日军胆战心惊。29日,游击队攻入蒲州城,激战数小时,缴获日军曲射炮1门,平射炮弹30发,三八式重机枪1挺,65炮弹500发,催泪瓦斯16筒,其他战利品4大车,活捉日伪公安局局长庞凤德。

三、虞乡火车站围歼战

日军在虞乡火车站驻扎一个中队,并筑有地堡、炮楼等设施。1938年5月中旬,西北军一七七师主力部队从陕西东渡黄河进入山西抗日,在虞乡一带开展游击战。一七七师参谋长许权中指挥师直属部队攻占临晋后,急袭虞乡火车站。其一部占据虞乡火车站南的中条山北麓,控制制高点;一部攻占虞乡火车站以西的马铺头,阻击增援;一部占据虞乡县城,出北门主攻。5月19日,主力由正面进攻虞乡火车站守敌,日军依靠坚固的工事和强大的火力,拼死抵抗,一七七师进攻部队受阻,伤亡较大。一七七师派人搬来50个棉花包,浸水后堆在手推车上,掩护步兵冲锋,同时炮轰日军地堡,15时攻克虞乡火车站。

四、马铺头阻击战

1938年5月15日,虞临永人民抗日游击队第一纵队协同西北国民革命军在马铺头、吴村一带截袭由永济窜扰虞乡的日军，激战 10 小时，击毙日军 150 余人，缴获手枪 3 支，轻机枪 2 挺，步枪 7 支，牲口 10 余头，手榴弹百余枚，迫击炮弹 2 箱，子弹无数。

五、"血战永济"战役

1938 年 7—8 月，在中共地方党组织密切配合下，以西北军第三十一军团为主力展开了抗击日军的"血战永济"之役。

这次参战的第三十一军团是由孙蔚如军团长率领的孔从洲警二旅（四十六旅），李兴中一七七师，王振华警三旅（四十七旅）和警一旅王剑平一团部分官员，共 7000 余人。中共永济县委、县牺盟会和青救会、农救会、工救会、妇救会等群众组织以及县抗日自卫队、阎县政府等大力配合，形成军民并肩、协同作战的抗日局面。

7 月 4 日，孔从洲旅长决定在蒲州城外 10 多里处挖一道战壕，南从中条山尧王台下的西姚温起，经孟盟桥、程胡庄、西文学到黄河岸边的丰乐庄，全长 30 里，宽 12 米，深 3 米。永济县委、县牺盟会领导冯彦俊、郭安选和阎县政府县长杨向荣等动员组织全县民工万余人昼夜不停开挖，月余工夫全部竣工。

8 月初，日牛岛师团七十七联队 3000 余人配备 6 架飞机、4 个炮兵中队 20 余门大炮、3 个坦克中队 30 余辆坦克、10 多辆装甲车，分南、中、北三路直扑永济而来。8 月 15 日，拉开血战永济序幕。

15 日清晨 4 时，日军 1200 余人由青渠屯、西白铺头、栲栳三面携重炮围攻，部署在上高市的十七师一〇二团副团长、共产党员杨法震率三营官兵首先接火，连长、排长冲锋在前，与敌展开白刃战。杨副团长身先士卒，腿部中弹仍坚守战场。后杨副团长左额右胸又连中两弹，仍抱着一挺机枪冲向敌人。临终时，他用鲜血在白衬衫上写下豪言："自愿战死沙场，万勿连累下属。"日军伤亡惨重，我军除少数冲出重围外，大部分壮烈牺牲。

同日清晨，县自卫队五队大队长、共产党员王鹤清在榆林、马铺头、龙王庙与日军交锋，敌人在飞机、坦克、大炮配合下，将王部逼于一山脚下。王鹤清指挥队伍连续激战两天两夜。孔从洲派出第二梯队侧击解围，王鹤清与杨振邦率部拼死突围，撤出战斗。

15 日中午，日军突破外围防线，在孟盟桥主阵地受阻，企图迂回到西文学从侧翼突破，一七七师某部迅速调兵在下吕芝设伏，毙敌 300 余人。

16 日拂晓，日军集中兵力 2600 余人涌向制高点尧王台、西姚温阵地，警二旅冯迩革七三六团、郑培元七三八团、十七师赵益元和一七七师孙芦棠炮兵营等部将士拼命反击夺回阵地，烈士鲜血染红尧王台和西姚温阵地。

上午 9 时，西姚温阵地失守，孔从洲火速命令警一旅一团六连连长张志林带两个排增援，张连长与敌战至翌日凌晨两点奉命撤退，牺牲 47 人，其余 46 人大多受伤。

16 日下午，孙蔚如命令李振西教导团逆袭西姚温，团副兼三营营长、共产党员张希文主动求战。下午 4 时，一举收复万固寺、解家坟等阵地，并夺取两门山炮。

17 日 4 时，张希文营长率部进击西姚温中敌埋伏，与敌展开肉搏，坚持到上午 9 时许，伤亡严重；率部突围至村西一里多又遇伏兵，张营长身受重伤，拒绝突围，持机枪冲向敌群时壮烈牺牲。所部 300 多名官兵大部分殉难。

西姚温、孟盟桥主阵地相继失守，蒲州城成为一座孤城。17 日中午，2000 多名日军在飞机、大炮掩护下包围蒲州城，20 余门大炮齐发，我 600 多名守城官兵誓死决战，营长邓岗边指挥边战斗，一口气扔出三箱手榴弹。看到副团长刘天照、5 连长王继纯、4 连长冯安民壮烈牺牲，他大呼一声"跟我来"，率 10 多名战士冲向日军，战死阵前。所部 600 多名战士牺牲 308 名，其余大多受伤，在弹尽援绝的情况下，与敌展开肉搏，同归于尽。有的人誓死不当俘虏，跃入黄河，以身殉国。敌人又以密集的炮火射向河面，鲜血染红了河水。

17 日下午，日军占领蒲州城。"血战永济"之役，经三天三夜浴血激战，我近千名战士和 20 多名连级以上军官壮烈牺牲。日军同样受到重创，损失惨重。此役更重要的是有效牵制了日军渡河西进，打碎了日军西进南下的梦想，为保卫西北西南大后方做出了重大贡献。

六、风伯峪恶战

1938 年 8 月 17 日晚，日军对国民革命军一七七师辎重营驻地风伯峪发动猛攻。李锦峰营长奉命扼守，18 日拂晓展开激战。一七七师中共地下党负责人张赓良身先士卒，协同一连长指挥作战，打退日军多次进攻。日军见不能奏效，便向二连阵地强攻。二连官兵与日军展开白刃战，日军伤亡惨重被迫后退。风伯峪恶战给日军以重挫，守军亦伤亡惨重。营长李锦峰负伤，少校军医蒋世成、地下党负责人张赓良、二连连长高庆云、排长邹功烈、郭颖如阵亡。

七、韩原大战

1938年8月18日，日军步、骑、炮兵联合向韩原阵地发起猛攻，并有飞机狂轰滥炸。国民革命军教导团团长李振西和营长殷义盛、二营营长李成德指挥官兵们依靠山林、工事歼敌甚众，并炸毁敌装甲车1辆，日军败退到韩阳镇内，被教导团魏鸿纪便衣大队围歼。15时许，日军增援部队八九百人、战车10多辆，在韩阳镇附近再遭便衣大队伏击，狼狈逃窜。傍晚魏鸿纪在迂回袭击敌人时牺牲。

8月19日晚，日军向韩原阵地大举进犯，教导团官兵浴血奋战至23日突出重围，向麻沟、江口转移。

八、军民夜袭东伍姓

1938年9月，为保太风公路畅通，日军在东伍姓村驻扎200人，无恶不作，祸害百姓。10月29日晚，国民革命军七四一团三营与县自卫队、地方游击队联合袭击驻扎在东伍姓村的日军，经过4小时激战，打死日军160余人，击毙日军山口大佐，烧毁汽车1辆，缴获重机枪2挺。

九、粉碎日军对中条山西部的围攻

1939年1月下旬，驻运城、虞乡日军3000余人在飞机、大炮配合下，分三路第四次扫荡中条山。国民革命军第三十一军团第九十六军第一七七师主力在芮城二十里岭、云盖寺一线据险阻击，击退东路日军。独四十七旅七四四团在草坪、玉泉寺等地与另一路日军相遇，激战数日，团长李家骥遇难。王镇华旅长率部队分路突围，经虞乡、永济转移到铁路北。在雪花山一带活动的芮城县抗日游击队攻敌侧背，与九十六军某部一起粉碎了日军对中条山西部的围攻。

十、雪花山恶战

1940 年 10 月，日军纠集虞乡、永济、临晋等 13 县日伪军数千人，进攻雪花山，扬言"血洗雪花山，活捉杨振邦"。杨振邦率雪花山民间武装千余人抵抗 7 昼夜，战到弹尽粮绝，遂将部队化整为零，撤下雪花山。

第四节　日军暴行

一、血洒古墓

1938 年 5 月 5 日，日军从蒲州出发到东张镇进攻抗日游击队第三支队。经过北阳村时，该村的胡长有、胡甲娃，西仪村的樊建业、樊圪塔 4 人在地里摘豌豆角，被日军发现，遂抓他们充当苦力，背行李运弹药，最后将 4 人带到一座古墓旁，说他们是中国士兵，当场打死 3 人。胡甲娃乘机脱逃，跑到村边，仍被日军枪杀。

二、张营血案

1938 年 5 月 6 日，日军在张营被一七七师打败，麦

53

收后日军反扑张营村。许多群众认为外国人创办的福音教会是慈善之地，遂进福音堂躲避。教堂容纳不下，就躲进教会院内南边的土窑和凹地里，以求庇护。日军大肆报复，向躲在教会里的群众开枪射击，把俘虏的几十名中国士兵和避难群众枪杀在张营小学前干涸的池塘中，并把一七七师1个副连长捆绑起来扔进大火中烧死。教堂的曹长老和他的几个教徒也无一幸免。

日军在张营村疯狂掠杀。王栓锁一家3口和1名雇工被日军吊打后刺死在井台上。王爱玉是个庄稼汉，听到枪声停止，出门观望，被打死在家门口。赵当明被日军用刺刀刺死。胡善树被抓住后被绑在树上用刺刀刺死。张营染坊掌柜不让日军拉他的大驴，被刺死在槽头。王家巷的医生王彦迪不服日军驱使，被日军砍头……一天时间，张营村就有40余名群众惨死在日军的枪弹刺刀之下。

三、血染南城壕

1938年8月，日军第二次进攻永济。部队路过上高市村时，搜出教员屈敬礼，商人屈志发，学生屈五常、屈海潮和长工屈收娃、王三、屈元龙7人，以"中国兵"之名推入南城壕中用刺刀乱戳。除王三被戳6刀后获救未死，其他6人均当场毙命。

四、东伍姓惨案

1938年10月30日晨，日军町田率兵进入东伍姓村，将伍姓村的刘××、贺××等人绑在树上供围成一圈的日军当活靶子练刺刀。贺××家两代3口人，两天内都被刺死，每人身上刀伤几十处。张金元也是被日军拉到村老爷庙前捆在树上，百般折磨后开枪杀死的。日军在东伍姓村驻扎前后两个多月，出村避难的村民有回家取东西者，一旦发现，必死无疑。张敬凯的母亲、婶娘，张月兰的母亲都是这样被杀害的。从东伍姓村外路过的行人共有 200 余人被杀害。

五、活人充枪靶

1940 年 7 月，抗日游击队员宋子敬在蒲州大宝泉村党进岭家结婚。因汉奸告密，当晚日军包围大宝泉村，从党进岭家抓走忽义臣、张天顺、党心平及另外 2 人（其中 1 人是 10 多岁的孩子），诬为抗日游击队，将他们捆绑在杨园村南井旁一棵树上，让日军新兵练刺刀，最后将尸体投入井中。

六、血泪井

日军侵占虞乡后，把南门外大路口的两口井场当作杀人刑场，水井成了抛尸井，百姓称之为"血泪井"。日军侵占虞乡 7 年间，仅这两眼井中所抛尸骨就有 500 多具。抗日志士、当地群众，但凡落入敌手，无一幸免。国民革命军二一二旅八大队通信员张林山，即被枪杀于井旁。

七、日军在西下村、王东村兽行

1943 年冬，日军和伪军以王东村龙王庙为据点，四处抢粮。农历十一月的一天，日军包围西下村，将没有逃走的群众赶往药王庙，由日军翻译按地亩册喊名派粮。年逾花甲的高文亨老汉刚说完没粮，便遭日军拳打脚踢，打昏后头朝下扔进水瓮淹死。类似逼粮暴行，还涉及全村高变娃、曹经五、张骡子、张百远、全天林、张福满、张玉胜等 10 多人，非死即重伤。日军暴行，一言难尽。

第四章　全国解放战争时期

抗战胜利后，1947 年 4 月按照联合县委指示，永济地方党组织积极配合中国人民解放军太岳军区第三军分区部队向阎顽永济、虞乡县政府发起猛烈攻击，虞乡、永济于 23 日、25 日彻底解放。

为了支援解放战争，中共太岳三地委决定撤销中共永芮虞解联合县委，成立中共永济县委、中共虞乡县委，组建民主政权。同年 9 月，永济县中条山南地区划建永乐县。山北地区与虞乡合并为永虞县，中共永虞县委建立。1949 年 6 月至 9 月，为支援大西南、大西北地区，抽调大批干部开辟新区工作，成立了中共永济中心县委。

第一节　张凯支队起义

1946 年，国民党再次发动内战，阎锡山与胡宗南联手向山西解放区进攻。阎永济县政府为争夺张凯支队处心积虑、不择手段，阴招频出。一是阎永济县长李干之派郑智谋担任张凯支队副支队长，李兆祥担任二营营长，刘宏儒担任一营二连连长，培植亲信势力；二是阎七专署专员朱一民率各县保安支队队长到太原拜见阎锡山的亲信梁化之，许诺由张凯任垣曲县县长，借机调离张凯以控制地方武装力量；三是在张凯离开后，李干之趁机将永济保安支队改编为"爱乡团"，原由条北武装游击小组骨干成员组成的六连被编入其他保安支队。令人发指的是，为清除异己，李干之将共产党员李茂亭和10多名游击小组成员杀害，并到处搜捕武装游击小组其他成员。

中共永芮虞解联合县委意识到形势危急，随即派陈立功到张凯支队一营驻地永乐镇与王正义、李旦分析，最后认定，只有一营是张凯苦心经营多年、并由许多党员组成的基本力量，一营长白龙甫深得张凯信任，是重点培养的入党对象，起义的中坚和主体。最后决定由陈立功将情况向联合县委书记郭久长、组织部部长李胜文汇报。

1946年3月，起义事宜正在秘密进行时，李干之突然命令一营、二营换防，一营猝不及防，以为是起义计划被敌人察觉。经过仔细分析，没有发现泄密迹象，营长白龙甫决定执行换防命令，如发现可疑征兆，立即举行起义，于是一营由条南转驻条北张营、东张、栲栳。不久，联合县委派焦明德、阎仰才到部队协助起义。此时，永济伪条南办事处主任杨浩与二营营长李兆祥在条南抓紧"清乡"，到处搜捕共产党人，中共党组织及党员处于极度危险之中。为使党组织免遭损失，保存实力，重新取得对武装力量的领导权，联合县委在晓里后崖召开紧急会议，决定"采取果断措施，主动举行起义，反击敌人进攻，扭转被动局面"，会议决定由张凯、王忠、祁子宜3人组成临时指挥小组，

58

具体负责起义事宜。由于对形势估计不足，对敌力量估计不足，加之准备工作不够充分，这次仓促会议做出的决定导致了后来军事上的失利。

1946年3月26日，为扫清起义障碍，营长白龙甫命令将阎永济政府派到一营任连长的刘宏儒软禁，并把张营阎区公所工作人员集中到区公所院内严加看守。同时，把驻东张部队调回营部，当着全营官兵面，白龙甫历数阎永济县政府横征暴敛、鱼肉百姓的种种罪行，揭露了阎永济政府排挤、打击抗日力量的事实。接着宣布：全营即时起义，脱离阎永济县政府。全体官兵一致拥护。

宣布起义后，队伍随即向条南进发，经过栲栳镇时，收缴了三营（旧伪军组成）一个连的全部武装。队伍抵达中条山，在达桥坪一带与段叔和、杨伯初的地方武装会合。由于长途行军，战士极度疲乏，没有实现原定突袭驻永乐二营的计划。二营营长李兆祥率部从永乐、晓里逃回永济，并在节义村杀害该部共产党员段明升、刘林学。条南阎区公所、村行政人员也随之北逃。至此，永济三区、四区完全掌握在起义部队手中，初步达到了起义的军事目的。

张凯支队起义震惊了阎七专署。专员朱一民通过阎永济县政府派地方绅士任雅亭企图收买起义队伍，遭到拒绝。随后，朱一民下令永济、芮城两县保安支队集结围歼起义队伍。起义队伍与地方武装由大王庄北移到柏树岭、显神庙一带，占据有利地形，打退了敌人的多次进攻。

次日拂晓，由地方武装作先导，绕道中条山巅，从王莽坪到达姚湾一带。这时，万泉县（今属万荣县）王海清地方武装派援军赶到南山李家窑配合作战，起义队伍决定集中优势兵力对敌进行有效打击。起义队伍派鲁占英一个排进驻韩卓村，声东击西，大有进攻小池之势。敌人以为是我主力部队，集中力量向韩卓村发动攻击。鲁占英一个排英勇作战，挫败了敌人数次冲锋。排长鲁占英身中数弹，壮烈捐躯。鲁占英排的顽强阻击，为主力部队攻入小池村赢得先机，俘敌200余人。芮城保安支队长赵达五束手就擒，余部四处逃散，起义部队再次取得军事胜利。

小池村战斗告捷后，王海清部撤走，张凯支队起义队伍在条南与敌人继续周旋。

1946年7月，胡宗南整编第一军过黄河，企图与阎军配合"肃清"解放军太岳兵团（司令员陈赓）。阎七专署专员朱一民出资40万元（旧币），让胡宗南部新三师围剿起义队伍。同时，调集全区各县保安支队配合行动。在军事打击前，又派副支队长郑智谋到部队劝降。一营长白龙甫经不住诱惑，接受谈判，导致被困。驻扎在西窑一带的起义队伍仓促应战，终因寡不敌众失败。起义战士有的牺牲，有的被俘，一部分突出重围隐匿起来，起义队伍全军覆没。朱一民、李干之将被俘的共产党员、起义队伍中的连长、排长、战士分别杀害于解县、蒲州、芮城，共计40多人。

起义队伍兵败西窑，从客观上讲是敌人势力强大，又有胡宗南正规部队参与，双方力量悬殊。但从主观上分析，一是一营长白龙甫革命意志不坚定，经不住敌人诱惑；二是警惕性不够，部队未能严密布防，教训惨重。这一血的教训，使中共永芮虞解联合县委深刻认识到，掌握和加强武装力量，尤其是在错综复杂的形势下掌握武装力量，更要时刻保持头脑清醒，才能有力、有效地开展对敌斗争。

张凯支队起义失败后，永济、虞乡两县仍为阎政权所统治，中共党组织还处于"等待时机"的状态。阎锡山积极配合蒋介石公开反共，在全省推行"兵农合一"政策。中共永芮虞解联合县委领导党员坚持地下斗争，并将原属中共虞临联合县委领导的中共虞临边区党支部、麻村党支部、伍姓党支部改属中共永芮虞解联合县委领导。同时安排一些身份暴露的党员西渡黄河隐蔽，一部分未暴露的党员就地隐蔽等待时机好转。至此，中共永济党组织的活动转入地下。

第二节　喜获解放与新生政权诞生

一、虞乡县解放与政权建立

1947年，解放战争进入第二年，人民解放军转入战略进攻阶段。3月18日，毛泽东与中共中央军委命令晋冀鲁豫野战军第四纵队与太岳军区部队"迅速攻取晋南三角地带一切可以夺取的地方，大量歼敌有生力量，坚决打击进攻陕北的胡宗南侧背，配合陕北我军作战"。根据中央指示，陈赓、王新亭集中四纵队全部兵力和太岳军区三个旅及十九、二十分区部队共5万人，于4月4日拉开晋南战役序幕。

在陈赓、谢富治和王新亭将军的指挥下，太岳军区第三军分区北沙五十六团先期对运城飞机场发起攻击，炸毁敌机 3 架。随后势如破竹，乘胜南下。7 日攻克新绛，8日占领稷山，15 日拿下猗氏，直逼虞乡、临晋、永济。

4 月 22 日零时，陈赓司令员下令发起嵋阳战役。第二十二旅和太岳军区第三军分区围歼太范、王景之敌。当天下午结束战斗。共歼敌 300 余人，俘敌 1200 余人。23日，我军乘胜解放临晋、猗氏。临晋解放后，太岳军分区情报处长李中合派朱胜家、张万青到中共永芮虞解地下党机关所在地普乐头陈民潮家，通知联合县委书记郭久长，动员群众，组织地方武装，配合部队攻打虞乡。麻村党支部派柴生治、柴生渐、柴生令分别为攻打虞乡城北门、东门、西门作向导。

4 月 23 日拂晓，解放军兵临城下，向城内连发三炮，城内守敌狼狈逃窜，没有任何抵抗，解放军顺利进城，虞乡县解放。随后，太岳军分区副司令李明如来到县城，陈捷弟团长先派兵保护粮库，张子祥组织起临时粮站。李中合担任城防司令，安抚百姓，清点军械弹药库，登记公共财物。郭久长与陈捷弟派地下党员林迪生做阎警察局的起义投诚工作。24 日清晨，林迪生带领解放军包围扶窑村，警察局长王玉玺动员所有巡警投诚。阎县长李玺鸣带人逃往运城，我军派兵急追，半路活捉，处决在虞乡城北门外。

虞乡县解放后，中共太岳三地委决定建立中共虞乡县委，赵一陶任县委书记、王永贤任委员，县委下设三个区分委。一区分委书记张建平，二区分委书记李贵先、副书记马贤才，三区分委书记张文斌、副书记张生滋。

县委建立后，太岳三专署决定成立虞乡民主县政府。王永贤任县长，王又新任副县长，何平（何典成）任秘书，孙民（孙元山）任公安局局长，马灼卿负责战勤科，谢国昌任财政科会计，王学原任税务局秘书，文明堂任邮政局局长。王永贤兼任独立营营长，朱胜家任副营长。原河南济源县农会主席姚立调任农筹会主席。民主县政府下设三个区：一区区长郑文玉，副区长王国英；二区区长时会文；三区区长初为徐兆钰，后由张文斌兼，副区长申玉鳌。

中共虞乡县委、虞乡民主县政府建立后主要抓了三件事：

第一件事是开仓济贫。经年战乱，百姓饱受流离之苦，已是十室九空，家无隔夜之粮。县长王永贤决定开仓放粮，扶危济困，按每村 10 石到 20 石数量分配，剩余部分转运储备。这一举措安抚了人心，稳定了群众，促进了生产，巩固了新生政权。

第二件事是成立人民武装独立营。新政权刚建立，复辟与反复辟斗争十分激烈。为保卫胜利果实，保卫新生的民主政权，中共虞乡县委成立了虞乡县人民武装独立营，县长王永贤兼任营长，朱胜家任副营长。

第三件事是清匪反霸，巩固政权。虞乡解放之初，驻解州城的敌人时常捣乱破坏。王永贤带领独立营坚决反击，敌人向中条山溃退。7 月，王世珍、姚连、王廷美等从中共太岳四地委调虞乡工作，进一步开展对敌斗争，新生政权得到巩固。

新政权建立之初，敌我仍处于拉锯阶段，国民党军队孤守运城，经常派小股武装骚扰。为安全起见，中共虞乡县委、民主县政府迁往枣圪塔村。但县长王永贤与政府机构工作人员仍驻城里，坚持正常办公，极大地稳定了民心，使解放区的人民坚定信心跟党走。

二、永济县解放与政权建立

太岳军区第三军分区司令员王墉率部解放虞乡后，1947 年 4 月 25 日乘胜向永济进发。中共永芮虞解联合县委书记郭久长即到花园村与太岳军区第三军分区副司令员李明如接头。阎永济县县长李干之闻风早已于 23 日半夜携眷渡河西逃。大军兵临城下，25 日永济解放。太岳军区第三军分区五十六团副政委赵敬斋受命为永济县代县长，接管工作有序进行，封存旧政府所有财产、文书档案及粮仓，同时发布安民布告。

永济解放，太岳军区第三军分区第五十六团派二营乘胜西进，抢占军事要地风陵渡，把住了秦晋大门。

永济解放，中共太岳三地委决定建立中共永济县委，书记任明道，副书记郝龙，组织部部长史光华，宣传部部长卫璜。按照中共太岳三地委的部署，县委的主要任务是：

第一，建立政权机构，开辟新区工作。民主县政府县长由赵敬斋临时代理（后由卫璜担任，再后由贺奉先担任），副县长周靖夷、吴益坚，秘书主任由卫璜兼任，战勤科科长韩刚，财政科副科长张晋唐，农筹会总务科科长裴增万，邮政局局长王朝文。下辖五个区：一区书记张西峰，驻地花园村，区长武世民、副区长史理源，驻地常家堡；二区书记杨泽生、副书记刘学东、区长皇甫理平、武委会主任程学文，驻地赵杏村；三区书记郝世秀、区长宋彪，驻地赵村；四区书记周克、区长李克己，驻地永乐镇；五区书记史光华兼任，区长先由王泽代理，后由许万选（民主人士）接任，驻地张营。

第二，建立武装组织，开展清匪反霸。永济解放后，境内形势不容乐观。阎锡山军队残余势力尚未彻底肃清，国民党胡宗南部队布防于黄河西岸，运城仍为国民党军队固守，不时有小股国民党军队侵袭骚扰，还有土匪乘机作乱，直接威胁着新生政权的安全。为此，县委在各级政权相继建立的基础上，把发展地方武装、稳定社会秩序当作头等大事来抓。1947 年 5 月即建立"永济人民武装委员会"（简称武委会），梁世禄任主任，下辖二区武委会，主任程学文。同时，组建永济县独立营三个连。卫璜任营长，后为刘明德。武委会和独立营的建立，在追歼残匪、打击阎顽分子及维护地方治安方面发挥了重要作用。

第三，动员群众恢复生产，支援解放战争。自 1947 年 5 月至 12 月 9 日（9 月 15 日永济、虞乡合并为永虞县），在三打运城战役中，中共永济县委、虞乡县委、永虞县委动员全社会力量，倾其所有，大力支援。

永济民主县政府驻地先后迁花园、石庄、西信昌、王东、双碾子等村。

第三节 清匪反特 巩固新生政权

一、建立新政权

1947 年 9 月 15 日，中共太岳三地委根据战争形势需要，决定建立中共永乐县委，中条山南永济三、四区委改

属永乐县委领导。同时，撤销中共永济县委、虞乡县委，
建立中共永虞县委，任明道任书记，任仲选、杨瑞任副书
记，组织部部长史光华（后为李兰珍），宣传部部长卫璜
（后为李兴华），社会部部长周靖夷，青委会书记李兴华。
下辖6个区委：一区委书记张西峰，二区委书记杨泽生，
三区委书记郭文，四区委书记李贵先，五区委书记张建平，
六区委书记王克忠。同时，组建永虞民主县政府，县长贺
奉先、副县长王又新（后为党力生），下辖6个区，着重
抓了土地改革、筹建纱布厂、武器修造所投产和清匪反特
工作，巩固了新生政权。

二、平息反动武装暴动

随着解放区新生政权的建立与巩固，国民党、阎锡山
不甘心失败，指示隐藏在永虞、永乐两县的敌特分子颠覆
人民政权，破坏土改运动，时刻准备反攻倒算。

1947年9月，解放军二打运城之际，驻潼关国防部
特务头子杜柏风、国防部纵队长秦中和以及流亡永济县长
李干之相互勾结，派遣特务偷渡黄河，在风陵渡一带纠集
潜藏特务、顽伪人员以及地主恶霸，组织了反动武装晋南
游击挺进纵队，企图策划武装暴动，颠覆人民政权，占领
风陵渡以便为胡宗南增援运城打开通道。

9月15日，当太岳军区八纵队司令员王新亭率部二
次对运城守敌发起攻势时，国民党国防部纵队长秦中和命
令"晋南游击挺进纵队"在永乐、永虞两县发起暴动。当
时，太岳军区第三军分区条西工作团（情报处）7人驻赵
村（风陵渡），搜集西安方面情报。区政府12名工作人员

66

在这一带开展工作，永虞县独立营1个班守卫凤凰山，监视潼关之敌动向。永乐独立营机枪班长张文敬系漏网敌特分子，他偷袭凤凰山并将独立营一个班战士捆绑起来投进黄河，控制了风陵渡制高点凤凰咀。另一股敌人从南北两个方向包围了区政府驻地焦芦村，11名工作人员遇害。

惨案发生，太岳军区第三军分区四十九团副团长陈青林率部急驰风陵渡，路过永济时，召开了由县委领导、独立营长卫璜参加的军政会议。会上分析了情况，研究了具体方案，并决定永虞县独立营配合行动，卫璜负责发动群众，全力组织支前工作。由于敌人占据有利地形，四十九团攻击受挫。根据战场形势变化，部队改变战术，组成投弹组、云梯组、攀登突击组，抓住战机，一举歼灭了这支反动武装，毙敌17名，抓获40余名，控制了风陵渡口，保证了运城战役的顺利进行。

为防此类事件再度发生，中共永虞县委发出通知：风陵渡暴乱虽已平息，但11名区干部被害，独立连一排一班投敌叛变，4个区公所、3个基点被搞垮，教训惨痛！敌人利用亲朋、旧友关系，欺骗、收买、拉拢一些思想落后、阶级立场不明、观念糊涂的人，加上混入革命队伍的阶级异己分子进行特务活动，是革命的大敌大害，也反映出我们革命警惕性不高的严重问题。因此，我们应明确认识反奸与土地改革的一致性，应在以贫雇农为主进行土改的基础上，开展贫雇农领导的群众性的反奸斗争，保证党的土改政策的落实，保证群众翻身彻底实现。这一事件告诫我们，在贯彻党的土改政策中，应时刻高度警惕特务的破坏活动，当发现敌特、内奸暴动时，应毫不犹豫地破案、审讯并追查线索,迅速肃清隐藏之奸细,防止事态的扩大。如属重大案件,应掌握武装全力镇压、消灭,万不可犹豫徘徊,以免血案重演。

是时,国民党胡宗南4个旅由平陆太阳渡过河,企图解运城守敌之围。我人民解放军在平陆张村一带阻击,消灭敌两个营。为分散歼灭援敌,上级指示暂停对运城的进攻。在此情况下,永虞县农筹会向各区农筹会及基点负责人发出紧急通知,提出四项要求:1,在敌人逃窜的情况下,开展游击战争;2,要做到联村联防,村村有岗哨,出门带路条,严防特务土匪混入积极分子队伍之中,严惩地主特务的趁机破坏;3,一旦发生情况,区农筹会即为区指挥部,基点区即为小指挥部,各小区干部直接领导各村之全体农会干部与积极分子,开展游击战争,坚决镇压勾匪反攻的地主豪绅,保卫斗争果实;4,根据各县经验教训,及时肃清内奸,在阵营内之斗争对象和不可靠的应坚决清洗,机关要战斗化,不可麻痹。

三、组建永虞县"独立营"

永济正规地方武装组建于1941年3月,时值日军在华北占领区推行"治安强化运动",将华北分为"治安区""准治安区""非治安区"。永济处于非治安区,日军采取的是军事"扫荡"为主的"三光"政策和"囚笼"政策。面对严酷环境,为有效打击敌人,在斗争中求生存、求发展,中共永济条北县委决定由卫璜负责组建"特务营"。1947年4月,永济、虞乡解放时,卫璜的"特务营"与胡永康条北游击队合编为永济武装大队。9月,永济虞乡合并为永虞县，县委决定将原永济、虞乡两县独立营合并，重组为永虞县独立营。之后在围剿土匪、抓捕国民党特务、打击地主恶霸、镇压反动分子中发挥了重要作用，不仅巩固了新生的革命政权，还有力地支援了解放运城战役。

为配合陈谢大军挺进豫西，永虞独立营奉命派二连郭子明一排随部队南渡黄河。这时，郭子明接到报告称，国民党驻潼关特务组织在二连发展了特务成员，待一排返回风陵渡时实施暴动。郭子明立即把队伍带回，向连长杨伯初说明情况，遂召开全连干部紧急会议，要求密切监视敌特活动。同时通报营长刘明德、教导员卫璜。卫璜立即向县委汇报，按照县委指示，清理工作秘密而迅速地展开。第一步按照营部指示，杨伯初率二连以换防名义向县城蒲州靠拢，行进至花园村时，立即收网，5 名主犯 4 人当场被捕，1 人在赵伊镇营部擒获。经审讯，通信员张正学、任银忠交代了特务组织的行动计划及潜伏名单。二连到达营部后，卫璜命令全营干部战士集合，卸枪点名，又抓获 20 多人。至此，隐藏在独立营内的敌特分子全部抓获。

经过审讯，敌特分子供出，这次暴动的目的就是与胡宗南部里应外合，先搅乱独立营，趁机夺兵权，然后再推翻民主县政府。同时，袭击在条西中学培训的党员干部，然后进中条山打游击。独立营还收缴委任状 12 张，被委任营长的有 3 人。这次行动的主要策划者为杨士杰、王世义、祁金子、杜来克等。根据供词，又逮捕了国民党晋南游击纵队长郑建忠的副手李某、军统特务头子李绪华、阎保警队连长申军耀和参谋长李和选。第二步，严惩敌特分子，按情节轻重区别对待，将杨士杰就地正法，随后召开公处大会，将李绪华、申军耀、李和选依法处决，大多数教育释放。祁金子西逃陕西，1951年镇反中抓捕处决。

独立营内部肃奸，由于县委决策正确，处置果断，避免了重大危机。独立营以此为契机，对部队进行整训审查，清除内奸使受蒙蔽的战士觉醒，思想麻痹的战士清醒，领导受到了教育，干部战士提高了防范意识和阶级觉悟，队伍更加纯洁，内部更加团结，战斗力更加增强。

四、粉碎蒋阎顽固势力进攻

风陵渡发生武装暴动时，永虞、临晋交界一带也不平静。一些地主恶霸与蒋阎余孽相互勾结，秘密串联，组织起反革命"复仇团"。"复仇团"纲领明确，就是要杀害我区、村农会干部，杀害翻身贫雇农。"复仇团"在张仙、冯留、许家庄、鲍家营、康蜀、小姚、青渠屯、秦村、坛底等村分别设立情报站，伺机反扑。该组织由运城特务大队直接领导，下辖1个大队，3个中队，10多个小队及调统部、参谋部、情报站等直属机构。大队长谢仰奎，副大队长冯国斌，调统部长张柳虎，副部长张艮娃，参谋长冯正德，挂职有衔者多达41人。

中共永虞县委得知情况后，指示公安局迅速破案。在区、村干部配合下，紧紧依靠贫雇农群众，很快抓获41名骨干中的28人，10人被镇压，17人押送永虞县公安局受审，1人交临晋县公安局受审，13人逃跑，后均抓捕归案。

1947年10月，县委获悉有一股武装敌特分子在风陵渡赵村西堡活动，独立营迅速出动，在三家店村召开军事会议，制定作战预案。据侦察，敌特武装有百十人，配有轻重机枪,在村北搭建铁架重点防守。赵村西堡三面环沟,距离黄河近在咫尺,是逃亡的通道。营长刘明德、教导员卫璜随同一连指挥全营战斗。由于布置周密,打得敌人节节败退。二连、三连迂回包抄,将敌压制在一座院内的西南角,爆破组炸毁了敌最后的防御据点,敌全部投降。清扫战场时,俘获敌特组织头目翟振华、白秉泽,俘虏指认出这支队伍的头目郑建忠,另一头目王世义脱逃。

赵村西堡战斗从军事上和政治上取得双重胜利。就军事角度而言,完全彻底消灭了这支反动武装,粉碎了敌人的复辟阴谋,并在战斗中锻炼了队伍;从政治角度讲,巩固了新生政权,保卫了胜利果实,保障了土改运动的全面推进,维护了社会安定,提升了党的威望,赢得了人民群众的信赖与支持。

五、肃清国民党军残余势力

随着解放战争的进展,永虞独立营开始在全县打击蒋阎残余势力。1947年9月,驻运城国民党军1个连袭击南梯村并将村农会包围。独立营一连三排正在南梯执行土改保卫任务,排长韩廷贵带领全排反击,激战一小时,各有伤亡。驻平壕村的独立营二排前来增援,敌不敢恋战,撤回解州。

独立营一连二排四班和情报站由班长秦孟长、站长赵子玉带领去六官村执行任务,刚进村就遇到"晋南游击挺进队"匪徒伏击。敌首领指挥着50余人向他们冲来,形势十分危急,秦孟长、赵子玉立即组织抵抗,抢占了一座庙宇的制高点,向敌还击。敌人封锁庙门,秦孟长命令推倒一堵墙，掩护赵子玉及全班战士向另一高地撤退，战斗中秦孟长中弹牺牲。在赵村一带执行任务的三连闻讯赶到，敌见势不妙，向南逃窜，3 人被打死。这股残匪在之后的赵村西堡战斗中被全部消灭。

与此同时，独立营一连在平壕村一带清扫蒋阎残余，获悉运城守敌 1 个排闯进麻村掠夺群众财物，连长杨明合率一、三排从东南北三面将敌合围，毙敌 6 人，俘获 10 余人，缴获步枪 20 余支。

独立营在清扫蒋阎残余势力的同时，还按照县委部署打击全县的"一贯道"反动会道门组织。在公安部门配合下，三天时间抓捕了 10 多名"一贯道"头目和骨干成员。随即召开群众公审大会，揭发罪行，绳之以法，对稳定社会秩序起到了决定性作用。

1947 年 12 月，解放军发起第三次攻打运城战役。为确保战役顺利进行，独立营奉命开赴风陵渡口，肃清当地土匪、地主恶霸和敌特分子并阻击可能从潼关渡河支援运城守敌的胡宗南部。队伍进驻风陵渡后召开会议，分析敌情，察勘地形，做好战斗部署。12 月下旬，发现敌人从潼关乘小船、皮艇欲渡黄河，此敌系胡宗南三十四师四十四团 1 个营。敌在西王村上岸，战斗即刻打响。二连在西王村杜家巷与敌接火，营长刘明德率一连迅速赶到增援。三连两个排从侧面攻击敌人。独立营全面出击，敌逐步向西回撤。此乃敌引诱之计，独立营未能识破，这时敌两个营分别向凤凰咀和东王村迂回，以形成合围之势，企图全歼独立营。独立营虽从正面将敌压制到黄河岸边，使其难以上船逃走，但背水之敌负隅顽抗。在这关键时刻，敌营指挥所之一部，从后面逆袭，使独立营腹背受敌。敌用六○炮、重机枪等武器反扑，瞬间独立营伤亡11人，形势危急。营部决定撤出战斗，刘明德率全营且战且退，几经周旋，终于突围。

独立营撤到焦芦村，全营及时整顿，总结战斗得失，准备再战。此时太岳军区第三军分区司令部派参谋长到独立营了解情况，建议不能与敌硬拼。营部仔细分析了各自利弊，决定集中全力组织两支尖刀小分队，直插敌营指挥所，打击其指挥系统。三连首先夺回凤凰咀高地。二连从北进攻，并布置两个排伏击逃跑之敌。一连主攻赵村，从敌内部取得突破。部署就绪，随即发起进攻。这次反击战组织严密，战术得当，毙敌8人，俘获10余人，达到了预期目的。

1947年12月28日，人民解放军攻克运城。溃散的国民党一六九师四十四团团长刘思章率残部400余人，阎七专署专员朱一民率保警队200余人，企图从猗氏经永济尊村西渡黄河。太岳军区第三军分区命令五十六团团长北沙率1个营火速前往张营镇堵截。永虞独立营奉命集结长杆村，稷河独立营（稷山、荣河）奉命在东西吕村集结，第五十六团到达张营后，北沙团长立即召集永虞独立营教导员卫璜（刘明德营长负伤休养）、稷河独立营营长张耀南开会部署战斗。趁刚到尊村之敌立足未稳，我军即刻发起全面进攻。第五十六团直插敌四十四团指挥所，永虞独立营直捣朱一民保警队，稷河独立营于北面阻击，并相应进攻。经过一小时战斗，共俘刘思章、朱一民以下400余人，打死打伤200余人，缴获机枪3挺，八二迫击炮3门，步枪 500 余支及一批军用物资。

1948 年 1 月，胡宗南调第一师、第三师、第三十六师突然北上渡河，并攻占运城。驻扎在解州的胡部时常到虞乡、黄旗营、枣圪塔一带骚扰，直接威胁着新生政权的安全。太岳军区第三军分区命令陈青林率四十九团到永虞一带执行围剿任务，永虞独立营协同作战。一日，根据情报，敌人正在东西开张一带骚扰，部队遂部署在红堰沟设伏。当 100 多敌人进入伏击圈后，我军火力齐发，敌措手不及，被彻底击溃。共击毙击伤敌 30 多人，俘虏 40 多人，缴获机枪 3 挺，步枪 50 余支，手榴弹若干。战后，部队转移赵柏村，召开追悼会，掩埋牺牲的战士，并就地休整。此役达到了稳定民心、安定社会、巩固地方政权的目的，给人民群众创造了稳定的生产生活环境。

总之，永虞独立营在中共永虞县委的领导下，有力地挫败了国民党残余势力的反扑，清除了一贯道反动组织对社会的危害，保证了土改运动的顺利进行，使新生政权更加巩固，全县人民以新的姿态迎接全国解放战争的胜利和新中国的成立。

第四节　支前参军　迎接解放战争的胜利

1947 年春，中国人民解放战争迎来了一个新的阶段。在晋南运城地区，中国人民解放军对蒋阎反动派发动攻势，占据战略要地，歼敌有生力量，威胁胡宗南后脊，配合陕北我军作战，配合陈谢兵团挺进豫西，封住了晋南门户。3 月 18 日，中央军委命令我大军迅速向临汾以南河津、风陵渡方向进攻，相机攻取晋南三角地带一切可以夺取的地方，迅速扩大解放区。4 月下旬，在陈赓、谢富治、王新亭统一指挥下，解放大军以强大攻势，解放了除运城、安邑、夏县以外的县城，虞乡、永济分别于 4 月 23 日、25 日解放。解放了的永济、虞乡人民在中共永济县委、中共虞乡县委的领导下，全民动员，全力以赴，迅速掀起支援前线与踊跃参军热潮，以无私奉献和忘我牺牲精神迎接全国解放，为新中国建立和民族解放事业做出应有的贡献。

一、支援三打运城战役

1947 年 4 月 26 日，中央军委指示，应乘胜夺取运城。据此，刘伯承调整部署，王新亭指挥第一次围攻运城。为引守敌出援，陈赓部首先向羊驮寺飞机场发起攻击，并攻占北关、西关，歼敌第二〇六师 1 个团和 1 个保安团。这时，由于全国解放战争需要，陈赓奉命率第四纵队南渡黄河，挺进豫西，执行战略反攻任务，我军暂停攻打运城。

1947 年 9 月 10 日，晋冀鲁豫军区贯彻党中央指示，由王新亭指挥第八纵队第二次围攻运城。10 月 8 日，第二次攻打运城战斗打响。经过全线指战员的英勇奋战，运城外围主要据点基本肃清。由于敌情变化，我军又主动撤离运城。

第三次攻打运城是在 1947 年 12 月初研究的，攻运方案电告中央，按照复电精神，组建了"晋冀鲁豫军区运城前线指挥部"。司令员王新亭、政委王震，负责统一指挥参战部队。12月16日夜，攻城开始，天正下雪，寒气逼人。经过12天的激烈战斗，28日解放运城，全歼守敌1.3万余人。

三打运城战役中，中共永虞县委、永虞民主县政府动员全社会力量，在人力、财力、物力等方面全力支援。先后组织4000余名民兵及3998名民工（含妇女）组成担架队、运输队，开往前线参战。同时，捐献粮食5301石，大车65辆，牲口1883头（匹），干草361750公斤，担架2020副，梯子1155架，军鞋44843双，布匹6800丈，门板3844块。在支前中，出现了"兄弟上阵""父子争功"的感人场面。有10多名民兵牺牲，数十名民兵受伤。永虞人民用牺牲换来了新生政权的巩固、社会秩序的稳定和人民的安居，其牺牲无疑是值得的，其精神是可嘉的，其事迹是可歌可泣的。

二、组建支前大队

1947年下半年，全国解放战争揭开了新篇章。人民解放军主力由内线作战转入外线作战，粉碎了蒋介石将战争引向我解放区的计划，整个战争形势大翻转。

8月，为配合陈谢兵团挺进豫西，中共太岳区党委、太岳行署指示所属各县抽调人力、物力支援陈谢兵团。中共永虞县委（9月15日永济、虞乡合并为永虞县）接到指示立即部署，县长贺奉先担任支前总指挥，全县共抽调2000人编为1个大队。所辖5个区各组建1个中队，每个中队由400人组成，分别由各区干部带队，同时组建一支由100多名骨干民兵组成的武装队伍，担任警戒、护送任务。短期军政训练后，支前大队又到安邑参加全区集训。

永虞支前大队随太岳军区第八纵队第二十二旅由芮城南渡，一路攻陕县、克灵宝、破渑池。在运送军用物资、救治伤员方面，发扬不怕苦、不怕累、不怕牺牲、连续作战的作风，有流血、有牺牲，保证了战役顺利进行，直到洛阳解放，永虞支前大队圆满完成了任务。仅据 1947 年和 1948 年不完全统计，全县供给部队小麦 997423 公斤、白面 283389 公斤、小米 104779 公斤，完成军布 100 万米，军被 7300 床，军鞋 10 万双。

三、配合解放大军渡黄河

1949 年 4 月 23 日，人民解放军占领南京，宣告了国民党反动统治的覆灭。4 月 24 日，太原解放，中共中央和中央军委发出解放全中国的号召。参加解放太原战役的中国人民解放军第十八兵团随即准备南下，解放西北、西南。早在 1948 年 6 月，中共永虞县委按照上级部署，就做好了解放军渡黄河的准备工作。

渡河必先造船。为此，永虞县政府组织人员到中条山几个村选择船用材料，并从永虞、临晋、荣河、平陆等县抽调能工巧匠近百人，聘请河津有名的船匠张老三带头，集结在韩阳镇河边造船。到年底，造成大型载重船 3 只，小型船 1 只，大型载重船每只长 5 丈、宽 1 丈，主要运载大炮、汽车等辎重物资，小型船主要运送人员及轻装备。同时，由蒲州派出所所长王重华负责挑选并审查船工，最终确定船工 76 名，并对船工重点进行了水工训练和思想教育。

1949年4月，为保证支前工作顺利进行，永虞县成立了支前委员会，各区成立了支前工作队，各村成立了支前小组。6月，成立中共永济中心县委（同中共永虞县委两个机构一套人员），检查指导永虞、芮城、临晋、解县工作。中共永虞县委书记任明道兼任中心县委书记，丁冠五任巡视员。

1949年6月7日，渡河开始，永虞、芮城、永乐三县紧密配合，风陵渡口集结木船84只、船工1500余名，组成运输队，6个中队昼夜不停轮番摆渡，人歇船不歇。各县船只间开展流动红旗竞赛活动，每天总结评比。永虞县的船只负责运送车辆辎重，船工们顶着烈日，劈风斩浪，齐心协力，精细安排，有序作业，流动红旗总是飘扬在他们的船头上。经过近40天奋战，40万大军和5万余吨军用物资全部安全运送过河。第十八兵团后勤部赠送永虞县锦旗一面，上面写着"支援前线，解放全国"。

四、支援解放大西南

随着解放战争的快速推进，全国新解放区面积不断扩大，党中央作出从老解放区选派年轻干部南下支援新解放区建设的战略部署。

1948年5月，晋南重镇临汾解放后，临汾、运城两地区先后成为开办各类干部学校、为新解放区集训干部的大本营。当时永虞县33名南下干部由县委书记任明道带队在临汾集训，同时在条西中学选拔60多名学生集中在临汾参加军政训练，做好南下准备。按照党中央和中央军委决定，所有南下入川干部和学员按系统分编为五个梯队，统称"中国人民解放军西北南下工作团"（简称"西北南下工作团"）。"西北南下工作团"随南下大军从秦岭进入大西南，解放四川、西康，开辟了川康新区工作。成都解放后，永虞县干部接管邛崃、丹棱和夹江三县。任明道任眉山地委副书记，李兰珍任地区妇联主任，李贵先任夹江县委书记，党力生任夹江县长，裴增万任邛崃县长，刘学东任天全县公安局局长，张西峰任会理县公安局局长。

"西北南下工作团"战斗在城市接管、清匪反霸、恢复生产第一线，很快稳定了当地社会秩序，恢复和发展了生产，使新解放的城市和农村呈现出一派蓬勃发展、欣欣向荣的局面。

据不完全统计，1948年按照永虞民主县政府指示，全县每人每月交三五斤柴灰送赵伊硝厂支援军工生产；二区（治所赵杏村）所属各村妇女缝制军被1460条。全县完成军被7300床，军布102963丈，支前群众为前线运粮244000公斤，花料7500公斤。1949年，全县每个男劳力为支前蓄柴100公斤，4月5日前共计60000公斤。二区派30辆大车从闻喜运回花料60000公斤，组织随军担架15副，每副5人，服役期限6个月，做军鞋5000双。全县做军鞋15000双。

为保证西北前线的物资供应，全县经风陵渡运送小麦200万公斤，捐献担架300副，梯子42架，大车107辆，牲口322头，织布663603米，干草20610公斤，全县共动员支前民工1291人。

永虞人民在支援前线的同时，还为万泉县（今属万荣）支前民工提供白面1000公斤，草料10000公斤，马料500

公斤。

1948年8月，为解放全中国，中共永虞县委动员全县青年踊跃参军。在不到一个月的时间里，扩军781名，超额完成扩军任务。

1949年6月，配合解放大军渡黄河任务完成后，按照上级指示，中共永虞县委抽调800名民兵组成支前大队，还由李瑞呈组成一个医疗组，一起跟随部队南下。支前大队由县战勤科长韩刚任大队长，宣传干事张丰裕任指导员；大队下设4个中队，中队长由各区干部担任；中队下分小队，小队领导由各村农会干部担任。他们跟随部队翻越秦岭，穿越雷区，完成了输送弹药、粮食、救治伤员、修战壕等任务。在支前中，共有9名民兵牺牲。

支前、扩军任务的完成，彰显了中共永虞县委的坚强领导，体现了军民团结鱼水情。广大人民群众的全力支援，为全国解放奠定了基础，确保了决战的胜利，充分显示了人民战争的巨大威力。

第五节　土地改革运动

1947年4月，永济、虞乡相继解放。根据上级关于"建立人民武装，消灭残匪，建立人民政权和恢复生产"指示精神，永济、虞乡建立起人民武装独立营，随之又组建人民武装委员会，成立民兵组织，投入除奸灭匪斗争，有力地保障了土地改革运动的顺利开展。

　　土地改革前，境内为封建土地私有制。占农村人口8.4%的地主、富农拥有全部耕地的18.5%，占农村人口40.4%的贫、雇农仅有全部耕地的25.4%。农村土地基本实行私有户营。如古城村乔毓文有耕地3000余亩，自己雇工经营500亩，其余租给贫雇农，靠地租敛财。

　　7月，中共永济县委遵照中共中央《关于清算减租减息及土地问题的指示》（即"五四指示"）精神，召开了全县第一次干部扩大会议，县委副书记郝龙作动员报告，由此拉开全县土改运动的序幕。

　　9月，由于行政区划变动，中共运城地委决定建立中共永虞县委，土地改革运动在中共永虞县委的领导下，有计划、有步骤地全面展开。9月9日《新华日报》（太岳版）登载了永济土改情况和主要经验。

　　10月，中共永虞县委按照中共中央颁布的《中国土地法大纲》，派出土地改革工作队深入农村，发动农民群众，组织贫农团和农筹会，控诉地主，惩办恶霸，着手没收土地，广大农村迅速形成土地改革热潮。

　　土改运动基本分为两个阶段：第一阶段是一切为了支援解放战争的胜利。在土改中充分满足贫雇农的要求，采取由点到面逐步推进的方式，县区干部进村蹲点，向群众宣传党的政策，召开群众诉苦大会，充分调动群众的积极性。同时，依靠贫雇农，团结中农，组建农会，民主选举农代会（农会会员代表会），建立领导农村土改的基层组织，开展清匪、反奸、反霸。第二阶段，由于解放战争的胜利，转向和平时期，重点是一切为了生产建设，一切从农民的长期利益出发。为了农村稳定，在土改中尽量减少大动作，原则是孤立地主、不动富农、团结中农，真正做到团结90%以上的人。之后，清查财产，划分成分，没收征收地主富农多余财产和土地分配给无地或少地贫雇农。

土改运动中一个时期内曾发生"左"的倾向。1948年，县委先后组织两批200余名党员到闻喜后宫和安邑王范参加整党，主要是清算土改运动中"左"的错误。同年5月，县委召开土改纠偏工作会，连续出台文件《纠偏中几个具体问题的规定》《关于在土改中执行中农政策问题的指示》，使土改运动走上健康发展的轨道，确保了土改运动的深入开展和顺利进行。

至1950年冬，全县424个自然村完成土地改革，涉及30774户151168人，其中划为地主成分的699户4026人，富农1203户8614人，上中农2368户16708人，中农7960户44348人，下中农3218户16104人，贫农13951户57117人，雇农1304户4002人，未定成分的71户249人。没收地主和富农的土地74629亩、牲口2306头、房屋13513间，分给贫雇农和部分下中农。永虞县人民政府向全县农民发放了土地、房屋所有证，胜利完成了土地改革任务。

土地改革运动废除了旧的封建土地制度，从根本上摧毁了几千年封建制度的根基，实现了"耕者有其田"，农业生产全部由农户各自经营，使广大农民在政治上、经济上翻了身，政治觉悟空前提高。

第二编　社会主义革命和建设时期

　　1949 年 10 月 1 日，毛泽东主席在天安门城楼庄严宣告中华人民共和国成立，开辟了中国历史新纪元。从此，永济人民在中国共产党领导下，满怀翻身的喜悦，自力更生，奋发图强，意气风发地投身社会主义革命和建设。组建农业生产互助组，创办农业生产合作社，成立人民公社。完成手工业和资本主义工商业社会主义改造，建成机械厂、修造厂、配件厂等集体所有制企业，电机厂、永红化工厂、农药厂、化机厂、永纺等中央和省地企业入驻永济，全县工农业生产迅速发展。粮食生产从 1949 年亩产 117 斤提高到 1965 年亩产 245.9 斤，增长 1.1 倍；棉花从亩产 32.7 斤提高到亩产 80.8 斤，增长 1.2 倍；农田水利条件得到迅速改善，至 1965 年全县耕地面积发展到 82.47 万亩，其中水地面积达到 13.38 万亩，保浇面积达到 9.68 万亩；畜牧业快速增长，到 1975 年，大牲畜存栏 4.08 万头，比 1949 年增长 72.9%，猪存栏 13.82 万头，比 1949 年增长 6181.8%，羊存栏 2.75 万只，比 1949 年增长 310%，畜牧业总产值 542 万元，比 1949 年增长 32%；至 1978 年，全县有地营以上工业企业 11 个，县营企业 81 个；教育事业快速发展，到 1976 年，全县已拥有高级中学 8 所，完全中学 5 所，九年制学校 24 所，七年制学校 172 所，单纯小学仅存 157 所，在校中小学生 64000 余名，全县教职工增至 2720 人，其中民办教师 1083 人，占 40%。

第一章　基本完成社会主义改造的七年

第一节　三年经济恢复

1950 年 4 月，撤销永虞县，恢复永济县、虞乡县。中共永济县委建立后，为努力完成中共七届三中全会提出的"争取在三年内实现国家财政经济状况的基本好转"这一任务，认真做好稳定物价、统一财经工作，为安定人民生活，恢复和发展农业生产创造了有利条件。

1951 年 7 月 11 日，中共永济县第一次代表大会召开，会议制定了《爱国公约》，通过了第一次党代会《决议》。全县掀起抗美援朝热潮，广大群众切实受到爱国主义和国防教育，开展"爱国丰产"运动。全县捐献飞机和大炮，努力搞好农业生产，以实际行动支援了抗美援朝运动。

1951 年 10 月 10 日，中共中央发出《关于镇压反革命活动的批示》，县委确定以取缔一贯道为重点，开展镇压运动。各村建立了治安保卫委员会，消除了干部的思想顾虑，克服了麻痹思想，树立了对敌斗争的观念，纠正了"左"倾情绪，基本上澄清了全县各村的政治情况，纯洁了组织。

1952 年 1 月，中共永济县委遵照《中共中央关于实行精兵简政，增产节约，反对贪污，反对浪费和反对官僚主义的决定》，在全县党政机关和私营工商业者中展开一场"三反""五反"运动。这次运动教育了干部，清除了党员队伍和干部队伍中的腐败分子，也使工商业者受到一次守法经营教育，对于健康社会风气的形成产生了很大作用。为了加强党的建设，提高党组织的战斗力，中共永济县委成立了整党委员会，分期分批对全体党员进行社会主义、共产主义前途教育。

当时，全县经济发展以传统的粮棉生产为主，开展爱国生产、支援抗美援朝运动，恢复和促进了经济发展，至1952年，连年战乱造成的经济损失基本恢复。粮食作物种植面积由1949年的66.79万亩发展到68.7万亩；棉花种植面积、总产分别由1949年的12.46万亩、200万公斤增加到20.5万亩、494万公斤；农林牧渔总产值由1949年的1331万元增加到1737万元。工业以手工业生产为主，总产值由1949年的0.12万元增加到58万元。商贸以私营为主，社会消费品零售总额由1949年的491万元增加到1067万元。全县国民生产总值（GDP，下同）由1949年的1383万元增加到1810万元，其中第一产业（农业）增加值增加到1476万元，第二产业（工业、建筑业）增加值增加到29万元，第三产业（除一产、二产外的其他各业）增加值增加到305万元。财政总收入由1949年的4万元增加到10万元。

第二节　农业互助合作

1950 年春，时属虞乡县董村乡南胥村的高鸣钟响应政府 "组织起来，发展生产"号召，在本村办起了全县第一个变工互助组并担任组长，副组长崔弟娃（女）。全村 17 户农民 109 人全部入组，共有劳动力 43 个，牲口 14 头，耕地 504.2 亩。变工互助组的经营方式为劳力、畜力、大中型农具由组统一安排使用，土地所有权和经营权仍归各农户所有，用工记账，长退短补，收益归己。是年始，高鸣钟多次被评为农业劳动模范，出席过县、地、省和全国劳动模范代表大会，多次受到县、地、省和中央的奖励。1952 年，高鸣钟代表虞乡农民赴北京参观工农业展览，并出席全国在天津举行的"工农大联欢"会议；1953 年，高鸣钟以全国劳动模范身份赴朝鲜慰问中国人民志愿军指战员；1955 年，在合作化高潮中，高鸣钟当选中共解虞县县委委员；1957 年，被选为第二届全国人民代表大会代表；1957 年和 1958 年，应国务院邀请，高鸣钟参加"五一"国际劳动节观礼；1959 年，应邀参加国庆十周年庆典，出席国宴，受到毛泽东、刘少奇、周恩来等党和国家领导人接见，并合影留念；1960 年，高鸣钟参加中央组织的农业代表团赴苏联参观访问，历时两个多月。

1951 年夏，全县组建互助组 16 个，分为常年互助组与临时互助组（或称季节性互助组）两种类型。常年互助组主要有桃李村李敬才组、清华村罗成郎组、牛家村师有义组、南梯村张齐荣组、杨村余芳芝（女）组、窑头村高宝绪组。9月，中共中央召开了第一次互助合作会议，讨论通过了《关于农业生产互助合作的决议（草案）》，发给各地党委试行。此后，各地党委加强了领导，使农业互助合作运动取得了较大的发展。1952年末，全县组建常年互助组1171个，临时互助组2141个，入组劳力42422个，占全县农村总劳动力的64%。许多互助组合伙买牲口、水车，打井修渠，扩大水浇地；添置步犁、双铧犁、喷粉器等新式农具；发展编籇、制权、绑扫帚等副业生产。高鸣钟互助组粮食产量比个体单干时亩产高出30到50斤，棉花高出16到30斤；张齐荣互助组副业收入1125元，人均15元。

1952年3月，任阳乡桃李村劳动模范李敬才在其领导的互助组基础上，按照自愿互利原则，办起了全县第一个初级农业生产合作社（简称初级社）燎原社。全社26户，占全村总农户的87%，入社劳力48个，耕地668.8亩，内有72.5亩留给社员个人种菜，其余由合作社统一经营。入社大牲畜23头，大中型农具88件，作价后归社共有。当年农业社的收入，按劳6成地4成分配，从增产部分抽出5%作为公积金和公益金。李敬才为农业生产合作化，为恢复和发展农业生产做出了显著贡献，多次被评为县、省劳动模范，1952年光荣地出席了全国劳动模范会议，并被评为全国农业劳模，受到毛泽东、周恩来等党和国家领导人的接见，并合影留念。

是年，张营乡窑头村高宝绪种植的3亩棉花试验田亩产皮棉120斤，被评为棉花高产模范，出席了省劳动模范大会。1955 年，他被评为县、地、省建设社会主义积极分子，出席了在北京召开的建设社会主义积极分子大会，并被评为全国农业劳模，受到毛泽东、刘少奇、周恩来等党和国家领导人的接见，国庆前夕还应邀出席了国庆宴会。

是年，韩阳镇牛家村师有义种植的 2.8 亩棉花试验田亩产皮棉 180 斤，是当地群众棉花产量的两倍多。师有义当年被评为运城地区和山西省的棉花生产模范，出席了省劳模大会；1955 年被评为县、省建设社会主义积极分子，出席了全国建设社会主义积极分子大会，并被评为全国农业劳模，受到毛主席毛泽东、周恩来等党和国家领导人的接见，国庆前夕应邀参加了国庆宴会。

1952 年冬，县委抽调专职办社干部 24 人，分别深入互助合作基础好、领导力量比较强的先进互助组，本着"积极稳妥，自愿互利"的原则，试办了 13 个初级社，这些社都是以土地入股统一经营带有集体性质的初级农业生产合作社。

是年底，中共中央提出了党在过渡时期的总路线：要在一个相当长的历史时期内，基本上实现国家工业化和对农业、手工业、资本主义工商业的社会主义改造。简称"一化三改"，这是全面确立社会主义基本制度的重要环节。对农业的社会主义改造，实际上就是农业合作化。

1953 年 3 月 8 日，中共中央发出《对各大区缩减农业增产和互助合作发展的五年计划数字的指示》，3 月 26 日又发出了《关于春耕生产给各级党委的指示》，并颁布了《关于农业生产互助合作的决议》。4 月 3 日，中共中央农村工作部召开第一次全国农村工作会议，强调"稳步前进"的方针。10 月 15 日、11 月 4 日毛泽东两次同中共中央农村工作部负责人谈话，提出互助合作运动是农村一切工作的纲，是农村工作的主题。12 月 16 日，中共中央作出《关于发展农业生产合作社的决议》。此后，农业生产合作社从试办进入发展期，全县初级农业生产合作社有了较快发展。17 个巩固提高的初级社，秋后社社丰产，亩产比上年增加 41 斤，比周边互助组高出 84 斤，比单干户高出 123 斤。1954 年末，全县初级社发展到 96 个，入社农户达 2524 户，占全县总农户的 8%。

1954 年出现春荒，全县有 10000 多户缺粮，国家从河北、河南等 8 省运来粮食 420 多万公斤，保证了供应，刺激了农业生产，促进了合作社的巩固，农民生产积极性大大提高。当年，各合作社深耕细作，增施肥料，添置新农具，农业生产技术改革力度超过以往任何时期。全县安装水车 1917 部，购买双轮双铧犁 2100 部，动力机器 80 部，充分显示出合作化的优越性。粮食产量也由 1953 年的亩产 71.8 公斤提高到 108.4 公斤。是年，卿头镇曾家营村青年许志强，积极参加社会主义革命和社会主义建设，带领曾家营村增收农业生产合作社的青年突击队，三天时间完成全社 25 万斤送公粮任务，并突击完成了压青、除草任务，受到全体社员的赞扬和县政府奖励。在抗旱斗争中，创造了"井壁通泉"新做法，增加了出水量，扩大水浇地 100 余亩。青年突击队成为增收农业社的一支生力军，1955 年，许志强青年突击队被选为县、地、省模范突击队，许志强出席了全国建设社会主义积极分子大会并被评为全国劳模，受到毛泽东、周恩来等党和国家领导人的接见，并应邀参加了国庆宴会。

1955 年 9 月，毛主席在为反映山西省解虞县三娄寺农业生产合作社因忽视思想政治工作几乎垮台的教训一文《严重的教训》题写按语时提出了"政治工作是一切经济工作的生命线"的经典论断。1953 年，三娄寺村群众响应党的号召，成立了"七一"农业生产合作社。社党支部一些人被胜利冲昏头脑，认为办社有成绩，有了骄傲自满情绪，忽视了对社员的思想政治工作，合作社差一点垮台。当时的解虞县领导同志及时深入该社，加强政治思想工作，巩固了农业社。

是年末，全县初级社发展到 306 个，入社农户 13049 户，占全县总农户的 41.5%。初级社的规模大小不等，小者 10 户以上，大者 100 户左右。土地按质评价入股，牲畜和大、中型农具等主要生产资料均作价入社，统一经营，所有权为全体社员共有。入社第一年所需种子、肥料由社员均摊，秋后分配时偿还，以后集体用种子在分配时预扣。小农具由社员自备、自修、自用。社员劳动按日计算：开始普遍采用评估记分，即参照劳动态度、劳动技术和劳动数量评工记分。随后，有的农业社"死分活评"，即根据劳动力强弱、技术高低对每个社员评出底分，在劳动底分基础上参照每个劳动者完成的劳动数量和质量，评定劳动工分，半年或年终计算总得工分，男女同工同酬。社干部因公误工，按本人底分实误实记，不足部分给予补贴工分。收益分配：现金分配，从总收入中扣除各种生产费用、国家农业税收、固定资产折旧、公积金、公益金等，剩余部分参加分配。参加分配的总额中，60% 按劳动工分分配，

40%按土地股份分配，公积金用于扩大再生产，公益金用于教育、文化、福利、救济、奖金等公益事业。公积金一般占总收入的10%左右，公益金占总收入的2%左右，丰年多留，歉年少扣。粮食分配上，从总收入中扣除种子、饲料、集体储备等，剩余部分参加分配。基本口粮（按人分配）占80%上下，劳动粮（按工分分配）占20%上下。

1955年11月，县委作出《在全县范围内大办社会主义性质的高级农业生产合作社的决议》，永济的农业合作化运动进入高潮。同月，李敬才、高鸣钟等人领导的12个初级社率先转为高级农业生产合作社（简称高级社）。是年，卿头镇白坊村邵宏远发现畜力少和肥料不足直接影响农业的精耕细作和麦棉高产，创造性地提出"固定繁殖母畜"和"使役制度"，制定了牲畜问题"十大奖惩制度"，贯彻执行两年，效果良好。全大队大牲畜由原来的286头很快发展到600多头，不仅解决了本大队的畜力问题，还支援了兄弟社队。邵宏远受到省和中央的表扬和奖励，1965他被评为全国农业劳模，出席了全国劳模代表大会，受到党和国家领导人毛泽东、周恩来的接见，并应邀出席了国宴。

截至1956年2月，全县共办起59个高级社，入社农户32014户，占总农户的99.8%，基本完成了农业的社会主义改造。高级社的土地和主要生产资料均为集体所有，取消土地分红。高级社规模较大，大多数是联村社，一般的有500到800户，分为若干个生产队。高鸣钟领导的燎原社由10个村组成，共1305户社员。高级社对生产队实行土地、劳力、产量、投资四固定，超产奖励，亏损不补。

生产队对社员实行定额管理或按件记酬。高级社的现金和粮食分配，除取消土地分红外，与初级社基本相同。

农业合作化后，粮食总产量比 1949 年增长 68%。

第三节　对私营工商业的社会主义改造

1953 年，实行粮食统购统销，彻底取缔了粮食自由市场和粮食商贩，取缔了农村高利贷盘剥，稳定了粮食和其他物价，改善了农民生活。同时，永济县的农村互助合作运动在中央两个决议文件精神指导下稳步进行。结合整风整社同时整党建党。5 月，县委将 114 个行政村划分为 56 个乡，陆续建立了各乡党支部。

1954 年起，对手工业、资本主义工商业的社会主义改造全面开始。通过公私合营等多种形式，逐步将其改造成为社会主义的公有制企业，并将所有制的改造与人的改造相结合，对民族资产阶级实行"和平赎买"政策，努力使剥削者成为自食其力的劳动者。

1956 年 3 月，县委根据中共山西省委意见，将 56 个乡并为 21 个乡，建立了乡的党总支委员会。同时，成立了对私营工商业社会主义改造领导小组，认真做好对私营工商业者的宣传教育工作，反复讲解和平过渡的方针和赎买政策，提高工商业者走社会主义道路的自觉性。通过大会、小会、座谈会宣传政策，提高觉悟，发动工商业者自觉申请过渡。当年底，手工业者入社人员已达 96.6%，永

济县完成了对资本主义工商业和个体手工业的社会主义
改造。

通过对农业、手工业和资本主义工商业的社会主义改
造，改变了生产资料所有制。全县共有生产社 21 个，生
产组 4 个，供销组 1 个，参加人数为 607 人。从公私合营
企业来看，全县共有改造过来的资本主义工商业者 324 户，
占原来总数的 99.5%，其中公私合营 166 个，经销代销 158
户。

第四节　地方工业建设

中华人民共和国成立之初的国民经济恢复时期，永济
县委、县政府在境内逐步恢复手工业和发展手工业合作社，
工业较快起步。工业总产值由 1949 年的 0.12 万元发展到
1952 年的 58 万元。第一个五年计划时期，贯彻党在过渡
时期的总路线和"以农业为基础，以工业为主导"的发展
国民经济总方针。完成对农业、手工业和资本主义工商业
的社会主义改造，地方工业快速发展，至 1956 年，全县
工业总产值 418 万元，比恢复期末的 1952 年增长了 6.21
倍。

1949 年至 1950 年经济恢复时期，永济县委、县政府
动员和扶持个体、私营手工业、工商业恢复生产，发展工
业，促进经济恢复，支援国家建设。全县国营、社办和街
道办工业企业也开始发展，工业总产值由 1949 年的 0.12

万元发展到 1950 年的 0.95 万元。

1951 年，全县开展爱国丰产运动，为了进一步发展经济，保障供给，县供销社开始经营与购销相关的加工企业，新建铁木业社 3 个，并代国家加工油料、屠宰生猪。

1952 年始，手工业和机械加工逐步发展壮大，尤以铁木业加工发展较快，机械产品开始增多，产值不断增长。县城张兴旺等 8 户 11 名铁业手工业者合作，组建起全县第一个手工业生产合作社城关铁业社，属城镇集体工业。主要生产农机具、农机配件等，后更名为永济县东风机械厂。黄英才等人合伙集资 980 万元（旧币）办起永兴铁工厂，属公私合营企业。全县开始实施党在过渡时期的总路线，逐步实现国家的社会主义工业化。

1954 年，县政府在蒲州、虞乡、卿头、栲栳、张营等集镇相继组建起铁业、木业、竹编、修理等生产合作社，1956 年过渡为城镇集体企业。是年，又筹建砖瓦社，保障基本建设所需建材，后更名为县建材厂并扩建，发展机械化生产，属城镇集体企业。同期还创建城关皮麻社，生产麻绳、麻袋、牲畜挽具等产品，后更名为永济制刷厂，生产各种油刷，产品深受国内外用户欢迎。随后成立城关缝纫社，加工服装，服务群众生活。

1956 年，实行"一化三改"，完成对农业、手工业、资本主义工商业的社会主义改造，全县组建起手工业生产合作社城镇集体企业 25 个，从业人员 250 人，年产值 85 万元。1958 年合作社增至 29 个，从业人员 510 人，年产值 105 万元。同期，农村各高级农业合作社为发展生产，增加收入，也开始兴办铁业组、木业组、编织组、缝纫组、砖瓦厂、修配组及粮、棉、油加工厂等工业企业。8月，县农具厂与裕民铁工厂合并为县国营机械厂，主要生产农机具，后更名为永济国营配件厂。孙常、虞乡、清华、董村、卿头、黄营、开张、赵柏、青渠屯、栲栳、张营、文学、蒲州、韩阳14个供销社建立副食加工部，主要生产糕点、月饼等，以满足市场需要。

为了迅速发展壮大工业，县委号召全县工业战线干部职工大力开展技术革新，大胆发明创造，并开展了各种竞赛活动。全县国营、集体、社办企业一起上，人人搞发明，个个做贡献，涌现出一批先进企业和技术革新能手，为推进工业发展、提高经济效益做出了贡献。城关铁业社的杨忠义刻苦钻研，研制改装了72部柴油机和3部车床，后又带领技术革新小组研制成功波兰拖拉机缸盖，解决了无法进口缸盖配件的难题。1957年又研制出磨光机、拉丝机及各种型号的车床、刨床、镗床，随后又设计制造出磨面机。1963年在全省工业会议上被授予"晋南土专家"称号。卿头农具厂王躬武，研制成功深耕轻便犁及植保、脱粒、扬场和工厂专用机械40余种，被称为"活鲁班"，1958年、1962年两次被评为山西省劳动模范，1963年当选全国人大代表，受到毛主席接见，1964年被山西省政府授予"五好职工"称号。时属解虞县的侯孟村金星社修配组土法上马，用柴油机装配"万能拖拉机"，在解虞县举办的万人竞赛大会上竞技表演，获发明奖。此后，全县轰轰烈烈的技术革新活动持续开展。

第二章 开始全面建设社会主义的十年

第一节 人民公社化

1958 年 9 月，贯彻中共中央《关于在农村建立人民公社的决议》，取消高级社，成立人民公社。全县 57 个高级农业生产合作社转为红旗人民公社（城关）、红星人民公社（栲栳）、东风人民公社（虞乡）、跃进人民公社（卿头）和卫星人民公社（开张）5 个大型人民公社，撤销乡党委，建立公社党委，替代原来的乡一级基层政权，实行政社合一。公社规模庞大，组织机构繁杂，领导权高度集中，全县设 71 个管理区（后改称生产大队）。公社成立初期，为适应"大跃进"形势，实行"大兵团作战"，劳动军事化，大批劳力出村搞协作；生活实行供给制，建立集体食堂，吃大锅饭；分配一拉平，可无偿平调各队的土地、牲畜、劳力、物资、现金，甚至社员私人的房屋和树木等。一度刮起了高指标、瞎指挥、浮夸、平调和强迫命令"五风"，挫伤了广大干部和社员的生产积极性。同年 11 月，永济县并入运城县。1959 年，中央郑州会议后，纠正了"五风"。三年自然灾害时期，农业生产连续遭受严重损失，加之脱离客观规律的瞎指挥，总产减至 1949 年水平。

1961 年，贯彻中央《农村人民公社工作条例》(即 "六十条")，停办了集体食堂，将 5 个大公社调整为 14 个公社。1962 年，贯彻中共中央关于改变人民公社基本核算单位的指示，实行 "三级所有，队为基础，独立核算，自负盈亏"。将 87 个管理区变为 207 个生产大队，其中单村大队 114 个，联村大队 93 个；92 个大队实行统一核算，115 个大队核算单位下放到生产队。生产队调整为 1279 个，其中保持原状的 495 个，新分队 784 个。后几经调整，至 1964 年，全县有人民公社 17 个，生产大队 253 个，生产队 1574 个。1965 年全县粮食总产 7800 万公斤，比 1961 年增长 109.95%，人均收入 78 元，人均口粮 223.5 公斤，社员生活有了较大改善。

第二节　经济调整与提高

1963 年到 1965 年为国民经济调整时期，全县贯彻执行中共中央 "调整、巩固、充实、提高" "以农业为基础，以工业为主导" 的发展国民经济总方针，农业生产出现转机，粮田面积逐年略减，而总产比 1949 年翻了一番还多。

这一时期，农村开展了以 "四清"（清政治、清经济、清思想、清组织）为主的社会主义教育运动，在城市中开展了 "五反"（反行贿、反偷税漏税、反盗骗国家财产、反偷工减料、反盗窃国家经济情报）运动。农业上重视推广新技术，掀起以兴水改土为主的农田水利基本建设，坚持"固定繁殖母畜"及各项奖惩制度，全力发展大牲畜；工厂开展技术革新改造，工农业生产得到较快恢复和发展。

1963年，在中共永济县委把主要精力放在调整国民经济恢复和发展生产之时，全国以"四清"为主要内容的农村社会主义教育运动和城市"五反"运动开始。县委按照党中央的决定，在全县发动一次普遍的社会主义教育运动，开展大规模的阶级斗争。历时3年多的城乡社教运动和"五反"运动，对于纠正干部多吃多占、强迫命令、欺压群众不良作风和集体经济经营管理方面的许多缺点起了一定的作用，对于打击贪污盗窃、投机倒把和刹住封建迷信活动歪风也有一定作用，但运动难免使个别干部和群众受到不应有的冲击。是年，农业生产开始全面好转，粮食总产量跃升到6.14万吨，较1961年增加了67%，其中小麦总产量上升到4.05万吨，较1961年增加53.9%，棉花总产量上升到0.49万吨，较1961年增加43.8%，大牲畜上升到28428头，生猪发展到39361头。

1964年，农业虽遭遇自然灾害仍全面丰收。粮食总产量7.15万吨，刷新历史纪录。其中小麦总产量4.76万吨，较1961年增加了80%，棉花总产量0.52万吨，较1961年增加53.5%。大牲畜方面继续坚持贯彻"固定繁殖母畜"的方针，县委又制定了十大奖惩制度，牲畜总数达到31430头，纯增3002头。是年集体和社员共计养猪78871头，比1963年翻了一番。

1965年，根据中央制定的《农村社会主义教育运动中目前提出的一些问题》（即"二十三条"），县委纠正了城乡教育运动中一些错误做法和对基层干部、群众打击面过宽等错误，不断加强党的基层组织工作，继续贯彻执行中央提出的"调整、巩固、充实、提高"八字方针，编制出《永济县国民经济十年规划》，确定了全县今后十年的主要经济发展指标。1965年，粮食总产8665.5万公斤，棉花总产761万公斤，猪牛羊肉总产196.5万公斤，均为历年来最高值；粮、棉、油、水果、猪牛羊肉和大牲畜存栏比1962年分别增长70.9%、137.1%、161.5%、52.4%、366.7%、29.8%，全部工业总产值、财政总收入、生产总值比1962年分别增长134.9%、34.8%、88.6%。

第三节 国营集体工业的发展

全县完成对生产资料私有制的社会主义改造后，集中力量发展生产力，实现工业化，逐步满足人民日益增长的物质和文化需求，开始转入全面的大规模的社会主义建设。1957年始，大力发展国营、集体（含社办和街道办）工业。第二个五年计划时期，高举总路线、"大跃进"、人民公社三面红旗，全民大办工业，制定跃进计划，支援了农业，推动了工业大发展，1958年工业总产值469万元。但不切实际的急躁冒进、瞎指挥、浮夸风，违背了经济发展规律，加之三年自然灾害的影响，许多企业停产下马，经济受到严重损失。国民经济调整之后，1965年工业总产值935万元，比1956年的418万元增长1.24倍；比第二个五年计划期末的 1962 年增长 1.35 倍；国营、集体工业单位和人员大幅度增加。

1957 年，县政府在虞乡新建联合加工厂，后更名为虞乡五金厂，生产的防风马灯享有盛誉，随后归山西省机械厅，改产滤清器，更名为山西滤清器厂。

1958 年 "大跃进" 高潮中开展了全民大炼钢铁运动，当时提出的口号是 "以钢为纲"，各地相继制订跃进计划。3 月 26 日，县委在工业跃进计划中要求当年全县工业总产值在 1957 年的基础上提高 10 倍，新建厂 315 个。5 月，县成立钢铁指挥部，在李店村和樊公洞村南建炼铁厂，每天出动数万人采运矿石 20 吨左右，以土高炉冶炼，但炼出的铁多数不符合质量标准，后停产。是年，县供销社在城关、虞乡、卿头、栲栳建了 4 个棉花加工厂，主要是轧花、打包。并在虞乡新建水果厂，生产果丹皮、果脯、果子露、水果罐头、饼干、糕点等。县政府在蒲州建县国营造纸厂，当年生产纸 24 吨，次年 5 月停产。截至 6 月 10 日，全县建成工厂（加工组）857 个，生产颗粒肥料、肥料、水泥、砖瓦、榨油、轧花、缝纫、石灰、面粉、铁木器等，有工人 5999 人。乡办的联合加工厂生产土制化肥、细菌肥、面粉、鞋厂、水泥、柿酒、糖、纸、榨油等。此后，县委又组织力量上山采矿，根据优先发展工业、工农业并举的方针，有计划地发展矿产和重工业。10 月，县委、县政府组织 13000 余人赴安泽县大炼钢铁，并成立永济县赴安泽大炼钢铁指挥部，县长李晋民任总指挥，宣传部部长赵广元任副总指挥。年末，全县共有县、乡、社工厂 2200 个，职工 25999 人，工业总产值 469 万元，比 1957

年增长 68.1%。总结分析全年建立起来的各类工厂，绝大多数是由农业社、生产队组建的 20 人以下的手工业生产单位，多数带有副业性质，没有较大的联合性企业，机械化程度普遍偏低，经济效益不高。

1960 年始，连续三年自然灾害，农业大幅减产，经济极为困难。为了弥补损失，永济充分利用当地资源发展肉食产品，晋南专署在虞乡建肉联厂，以屠宰猪、羊、鸡、野味为主，加工冷冻肉食品。县委、县政府在赵伊梁家巷建永济钢铁厂，后改为永济农机修造厂。7 月，在王官峪建立小型水力发电站，装机容量 30 千瓦，安装 50 千伏安变压器 1 台，架设至清华村 10 千伏配电线路 1 条，在楼上村国营苗圃安装 10 千伏安变压器 1 台，在清华村安装 30 千伏安变压器 1 台。发电除供楼上村国营苗圃、清华公社机关、学校及部分村民照明外，还带动 2.8 千瓦抽水泵 1 台和 2.2 千瓦棉花加工机械 1 台。

1961 年，建成县副食加工厂和虞乡食品加工厂，主要生产糕点、饼干、月饼、糖果等。

1962 年始，铁路沿线的董村、虞乡、蒲州、韩阳、首阳等公社筹建砂石厂。年末，全县工业总产值 398 万元。

1963 年至 1965 年，全县贯彻执行中共中央提出的"调整、巩固、充实、提高"的国民经济调整方针，1964 年在虞乡建国营油厂，其后国营、集体工业基本停止新建企业，工业重点实施巩固、充实、提高，企业向内挖潜、革新、改造，加强管理，提高经济效益，不断发展壮大企业，服务农业生产和经济建设。1965 年末，全县工业总产值达 935 万元，其中，机械工业总产值 31 万元，建材工业总产值 5 万元,食品工业总产值 148 万元,其他工业总产值 751 万元。在总产值中,轻工业产值 896 万元,占 95.8%;重工业产值 39 万元,占 4.2%。全县职工 736 人,工业增加值 374 万元,销售产值 860 万元,销售收入 685 万元,利润总额 123 万元。产值、增加值、收入、利税均为全县工业生产第二个高效年。

第三章 "文化大革命"的十年

"文化大革命"期间，永济县各级党政领导机构受到冲击，派性泛滥，干部群众思想混乱，国民经济曲折发展。1974 年，全县国民生产总值 8131 万元。1976 年全县国民生产总值 11045 万元。

第一节 "文化大革命"运动

1966 年 5 月，中共中央发布"5·16"通知。7 月 18 日，驻永济"四清"工作团负责人在永济中学礼堂召开动员大会，宣布永济县"文化大革命"运动开始。8 月，永中成立了"文化革命委员会"，并建立"红卫兵"组织，这是全县最早的群众组织。随后，永济中学、县直机关陆续成立 110 多个群众组织。这些群众组织建立后，以批判"资产阶级反动路线"名义在社会上活动，酝酿夺县委、县人委及各部门的领导权。1967 年 2 月 23 日，夺权总指挥部在县城露天剧院召开夺权誓师大会，批斗县委、县人委主要领导，至此，县委、县人委领导权被剥夺。夺权过程中，永济各群众组织分化为两大派，相互间激烈斗争导致全县陷于空前混乱。1969年7月23日，《中国共产党中央委员会布告》下达，对制止武斗、稳定山西局势起到重大作用。

第二节　农业的曲折发展

正当永济全县人民满怀信心实施第三个五年计划之际，"文化大革命"开始。初期，全县人民力排干扰，坚守生产岗位，积极响应"农业学大寨"号召，平田整地，兴修水利，改善生产条件，力促农业丰收。全省、全国农业学大寨会议后，永济县不断掀起农业学大寨运动高潮，力争粮棉亩产达《纲要》（粮食400斤，棉花80斤），过"黄河"（粮食500斤，棉花100斤），跨"长江"（粮食800斤，棉花120斤），决心三年建成大寨县，取得过一定成效。但后来由于运动频繁影响，挫伤了干部群众的生产积极性。外加严重干旱等各种自然灾害，致使农产品产量徘徊不前。粮棉产量1966年始下滑，粮食总产至1973年没有突破1965年的8.67万吨，棉花总产10年没有超过1965年的7610吨；农业总产值至1973年都没有突破1965年的5481万元，多种经营受限制，渔业生产停止，农民人均纯收入10年没有突破100元。

1966年初，县委研究制定了生产规划：战胜干旱，夺取全年农业大丰收，粮食达《纲要》，棉花超百斤。大抓"五个十"（扩大浇地 10 万亩、整修土地 10 万亩，改良土壤 10 万亩，植树造林 10 万亩，栽培芦苇 10 万亩），实现"五个四"（粮食亩产 400 斤，棉花亩产 400 斤，大牲畜纯增 4000 头，养猪纯增 40000 头，集体副业收入 400 万元）。县委及早动手，大动员、大宣传、大造声势，以抓水改土为中心的农田水利基本建设运动蓬勃开展起来。全县大干一春冬，投入劳力 5 万余人，新打水井 902 眼，修建机电灌站 13 处，开挖大小水渠 690 条，扩泉截流 17 处，挖塘建库 4 座，扩大水浇地 8.2 万亩；土地园田化 4.7 万亩，修大寨田 1.9 万亩，平田整地 2.5 万亩；修建桥梁、涵洞 370 个，改造盐碱地 7.9 万亩；植树 337 万株，造林 2.1 万亩；栽植芦苇 1.3 万亩；为抗旱保丰收奠定了基础。

夏收小麦大面积减产，长期干旱导致秋粮难以下种。县委动员全县人民做好以秋补夏、以水补旱、以丰补歉的三补工作。一是扩大复播面积，由上年 14.7 万亩扩大到 20 万亩，增加总产；二是多种高产作物，把玉米、红薯面积由上年的 6 万亩增加到 14 万亩，提高单产；三是以水补旱，在 7 月 5 日前完成小樊、龙行、薛崖 3 个引黄提水工程，确保 17 万亩秋浇任务；四是发动水地社队扩种秋粮 1 万亩；五是组织旱地区生产队到水地区借地种秋 0.35 万亩。县委及时在赵柏公社召开了全县抗旱保棉现场会，又于 5 月 18 日至 21 日在卿头召开了县、社、队 700 余人的"三补""四保"现场会。全县人民全力投入，大干一秋，县直各单位从人力、物力、财力方面全力支援抗旱，确保了秋粮、棉花取得好收成。

1967 年至 1968 年，持续开展以平田整地、兴修水利为中心的农业学大寨运动，粮棉产量逐年上升。为了加快水利建设，打好农业翻身仗，县委研究决定在张营公社尊村黄河湾修建一座大型提水站。

1968年12月3日，工程建设方案确定，为当时山西最大的多级提水工程。引水口选在尊村湾，引渠长200米，在尊村旧址设一级提水站，扬高3米，装机960瓦，流量20立方米/秒，干渠长16.5千米；南行北阎郭设二级提水站，扬高32.64米，装机7500瓦，提水13立方米/秒，剩余两个流量输送韩家庄电灌站，浇滩地3.6万亩，二级干渠长49.5千米，至盐湖区境内；另在卿头公社张锁村北设三级扬水站，扬程14米，装机660瓦，流量2.23立方米/秒，总扬程为49.64米，总装机为9120瓦。此工程完成，永济县可控制浇灌面积53万亩，其中北干渠37万亩，南干渠（姚温站）16万亩。

1969年，为了保护沿黄河南同蒲铁路和蒲州、韩阳、首阳3个公社28个大队3万多亩耕地及1.6万人生命财产安全，县革委启动实施蒲州防洪工程。工程从3月初动工，3000多名基干民兵完成土方6.5万余方，运送片石0.4万余方，备运碎石0.25万立方米，总投工20.98万个，投资38.37万元。至7月初，全面完成了蒲州城西北角防护堤、城北防洪堤、防淤进出水闸及抢险道路工程。

为加快农业发展，县革委还在7年规划中决定发展化肥生产，兴建一座年产5000吨的化肥厂。决定发展机械化农业，在全县兴建机电灌站89处，新打电机井4194眼，装机4314台；新增打井机500部、耕作机械375个标准台，半机械化农具发展到1.5万件，5年内平均每个生产队使用4台饲料粉碎机和打浆机、3台切草机。另外，发展电气化，输电线路发展到857千米，变压器增加到667台。完善农机维修网络，小修不出队，中修不出社，大修不出县，形成县、社、队三级农业机械修理网和服务农业的工业体系。

1970年，全县"一打三反"（打击现行反革命分子破坏活动、反对贪污盗窃、投机倒把、铺张浪费）运动普遍开展。年初，县革委研究编制了全年国民经济发展计划，确定了工业、交通、农业、基本建设发展奋斗目标。6月12日，一场特大暴风由西而东袭击全县，风力之大，破坏之甚，为百年所未有。灾后，县革委组织各社、队抢收抢打小麦及开展以秋补夏播种，努力把损失降到最低程度。

1970年8月后，全县迅速掀起深翻土地热潮，截至10月24日，全县深翻土地4.1万亩，动工打井150处，打成深井55眼，平整土地3.1万亩。土地深翻、兴修水利、增加积肥、治理盐碱地等措施，有效地增强了农业发展的后劲。

1971年，开展路线教育运动，全县掀起农业学大寨的第三次高潮，农村呈现一派"抓革命促生产"的新气象。

入春后，全县组织开展春季植树造林大会战，男女齐上阵，共造林0.68万亩，四旁植树320万株，育苗0.38万亩。同时，掀起抗旱备耕、抗旱保苗的热潮，各社队提出了"一春无雨保全苗，全年无雨保丰收"的要求，投入到紧张的抗旱备耕保全苗的春耕、春种、春浇生产中，圆满完成了种、浇、管的任务。入夏，全县组织开展了龙口夺食的三夏战役，全民参战，日夜抢收小麦，结合夏收抓棉花和大秋田间管理。6月7日下午，抢收夏管的紧要关头，在县东部地区突降一场多年罕见的冰雹和暴风雨，使7个公社8.34万亩小麦和棉秋作物遭受严重损失。接着，又阴雨连绵，小麦霉烂严重。许多棉苗、秋苗被打成了"光杆"，没有抢收抢运的小麦被打掉了麦粒，而且麦穗、麦堆霉烂、出芽，损失极大。在灾害面前，全县人民紧急组织起来，抗灾补救，抢收抢运抢打小麦，及时晾晒；搞好棉花和大秋中耕、施肥、补种、扩大复播，以秋补夏。经过艰苦努力，终于战胜冬春干旱和风雹袭击，夺得了全县44.96万亩小麦丰收，总产4.63万吨，平均亩产达到103公斤，比1970年分别增产1.6%和5.1%。

入冬，全县掀起以农田水利基本建设为中心的生产高潮。上马劳力2.79万人，修水库14处，建蓄水池230个，修防渗渠道43条，开工打井49眼，平整土地1200多亩。同时，狠抓麦田管理和积沤肥，投入劳力2.1万人。截至12月上旬已浇小麦0.8万亩，追肥2.38万亩，耙糖碾压8.92万亩，稀茅灌麦0.44万亩，积沤农家肥37.8万大车。清华公社组织劳力大打水利翻身仗，建立一支筑坝专业队，在海拔1100米高的王官峪"百二盘"上开始修建一座高山水库，库容水量达138万立方米，可浇地8000多亩，一年即可为集体增值16万多元，使沿山的清华、王官、楼上、洗马4个大队受益。首阳公社长旺大队出动劳力300余名，完成了两级提水工程，把黄河水引上34米高的高垣地带，浇地1000多亩。

1972年，全县坚持抗旱夺丰收，发展农业生产和多种经营，大力开展农田水利基本建设。

2月5日至21日，县委召开县、社、队三级干部大会，传达贯彻山西省委三届二次扩大会议精神，回顾总结1971年工作，着重讨论安排部署了1972年农业生产任务和必须抓好的三项工作：一、继续深入开展批判林陈反党集团的罪行。二、认真落实党在农村的各项政策。（1）社员自留地问题，由社员讨论愿意集体代耕的代耕，不愿意的社员耕种；（2）分配问题，生产队采取措施，搞好分配兑现；（3）劳动管理问题，要贯彻执行"各尽所能，按劳分配"的原则，克服平均主义；（4）征购政策问题，包购任务一定5年不变。三、掀起农业学大寨群众运动高潮，搞好小麦管理和春耕生产。会后，全县立即掀起了春耕生产热潮。

进入秋管期，由于三伏无雨大旱，全县农村立足抗旱，及早动手，日夜加班浇水保秋收。并采取换人井不停，合渠远浇，提水高浇，遇沟架桥，千方百计挖潜兴水，扩大浇灌面积。孙常公社侯孟大队由于大部分浅井干涸，立即组织专业队突击淘井（将井继续往深打）挖水，有4位专业队员不幸牺牲井下，为抗旱打井献出了宝贵生命。全村干部群众没有被抗旱困难和流血牺牲所吓倒，安葬完死难者继续投入抗旱淘井保丰收的战斗中，"为有牺牲多壮志，敢教日月换新天"，谱写了一曲战天斗地、抗旱夺丰收的英雄赞歌。

在遭受严重旱灾之后，为从根本上改变农业的落后面貌，县委立足实际，把搞好农田水利基本建设当作一件大事来抓。召开全县农田水利基本建设誓师大会，进一步贯彻全省农田水利建设会议精神，再次掀起冬季农田水利基本建设热潮。截至 11 月 30 日，投入劳力 3.1 万人，实施各项水利工程 281 处。其中，新打水井 65 眼，修理旧井 15 眼，修防渗渠道 25 条、长 0.72 万米，整修渠道 32 条、长 1.59 万米，新增水地 0.12 万亩，平整土地 0.62 万亩，新修大寨田 0.16 万亩，建园田化 0.22 万亩，改良盐碱地 250 亩，冬浇小麦 3.53 万亩。

全年大抓多种经营，促进农业生产和农田水利基本建设。县委号召各社队在抓好粮食生产的同时，落实党的农村经济政策，组织社队成立副业队，大办企业，开展多种经营。并下发通知，要求发展多种经营的收入重点投入农田水利基本建设，发展农业生产。全县开展多种经营的种类由 30 多项增加到 50 多项，多种经营总收入达 378.4 万元，人均 15 元，进一步巩固和壮大了集体经济，加快了农业发展。

1973 年，全县进一步加强小麦春管和秋田管理，推进农业学大寨，改变农业生产基本条件。

为了进一步贯彻落实全国麦田管理电话会议精神，1月 2 日至 4 日，县委在董村公社王村大队召开了加强小麦冬春管理工作座谈会。集中解决小麦生产上存在的问题，总结交流冬管经验，研究安排抓好冬春管理的具体措施，促进了小麦生产，夺得了历史上第 3 个丰收年，总产 5.9 万吨，亩产 126 公斤。3 月，县委又召开三级干部会议，加强农村人民公社经营管理工作，划清政策界限，加强领导，健全机构，充实经营管理干部，抓好基层辅导工作，建立各项管理制度，全县经营管理工作开始好转，促进了农业生产发展。

8月6日，为了夺取棉秋丰收，针对入伏以来缺雨少水，旱情日益严重的情况，县委召开抗旱保棉秋会议。社队干部和群众吃苦耐劳，出大力流大汗，迅速在全县掀起抗旱夺丰收新高潮。抗旱期间，除县委常委分片负责领导外，又从县直单位抽调30名负责人，深入社队抗旱第一线指导工作，确保了全县16.6万亩大秋作物和18万亩棉花夺得丰收。

11月2日至10日，县委又召开了8天县、社、生产大队、生产队四级干部1859人大会，集中学习中共十大会议文件和中共运城地委首届三次全委（扩大）会议决议，县委书记刘之光作了《认真贯彻十大精神，把批林整风引向深入》的报告，县委副书记卢再作了《贯彻十大精神，加强党的建设》的报告，南俊秀作了《关于一年来农业学大寨运动总结及1974年新的打算》的报告。各社队回顾总结了一年来学大寨的情况，交流了经验，典型解剖了虞乡公社学大寨存在的问题和差距，制订了来年学大寨措施。会后，全县掀起农业学大寨新热潮，大力开展农田水利建设群众运动，快速改变农业生产基本条件。是年，小麦产量比1972年有较大幅度增长，超额完成了国家计划，接近历史最高年；粮食总产达到8.51万吨，比1972年增产14.8%；棉花总产达到6.5万吨，比1972年翻了一番半。粮食亩产超《纲要》的有2个公社、32个大队、215个生产队；过"黄河"的有16个大队、82个生产队；跨"长江"的有2个大队、19个生产队。棉花亩产达《纲要》的有7个公社、72个大队、412个生产队；过"黄河"的有2个公社、18个大队、116个生产队；跨"长江"的有

1 个公社、22 个大队、178 个生产队。

1974 年,整顿基层党团组织,加强党团建设,深入开展农业学大寨运动,大搞春季植树造林活动。

开春,全县开展了声势浩大的植树造林群众活动,层层书记挂帅,社社树立样板,队队保证重点,全民动员,7 万人上阵,完成四旁植树 717 万余株,三荒造林 1.48 万亩,组织专业队育苗 1 万余亩。由于发动早、准备好、重点突出、措施得力,所以出现了声势大、标准高、速度快、质量好的新局面。开张、孙常、任阳、韩阳、董村、栲栳、文学、城关等公社全面规划,大搞渠、路、林、机、井五配套,初步实现方田林网化;上年度已实现人均植树 160 株的王村、干樊大队,今春重新规划,更新树种,实现人均 200 余株;厂矿企业机关绿化也有新的起色,县化工厂人均植树实现 213 株;永临公路经加宽改造,树木全部更新,成为"一路两沟四行树,上乔下灌两层楼"的新疆杨公路,新植树 3.29 万余株。

3 月 25 日后,全县认真贯彻运城地区农业学大寨先进单位代表会议和山西省委电话会议精神,县委分别召开常委、公社书记、主任、县直单位干部职工大会,传达会议精神,研究部署农业学大寨和春耕生产工作,提出了小麦一作达《纲要》,全年粮棉过"黄河"的奋斗目标,抓好春耕生产,搞好全年农业。在粮食生产上,立足大灾、多灾,做到三抓:一抓小麦生产,力争一作达《纲要》;二抓推广河南"一旱三集中"经验,抓好高产大秋;三抓 16.5 万亩复播,确保粮食过"黄河"。在棉花生产上,抓好冷床育苗,落实水地面积,适时早播,适度密植。全县掀起了春播准备和春管高潮，截至月底，40万亩小麦浇一水达33万亩，浇二水达16万亩，抢时间抓浇水、施肥、治虫和喷施增产灵、磷酸二氢钾、硼砂，确保全年小麦一作达《纲要》，粮棉双"过河"。

1975年，为努力完成第四个国民经济五年计划，3月17日，县委召开全县四级干部5000人大会，书记李俊卿在大会上作了《学理论抓路线反右倾鼓干劲动员起来迎接国民经济新跃进》的动员报告。大会分析了全国各地学大寨，赶昔阳，大干快上，粮棉产量突飞猛进，发展国民经济新跃进的形势，要求基层干部帮助县委端正路线，改变作风，带动全县人民团结战斗，掀起学大寨赶昔阳高潮，确保三年建成大寨县。大会提出的口号是：批林批孔学大寨，拼死拼活赶昔阳，大干苦战七五年，粮棉林猪定上纲。会后，全县掀起轰轰烈烈的农业学大寨运动新高潮。

7月初，正当全县繁忙的夏收、夏种结束，夏管紧张进行之际，为了打好四夏最后一个战役即夏建，县委研究部署，紧急动员全县人民投入农田水利基本建设和夏管工作，要求社队：第一，全面规划，因地制宜，确定主攻方向。老水地区以平田整地标准园田化建设为主，同时打井配套、渠道防渗和搞好水井挖潜工作，提高单机保浇面积；新水地区和黄灌区，以郑费式平田整地（超挖回垫、阳土上翻、土层不乱、当年增产）为主，千方百计扩大灌溉面积；沿山砂石地区，以挖石填土改造砂石低产田为主，同时抓好截流建库、修池蓄水和渠道防渗工作；丘陵沟壑地区，以修建大寨梯田为主，同时抓好打井建站提水上浇工作；盐碱下湿地，以挖渠排碱，改良土壤为主。第二，合理安排劳力，采取专业队与群众相结合的方法，集中力量打歼灭战。第三，各行各业大力支援，打好总体战。第四，加强领导，改进作风，从根本上改变农业生产条件。全县立即掀起了夏季农田水利基本建设高潮，迅速上马劳力5万余人，动工兴建农田水利工程850多处，完成配套受益工程625处；新增水地1.2万亩，改善水地2.1万亩；修防渗渠道29.5千米，平田整地7.21万亩，改良盐碱地0.6万亩，新建园田化2.1万亩，建大寨田0.15万亩。

9月，第一次全国农业学大寨会议召开，提出了"全党动员，大办农业，苦战五年，为普及大寨县而奋斗"的奋进目标，这是党在新的历史发展时期，领导7亿人民深入开展社会主义革命，加快社会主义建设发出的伟大号令。县委书记李俊卿参加了全国农业学大寨会议，会后代表县委和全县人民给党中央写信，分析寻找全县农业学大寨的差距和问题，向党中央表态：决心带领全县人民急起直追学大寨、赶先进，苦战三年建成大寨县，粮棉双跨"江"，贡献翻一番。这一举动，鼓舞带动了全县人民掀起学大寨的高潮。11月10日，县委召开了全县5万人誓师动员大会，县委副书记、县革委主任南俊秀作了《全县人民紧急动员起来为把永济三年建成大寨县而奋斗》的动员报告。大会分析了全国农业学大寨的喜人形势，总结了全县学大寨的基本情况，提出了全县苦战三年，达到全国会议提出的建成大寨县的六条标准，并提出了今后三年全县的具体奋斗目标：一是加快大寨式社队建设；二是大力改变生产条件；三是加快农业机械化发展速度；四是大搞科学种田，加快农业生产发展，努力多做贡献。同时重点部署了冬季农田水利基本建设的任务。全县再次掀起冬季农田水利基本建设高潮，各地采取组织专业队和群众运动相结合的办法，冒严冬，战风雪，日夜加班突击干，到处呈现出一派战天斗地的感人场面。全县突击大干一冬，圆满完成了当年农田水利基本建设任务。

1976年，全县人民努力大干，坚持开展农业学大寨，改变生产条件，发展农业生产。

1月7日，县革委研究部署全县开展春季植树造林大会战，并下发通知分配了具体任务。安排四旁植树1200万株，人均达到150株；三荒造林1.9万亩，育苗0.75万亩。重点工程是搞好"四化"：一是农田林网化；二是村庄绿荫化；三是果树基地化；四是地埂果桑化。要求层层领导挂帅，加强具体领导；广泛发动群众，大打人民战争；认真贯彻"栽植和管护并举"的方针，巩固发展植树造林成果。春节过后，全县总动员，全民齐上阵，大打绿化突击战，利用20天时间，完成了四旁植树和农田林网任务；各社队又组织专业队伍完成了三荒造林和育苗任务。

2月24日，尊村引黄工程又开始上马建设，全县动员5000名劳力，以公社为单位成立民工团、营、连，开始一、二级提水站建站和干渠（北干渠）的人工开挖。蒲州至卿头全长49.5千米，摆开挖渠战场，民兵组成突击队，因陋就简，土法上马，镐挖、锨铲、小平车运，群众并创新采用"土绞车"运土，后运城地区革委和县革委又调动全县4台推土机、6台拖拉机支援尊村引黄工程，加快了工程进度。12月初，引黄条山干渠（南干渠）也全面动工开挖，西至韩阳镇三新村，东至虞乡镇南梯村，全长 37 千米，沿干渠公社成立引黄指挥部，各社队分配包干任务，生产队组织专业突击队，土法上马，采用"土吊""土绞车"，冒严寒，战风雪，突击开挖。大干一冬春，圆满完成了南、北干渠开挖任务。至 1981 年，南干渠姚温电灌站和整个干渠修建全部完工试机上水。后北干渠各提水站也逐年建成上水。这是全县水利建设历史上的一项重大骨干工程，时为运城地区、山西省最大的多级提水工程，采用民办公助，国家重点补助的方针兴建。

3 月，按照上级的批复，全县又一次开展了黄河围垦（治黄）工程。县革委组织社队 1000 余名民工、50 辆拖拉机，与解放军指战员一起昼夜突击大干，年底完成了 5 千米围垦任务。此项工程，是国务院 1971 年批复的山西省沿黄地区一项较大的工程，北起尊村咀，南至蒲州老城，全长 20 千米。竣工后，可发展良田 7.2 万亩，既保护了沿河 4 个公社、22 个村庄、3 万亩耕地，又保护了南同蒲铁路的安全。工程自 1973 年 1 月动工，三年来，军民合围，奋战治黄，始终在大水中施工，取得了围垦 5 千米、路堤 2.2 千米的可喜成绩，共动用土方 98.5 万立方米，石方 21 万立方米，投工 210 万个，投资 430 万元。

为了进一步动员全县干部群众加快建成大寨县，县委、县革委分别于 2 月 6 日至 15 日、7 月 27 日至 8 月 1 日，两次召开全县四级干部大会。第一次大会利用 10 天时间，集中学习、讨论、安排部署奋战 1976 年，为把永济建成大寨县大干快上，努力改变生产条件，抓好农业生产，夺取全年粮棉大丰收。第二次大会，利用 6 天时间，再揭矛盾再发动，破除畏难情绪，解放思想，制定措施，坚定干部群众两年建成大寨县的决心和信心。使广大干部群众更加坚定了信念，立足当前，着眼长远，大搞农田水利基本建设，努力改变农业生产条件，抓好棉秋管理。

10月，党中央一举粉碎"四人帮"，结束了"文化大革命"。县委、县革委及早安排部署全县大战一冬春，以麦田管理为中心，大搞农田基本建设，突击建圈养猪，大积大沤农家肥。主攻以改土治水为中心的农田水利基本建设，实行土、水、田、林、路综合治理。一、井、黄灌区大力推广郑费式平田整地，平整土地11万亩；二、修建蓄水池300个，蓄水量达到200万立方米；三、积极完成50处小型水利工程和430眼打井配套任务，新增水地3.2万亩。小麦播种结束后，全县立即开展农田水利基本建设；同时，全面开始了浇麦、施肥冬管工作。全县到处呈现出大搞农田水利基本建设和小麦冬管的热火朝天动人场面，为发展生产，夺取来年农业丰收奠定了坚实基础。

第三节　工业的曲折发展

为了完成"三五"时期工业发展目标，国家在中西部地区实施了以战备为中心，以国防、科技、工业和交通为重点的大规模"三线建设"。1966年始，中央、山西省、运城地区相继在永济新建大中型工业企业7个，县、社、队"围绕农业办工业，办好工业促农业"，先后建起一批县国营、集体和社队工业企业，有力推进了全县经济发展。

工业企业建设中提出的口号是："备战、备荒、为人民""一切为了三线建设""好人好马上三线""大力支援三线建设"。全县工业战线的广大干部职工和建设者，发扬大庆"铁人精神"，有条件上，没有条件创造条件也要上，建设工地上呈现出一派热火朝天的"三线建设"高潮，在永济工业发展史上写下了光辉一页。

但由于"文化大革命"影响，1966年到1969年生产停滞不前、连年滑坡，持续减产，企业建设速度缓慢。1970年后，一些新建工厂相继投产，广大干部职工力排干扰，学习大庆人"自力更生，艰苦奋斗"的精神，鼓干劲，争上游，生产不断扩大，产量连年上升，企业逐渐发展壮大，工业总产值、增加值、利税总额同步增长。工业总产值由1970年的1345万元增加到1976年的7543万元，工业增加值由1970年的539万元提高到1976年的2475万元，利税总额由1970年的177万元上升到1976年的893万元；1976年与1965年相比，工业总产值增长了7倍，工业增加值增长了5.6倍，利税总额增长了6.3倍。全县工业虽历经艰难曲折，但向前迈进了一大步，为之后工业化建设奠定了良好基础。

1966年，为了积极响应中共中央、毛泽东主席"备战、备荒、为人民"的伟大号召，贯彻国家发展"三线建设"方针，山西省政府在永济县城南建设晋南化工机械厂，后更名为山西化工机械厂。由于物资供应紧缺，资金困难，建厂达4年之久。1970年投产，主要生产化工机械设备，为省属中型企业。是年，县属地方国营工业生产开始下滑，工业总产值比1965年下降10%。

1967年，各地夺权、派性、武斗开始，内乱更为严重，境内地营老企业和县营地方工业生产持续下滑，工业总产值比1965年减少32.2%。是年，山西省革委会在永济县城南建设晋南农药厂，后更名为山西农药厂。由于社会环境影响，建厂拖延8年之久，1975年投产。当年生产农药敌百虫（50%）43.13吨、敌敌畏（50%）48.37吨，总产值203.67万元，为省属中型企业。同期，运城地区革委会利用本地盛产棉花的优势，在永济县城建设了永济纺织厂，1970年投产，主要生产棉纱、白布，为地属中型企业。

1968年，社会处于混乱状态。境内全部工业总产值618万元，比1965年下降34%。其中，地营老企业工业总产值下降9.8%，县国营企业工业总产值下降54.2%，县集体企业工业总产值下降22.3%，社办企业工业总产值下降30.6%。全部工业增加值248万元，比1965年下降33.7%；产品销售收入453万元，比1965年下降33.9%；利税总额81万元，比1965年减少34.2%。

1969年，中共中央发布"7·23布告"，制止武斗，实行革命大联合，斗、批、改运动向纵深发展。3月，交通部在永济县城西南开建电机厂，名为交通部永济电机厂。建厂5年，1974年投产，主要生产铁路内燃机车电机。1975年隶属铁道部，更名为铁道部永济电机工厂，为中央属大型企业。同期，县内一批社队也开始筹建工业企业，12月，赵柏公社席村建成制药厂，初名永济席村制药厂，生产医药小容量注射剂、片剂、颗粒剂、硬胶囊剂、丸剂、膏剂6大剂型，有中西药品种50余种。

1970年，"一打三反"运动开始，工业生产形势有所好转。第五机械工业部在永济县城东南马铺头村至李家窑村中条山前沿建永红化工厂（即575工厂），发展"三线"国防军工企业。厂区面积大，战线长，建设任务繁重，县革委会组织民兵团，从人力、物力、土地等方面大力支援"三线"建设，建厂达10年之久，1980年投产。后更名为北方制药厂，主要生产军用炸药，后转产军民两用炸药，为中央属大型企业。是年，山西省革委会在永济县城东南赵坊村西建永济发电厂，建厂3年，1973年竣工，第1台机组并网发电。后生产扩大，为县城机关、学校、单位和各厂供热，更名为永济热电厂。后经过4期扩建改造，总装机容量200兆瓦，为省属中型企业。同期，县革委会利用中条山石灰石矿产资源，在清华公社楼上村东南建永济县水泥厂，建厂2年，1972年投产。主要生产225号、325号砌筑水泥，支援农田水利建设。1974年归运城地区水利局管理，更名为运城地区水利水泥厂。1987年更名为运城地区清华水泥厂，为地属中型企业。是年始，孙常、虞乡、清华、董村、卿头等公社相继发展社办工业，兴建机械厂、铸造厂，主要生产农机具和生活用具。这一时期，山西化工机械厂、永济纺织厂建成投产，一些老企业生产转入正轨，全县全部工业总产值达1345万元，创历史最好水平，比高产的1965年935万元增长43.9%。

1971年，县革委会在县城北郊建县化工厂并投产，生产烧碱，主供造纸工业用。1972年，转产农用炸药，供农田水利基本建设和建厂单位基建用。全县范围内掀起"工业学大庆"运动高潮，学习大庆人"自力更生，艰苦奋斗"的硬骨头"铁人精神",克服困难攻难关,生产持续发展,全年全部工业总产值达1946万元,比高产的1970年增长44.7%。

1972年,县革委会在县城南中条山前沿重建铁厂,主要利用各厂废铁屑冶炼白口铁和灰生铁,解决生铁紧缺困难。次年投产,生产生铁582吨,产值12.6万元,利润8000元。6月,省国营董村农场在场区建成山西永济电瓶车厂,生产电瓶车。

1973年,县革委会围绕农业办工业,为解决农用化肥困难,在县城北郊建县化肥厂,建厂4年,1977年投产。年产合成铵3000吨、碳酸氢铵化肥1万吨。1987年经过二次技术改造,生产能力达年产合成铵1万吨,1992年扩建改造后生产能力达年产尿素40000吨,被山西省政府审定为中型二类化工企业,为县属国营企业。同期,县革委会在县城南中条山前沿建成县国营石料厂,服务农田水利和铁路建设。

1974年,栲栳公社青台大队发展队办企业,增加集体收入,建成青台猪毛厂,为江苏省江都县外贸公司加工生产各种鬃刷,效益较好,年产值500万元。是年,全县工业生产形势继续好转,全年全部工业总产值4030万元,比1973年增长23.1%;利税总额530万元,比1973年增长23%。

1975年,继续深入开展基层整党和全面整顿,迎接国民经济新跃进。县革委会为了增加农用磷肥,扶持发展农业,在清华公社陶家窑利用当地磷矿资源建县国营磷肥厂,生产磷肥,年末成功试产出过磷酸钙,含有效磷

8%~18%。之后生产的磷肥，不仅满足本县需求，还支援供应到外地。县供销社在县城建成食品二厂，以生产糕点为主，满足供应居民所需。县革委会号召全县人民大力发展社队工业，并成立社队企业管理局，加强对社队企业的管理和指导。全县兴办起一批社队企业，有力地扶持了农业生产，增加了收入。同时，全县加强工业整顿，促进工业生产，全年工业总产值6236万元，比1974年增长54.7%，产品销售收入同步增长。

1976年10月，党中央一举粉碎"四人帮"，结束了"文化大革命"。永济工业战线的广大干部职工继续巩固全面整顿成果，深入开展工业学大庆，生产干劲倍增，超额完成各项生产任务。全年全部工业总产值达7543万元，工业增加值2475万元，均比1975年增长21%，分别比1965年增长7倍和5.6倍；产品销售收入5423万元，利税总额893万元，分别比1975年增长21%和8.8%，分别比1965年增长6.9倍和6.3倍。

第三编　改革开放和社会主义现代化建设新时期

　　1978 年实行改革开放迄今，永济人民坚持以经济建设为中心，以邓小平理论、"三个代表"重要思想、科学发展观和习近平新时代中国特色社会主义思想为指导，解放思想，与时俱进，开拓创新，砥砺前行，不断开创改革开放和现代化建设新局面。

　　从在广大农村推行家庭联产承包责任制开始，实行经济体制改革，全面深化经济、政治、科教、文卫、生态文明体制和党政机构等一系列改革。从搞好国营、集体企业到发展个体、私营经济，实现多种所有制共同发展；从不断解放和发展生产力，发展有计划的商品经济到建立社会主义市场经济新体系，开创全面建设小康社会新局面，加快经济转型跨越发展；从解决温饱到富起来再到强起来；从开展经济建设到精神文明、政治文明、文化文明、生态文明建设一起抓，认真学习贯彻落实改革开放一系列路线、方针、政策，经济社会发展各方面都结出了丰硕的成果。

改革开放进程中，永济市委、市政府带领全市人民定目标、绘蓝图，强基础、抓项目，引资金、增实力，调结构、改面貌，促发展、求突破，因地制宜地实施了一系列重大战略举措，持续推进工业崛起、农业产业化、城乡建设提升、旅游文化升级、人民生活改善、社会事业发展。永济市城乡面貌日新月异，翻天覆地，各项事业突飞猛进，成就辉煌。永济市国民生产总值由 1.4 亿元增长到 2018 年的 143.74 亿元，财政总收入由 954 万元增长到 7.6 亿元，固定资产投资由 2510 万元增长到 57.4 亿元，社会消费品零售总额由 3687 万元增长到 65.3 亿元，农村居民人均可支配收入由 100 元增长到 1.35 万元，城镇居民人均可支配收入由 1996 年（开始调查统计）的 3327 元增长到 2.98 万元。

而今的永济，新型工业化体系建成，农业产业化已具规模，城乡一体化快速发展，特色城镇化格局形成，旅游文化大市特色凸显，人民生活明显改善，社会事业全面发展，综合经济实力显著增强，全面建成小康社会指日可期。

第一章　发展有计划的商品经济

党的十一届三中全会后，永济全县认真学习贯彻三中全会精神，坚持改革开放搞活方针政策，工作重心转移到经济建设上来，拉开了改革开放的帷幕。经济建设从以计划经济为主、市场调节为辅转向发展有计划的商品经济。经过解放思想，拨乱反正，落实党的各项政策，把改革作为搞活经济的中心环节来抓，改革农村经济体制，启动城镇经济体制改革，进一步解放和发展了生产力，调动了群众生产积极性，促进了社会主义商品生产，以改革开放为起点，进入了改革和经济建设的新时期。农村开始由自给自足的自然经济向大规模的商品经济转化，全县经济实现飞跃式发展。

第一节　解放思想　拨乱反正

中共十一届三中全会的召开，是新中国成立以后党的历史上具有深远意义的伟大转折，全党工作的着重点和全国人民的注意力转移到社会主义现代化建设上来，揭开了新的历史篇章。全县人民认真贯彻十一届三中全会精神，解放思想，拨乱反正，纠正"左"的思想错误，消除派性，增强党性，落实党的有关政策，解决历史遗留问题，全体党员思想围绕十一届三中全会精神高度统一起来，形成了宽松的政治环境，改革开放和经济建设成为重中之重。

1978年12月18日，党的十一届三中全会召开，做出把党和国家的工作重心转移到经济建设上来，实行改革开放的历史性决策。永济全县认真学习贯彻党的十一届三中全会制定的路线、方针和政策。12月28日，永济县委发出《关于认真学习广泛宣传坚决贯彻三中全会公报的通知》，要求各级党组织把"学习、宣传、贯彻、落实三中全会公报"当作头等大事来抓，把干部群众的思想认识统一到三中全会精神上来，全县迅速掀起学习十一届三中全会精神的高潮。县委、县政府领导全县人民联系实际，深入揭批"四人帮"，认清"文化大革命"的错误和危害，清查帮派体系，开展真理标准讨论，完整准确地理解和掌握毛泽东思想的科学体系，否定"两个凡是"，纠正"左"的思想，全县认真开展真理标准问题大讨论补课，恢复党的实事求是的思想路线，明确是非观念，落实党的有关政策。首先解决全县历史遗留问题，复查和平反冤假错案。先后平反纠正了"文化大革命"遗留的1154件冤假错案，对于非正常死亡人员重新给予结论，妥善处理；纠正了1475件"四清"运动造成的冤假错案；为117名右派分子改正摘帽，为96人安排了工作，受株连的78人户口回迁城内；为1249人摘掉了地富反坏分子帽子，对其中246人做了纠正；为14672名地富家庭子女改定了成分，并对831户历次运动中上划成分的全部恢复土改时所定成分；

对原国民党起义投诚人员，全部进行了复查纠正；平反纠正了 168 名被错误清查的人员，恢复了名誉，复职或安排工作；还按照有关政策，复查解决了老职工户口、"四清"借干安排和其他历史问题。党的干部、知识分子、统战工作等各项政策全面得到落实，调动了社会各方面的积极因素，有力地促进了干部群众的思想解放。同时，还开展了以学雷锋、树新风、"五讲四美三热爱"为主要内容的社会主义精神文明教育活动，进一步把干部群众思想统一到中共十一届三中全会精神上来。全县初步形成了安定团结、人心向上、发展生产的良好政治局面，为改革开放奠定了思想基础。全县经济开始复苏，全年生产总值达 1.41 亿元，农林牧渔总产值 8174 万元，全部工业总产值 1.32 亿元，社会消费品零售总额达 3687 万元，粮食总产量 10.43 万吨，财政总收入 954 万元。

第二节　农村经济体制改革开始

在党的工作重心转移的初始阶段，永济县委集中精力纠正经济工作中"左"的指导思想，全面落实中央关于发展农业的各项政策，探索发展农村经济的新路子。从改革农业生产经营形式入手，首先在农村推行各种形式的生产责任制，农村经济体制改革起步。经过不断摸索总结，全面实行了比较完善的家庭联产承包责任制，解放了生产力，调动了群众的生产积极性，推动农村经济飞速发展，完成农村第一步改革，全县经济实现恢复性增长。

1979年，永济县委、县政府积极着手引导全县人民实行工作重点转移，大力发展农业生产，主要抓了两方面的工作：一是坚持实事求是，一切从实际出发，按照自然规律和经济规律办事，尊重生产队自主权，扬长避短，因地制宜调整农业内部结构和作物布局；二是全面落实党在农村的各项经济政策，开放集市贸易，归还和扩大自留地，发展社队企业，扶持家庭副业，开展多种经营。重点是在全县农村推广外地先进经验，探索发展各种形式的生产责任制。

根据安徽省凤阳、四川省广汉实行农业生产责任制的成功经验，永济县少数社队开始在棉花生产上实行联产计酬责任制。栲栳公社长杆大队第9生产队，率先实行定额记工、联产奖惩责任制（包产到户），调动了社员生产积极性。包产户尽心管理经营，全队240亩棉花大增产，人均分配收入由上年的90元猛增到200元，全部兑现。尽管生产责任制这一新生事物还存在这样那样的缺陷，但它确实能增强社员的责任心，极大地调动社员的生产积极性，激发社员的劳动热情，真正促进农业生产发展。1979年全县粮食总产量12.24万吨，比1978年增产17%，是新中国成立30年来全县粮食总产和亩产的最高年；油料作物调整布局，面积发展到2300多亩，总产80吨，比1978年翻了一番；畜牧业鼓励农户个体养羊，年末存栏4.5万只，比1978年增长60%。随着家庭副业和多种经营的发展，集体、社员收入增长较快，农村经济总收入达5500万元，比1978年增长20%；农民人均纯收入124元，比

1978 年增长 24%。农村经济恢复性发展迈开了第一步。

1980 年，为推进农村经济体制改革，永济县委、县政府组织县、社干部入川考察学习。5 月，又组织干部对全县农村经济状况进行了一次深入调查。调查结果显示：一是收入少。从 1966 年到 1976 年，全县农民人均纯收入一直徘徊在 70 元左右，1979 年虽高，也仅只有 124 元。二是负债多。至 1979 年末，全县 40% 的生产大队共欠款 2000 万元，有 1.3 万农户欠集体 286 万元，平均每户欠款 200 元。县委分析认为，出现这种状况，主要是一些干部受"极左"思想影响严重，在农业生产上违背经济规律，执行政策上失误，挫伤了农民的生产积极性，改革开放的步子迈得不快不大。县委及时召开会议总结经验教训，引导和帮助基层干部进一步推行各种形式的生产责任制，全县建立生产责任制的生产队达 50% 以上。是年，在大旱多灾的情况下，秋粮比丰收的 1979 年仍有增长，油料总产则达历史新高 305 吨。农业机械迅速发展，大中型拖拉机数量增长到 524 台，小型拖拉机发展到 924 台，农用汽车发展到 31 辆，各种农用机械发展到 17400 台（部）。

1981 年，永济县委、县政府在总结长杆大队第 9 生产队经验的基础上，在全县 1438 个生产队全面推行各种形式的生产责任制。其中，实行联产到户的生产队 475 个，占 33%；实行包产到户的生产队 532 个，占 37%；实行包干到户的生产队 374 个，占 26%；实行包产到组的生产队 57 个，占 4%。推行多种形式的生产责任制，是全面调节农业生产关系，调动农民生产积极性，提升农村生产力，促进农业生产大发展的有益尝试。是年，全县 42.5 万亩小麦普遍增产，为有史以来第二个高产年。农林牧渔业总产值增长 8.5%，农民人均纯收入增长 11.6%。建立责任制后，群众从生产需要出发，大搞农田水利基本建设，新打水井 517 眼，续建水库 18 座，新建机电灌站 9 处，新修引黄渠 357 条，防渗渠道 126 千米，完成渠道建筑 2800 多处，新增水地 4 万多亩，全县水浇地达到 55 万亩，人均水地近 2 亩。民谚有"人努力，天帮忙，政策带来丰收粮"。

落实党的经济政策，建立各种责任制，不仅稳固了农业的基础地位，推动了农业发展，还带动了经济社会各项事业的全面发展。工业企业贯彻中央"调整、改革、整顿、提高"八字方针，扭亏增盈，积极慎重地关、停、并、转。关停了县磷矿和磷肥厂；张营铁业社、蒲州炊具厂并入人造板厂；东风机械厂、铁厂、塑料拉链厂、三娄寺农具厂、化工厂 5 个企业实现转产。同时，在国家计划指导下，充分发挥市场调节作用，狠抓产品质量和产品升级换代，企业发展迎来新的转机。新产品高频焊管打入市场，桑落酒被评为山西省优质酒，电风扇在全国同行业被评为第 8 名，出口油刷赢得免检信誉。经过逐步调整，县办工业结构初步发生变化，轻工业占比年递增 8%。基本建设完成 63 个项目，建筑面积 41900 平方米，百货大楼开始营业，电影院提前交付使用。县城新建排水沟道 6000 米，铺设油路 8 万多平方米，街道植树 15 万株。同时，投资 28 万元新建了县自来水厂。财贸工作贯彻"发展经济，保障供给"方针，搞活市场。全县恢复了 8 大集市和 17 个古会，恢复物资交流大会，扩大供销业务，繁荣了城乡市场。发展个体商户 372 户，补充了市场。教育改革方面，充实加强小学，整顿合并初中，调整压缩高中，基本普及小学教育，发展职工技术教育和农村扫盲，永济成为无盲县。科技改革方面，贯彻全国科技工作大会精神，建立科研所4个，健全、充实了4级农科网，成立了各种技术学会，兴办了一批技术夜校，推动了科技事业的发展。小麦种植方面，大面积推广优良品种，实施喷洒磷酸二氢钾和石油助长剂增产新技术；棉花生产方面，推广冷床育苗移栽、营养钵育苗移栽、塑膜覆盖新技术，推广抗病、复播棉新优种，取得明显的增产效果。

根据相关法律条文和中央有关精神，永济县实行县级直接选举制度，设立了县人民代表大会常务委员会及其办事机构。恢复和建立政协永济县委员会制度，召开第五届委员会委员会议，选举出主席、副主席、常委，设立委员会及其办事机构。

1982年9月1日，中共十二大召开。大会总结了中华人民共和国成立以来的历史经验，正式提出"建设有中国特色的社会主义"的新命题。"中国特色社会主义"的科学含义是要求把马克思主义的普遍真理同中国的具体实际结合起来，走适合中国特点的道路，逐步实现工业、农业、国防和科学技术现代化，把中国建设成为一个富强、民主、文明、和谐、美丽的社会主义现代化强国。永济全县上下认真学习贯彻中共十二大精神，自上而下围绕"四个现代化"目标订措施，绘蓝图，规划全面工作。

永济县委、县政府按照中共中央（1982）1号文件精神，及时总结全县实行各种形式生产责任制的经验，针对部分干部群众存在的思想问题，先后两次组织基层干部集中培训，进一步明确家庭联产承包责任制的性质和意义，推进承包合同的完善和兑现，在农村全面实行"大包干"的家庭联产承包责任制。实行家庭联产承包责任制，农民取得了生产管理和经营的自主权，进一步调动了劳动积极性，大家苦干实干加巧干，自觉地把传统的精耕细作经验与现代科技密切结合，农业新技术和农作物新优品种得到大面积推广应用，获得了大幅度增产的效果。同时，永济县委、县政府积极扶持发展专业户、重点户和新的经济联合体，政治上支持，思想上鼓励，物质上帮助，科技上指导。全县"两户"发展到 10700 户，经济联合体发展到270 个，农村经济出现了前所未有的新局面。植树造林、大牲畜发展、农业总收入、农民人均纯收入、储蓄存款、对国家贡献商品粮棉等，都达到或超过历史最好水平。小麦总产 8.96 万吨，实现了"三超"（超计划、超历史最高年、超上年）；棉花总产 1.23 万吨，实现了"四超"（超计划 63.5%，超 1978、1981 年并超历史最高年）。油料总产 1615 吨，比 1981 年增长 79%；大牲畜纯增 1820 头，创历史最高水平；多种经营收入 2687 万元，人均 89.6 元；社队企业发展到 795 个，年产值 2283 万元，是 1981 年的1.6 倍。由于农林牧副和多种经营迅速发展，农业总收入直线上升至 9476 万元，提前一年实现了总收入三年翻一番的目标。农民人均纯收入 284 元，比 1981 年翻了一番多。居民储蓄存款 739 万元，净增 374 万元。农业丰收后，社员不忘国家，踊跃交售爱国粮棉，为国家提供商品粮2.24 万吨，商品棉 1.21 万吨，商品油 376.5 吨。农村第一步改革，大见成效。

　　农村改革取得显著成效，工交、财贸、科技、文教工作也有了新的起色。工交建系统继续贯彻调整国民经济八字方针，落实中共中央（1982）2号文件精神，狠抓企业整顿，端正指导思想，积极推行企业内部生产责任制，努力减少消耗，降低成本，增加收入，生产形势不断好转，经济效益明显提高。全部工业总产值1.49亿元，比1981年增长31.6%。财贸工作放宽了政策，扩大了流通，进一步开放集市贸易，恢复古会34个，发展集体工商企业224个，个体工商户813户，全年社会消费品零售总额5122万元，比1981年增长4.8%。科技情报工作不断加强，各种学会组织相继建立，"农业技术问答站""农技服务部"、联合学校、技术夜校遍及社、队、厂、场，群众性的学科学、用科学热潮正在兴起；小麦生产狠抓了新优品种推广和大面积高产栽培技术示范，有增产示范田10.7万亩，平均亩产比大田增产39%；棉花生产狠抓高产综合示范，推广大面积复播棉和生物化学防治棉花虫害新技术。文化工作方面，加强了集镇文化中心和公社文化站建设，培训了一批业余文艺骨干，进一步发展了传统民间艺术和群众性的文化娱乐活动，活跃了全县人民的文化生活。教育工作狠抓普及小学教育，适龄儿童入学率达到98%以上，巩固率96%，特别是思想品德教学受到中央和省、地区有关部门的充分肯定，并推广其教学经验；中等教育结构调整改革迈出新步子，原有的121所"八制校"合并为73所；试办了职业学校和专业班，普通中学开设专业课，加强农业技术教育。中学教育质量有新的提高，向全国高校和中专学校输送新生346名。业余教育方面，新办农民文化技术学校 36 所，2000 多名干部群众参加了文化技术学习培训，为农业技术推广打下了坚实基础。卫生工作方面，全面开展爱国卫生运动，城乡面貌均有所好转，防病治病，防氟改水，王西、北苏等 6 个大队基本达到"太阳化"标准。大力开展以"五讲四美"为中心的文明礼貌活动，治理脏、乱、差环境和思想教育相结合，助推精神文明建设。1982 年 4 月，撤销永济县革命委员会，恢复永济县人民政府，实行县长、副县长直接选举制度。

第三节　启动城镇经济体制改革

随着农村经济体制改革的先行先试，全县城镇经济体制改革也按照中共中央《关于经济体制改革的决定》启动推进。重点改革管理体制、所有制形式和分配制度。实行政企分开、简政放权、厂长（经理）负责制和企业内部经济责任制，调动了干部职工的生产积极性，增强了责任心，加速了企业由生产型向生产经营型转变，增强了企业活力和自我发展能力，推动了全县经济持续、稳定、协调发展。

1983 年，永济县委、县政府根据中共十二大精神，逐步对工交、财贸、科教、文卫等方面经济体制进行改革，启动了城镇经济体制改革。

3 月 1 日，永济县委、县政府批转县供销社《关于供销合作社体制改革方案》，全县供销社系统经济体制改革拉开序幕。县供销社《关于供销合作社体制改革方案》的主要内容是：改现行行政管理为经济联合体，改全民所有制为合作商业性质，改干部委派制、终身制为民主选举制，改"铁饭碗"为两种劳动工资制，改全民所有制"官商"管理为群众性民主管理，改只对国家计划负责经营为对农民生产、生活服务。5月21—23日，召开全县供销社社员代表大会，选举产生董事、理事领导机构，供销合作社开始由社员入股合作经营。是年，供销合作社有社员113948人，入股金额53.61万元。5月27日，县政府贯彻《国营企业利改税试行办法》，决定国营商业企业（包括饮食服务业）按独立核算单位从1983年起全面执行利改税。县供销合作社、电影公司等单位也实行利改税，按8级超额累进税率缴纳所得税。随即，工交、财贸、科教、文卫系统均统一制定改革方案，开始经济体制改革。

1984年，永济县作为整党试点县，分期分批整党，以整党促改革、促发展。中共永济县委按照党的十二届二中全会做出的《中共中央关于整党的决定》在全县开展整党工作，主要任务是：（1）统一思想，进一步实现全党思想上政治上的高度统一，纠正一切违反四项基本原则、违反十一届三中全会以来党的路线的"左"的右的错误倾向；（2）整顿作风，发扬全心全意为人民服务的革命精神，纠正各种利用职权谋取私利的行为，反对对党、对人民不负责任的官僚主义；（3）加强纪律，坚持民主集中制原则，反对无组织、无纪律的家长制、派性、无政府主义、自由主义，改变党组织软弱涣散的状况；（4）纯洁组织，按照新党章的规定，把坚持反对党、危害党的分子开除出党，关键是清理"三种人"。全县通过集中学习、对照检查、党员登记、组织处理四个阶段的工作，把各级党组织和广大党员的思想、组织、纪律、作风切实转移到改革开放和"四化"建设上来。随之，县委做出《关于加强党的组织纪律的几条决定》，加强党的组织纪律和党风廉政建设。为进一步加强领导班子建设，提高各级党组织的领导水平，县委对全县各级领导班子全面考察，按照党在新时期的干部路线和"四化"标准要求选拔任用干部，"佼佼者上，平庸者让，不称职者下"，对公社、村和县各工作部门领导班子进行了一次大的调整改革和充实加强，三级领导班子朝着革命化、年轻化、知识化、专业化方向前进了一大步，完成了机构改革、配备领导班子的任务。新班子人员比老班子人员减少 200 余人，年龄、文化程度、专业知识等方面结构都发生了显著变化。

按照宪法规定和山西省人民政府提出的关于政社分开、建立乡（镇）人民政府的工作方案，1984 年 9 月，改革公社、农村行政体制，将 17 个人民公社的政社合一体制改为乡（镇）人民政府建制，实行政社分开；252 个生产大队改为行政村，1438 个生产队改为村民小组。并健全了乡（镇）、农村党组织。

1984 年 10 月，《中共中央关于经济体制改革的决定》下发，永济县积极贯彻《决定》精神，农村不断稳定、完善家庭联产承包责任制，延长土地承包期，经济持续发展。工交、财贸、科技、文卫系统经济体制改革全面深入展开。工商企业不断扩大企业自主权，围绕转变经营机制这个中心环节，推行抵押承包经营责任制和租赁制，突出企业产权制度改革，侧重完善和扩大股份制试点，推行股份合作制，使企业不断适应商品经济发展的需要。全县工商企业全面推行厂长（经理）负责制，产品质量、经济效益不断提高。整党工作和全面开展经济体制改革，加强了党的建设，促进了经济发展。《人民日报》发表文章《整党健康发展　整党带来活力》，介绍永济县整党经验。

第四节　发展社会主义商品生产

全县农村完成第一步改革后积极推行第二步改革，着重改善农业生产基本条件，调整农业产业结构，改革农产品统派制度，兴办乡（镇）企业，发展农村合作经济组织，逐步建设小城镇市场，先后建立了商品粮、优质棉、商品鱼生产基地，解决了农民温饱问题，使农村自给半自给自然经济向商品经济发展。城镇改革以增强企业活力为重点，进一步简政放权，实行厂长（经理）负责制，搞活了市场，提高了经济效益，企业真正成为相对独立的经济实体，增强了自我改革自我发展的能力，推进了商品经济的发展。

1985 年，全县把改革作为发展经济的中心环节来抓。认真贯彻中共十二届三中全会和中共中央（1985）1 号文件精神，积极开展农村第二步改革和城镇经济体制改革，抓好社会主义物质文明和精神文明建设。

农村狠抓"三坚持"：坚持靠政策、靠科学、靠实干；

坚持以农田水利建设为重点，努力改善农业生产基本条件；坚持领导就是服务，切实从资金、物资、科技、信息、管理、流通等方面为农业生产提供产前、产中、产后服务。进一步调整产业结构，不断稳定家庭联产承包责任制，改农副产品统购派购制为合同定购制。在改革推动下，全县从社会需求出发，坚持中央"决不放松粮食生产，积极发展多种经营"方针。在抓好粮棉生产的前提下，把经济林、大黄牛、商品鱼和以农副产品加工为主的乡（镇）企业作为支柱产业，奋力突破。一是调整粮食作物面积和小麦秋粮作物比重，稳定粮田面积，主攻单产，粮食产量持续增长。全年粮食总产 15.07 万吨，比 1984 年增产 7.3%。其中小麦总产 10.69 万吨，比 1984 年增长 3.1%，夺得了历史上连续第 5 个丰收年，向国家贡献商品小麦 3.82 万吨，商品率达 35.7%。二是调整经济作物面积，在加强优质棉基地建设的同时，扩种花生、芝麻、瓜菜、蓖麻等 9 万亩，增加经济收入。棉花亩产 60 公斤，比 1984 年增长 17.8%；油料总产 4692 吨。三是狠抓中条山前沿经济林基地建设，全县造林 2.85 万亩，经济林在造林中占比 66.2%，有大幅度提高。四是积极调整牲畜、家禽牧草饲料种植结构。清华乡王官峪一带利用飞机播种优质牧草沙打旺和苜蓿 1 万亩，为发展畜牧业创造了条件，全年大牲畜比 1984 年增长 6.1%。五是利用黄河滩涂、伍姓湖下湿地新开挖鱼池 1500 亩，年产成鱼 375 吨。同时，积极发展农村合作经济组织和"两户"，发挥双层经营中"统"的作用和致富带动作用；扶持发展农村二、三产业，全年乡（镇）企业发展到 2300 多个，年产值 4818 万元，比 1984 年增长

52.9%，从业人员 3 万多人，占农村劳动力的 25%。出现了孙常机械厂、虞乡机械厂、董村机械厂、卿头农具厂、黄营面粉厂、开张机械厂、蒲州面粉厂等一批产值高、效益好的乡（镇）企业。农村经济结构日趋合理，林、牧、副、渔业占农业总产值的比重明显提高，农村商品生产进一步增强。农村经济由单一的传统农业向林、牧、副、渔和农、工、商、运综合经营的现代农业转化，由自给自足的小农经济向大规模、社会化的商品经济转化。是年，永济县被确定为全国优质棉生产基地县。

城镇经济体制改革中，把增强企业活力作为出发点和落脚点，认真贯彻《山西省以增强企业活力为中心的经济体制改革实施方案》，县政府下发了《关于实行厂长（经理）负责制有关事项的通知》，进一步简政放权，规定厂长（经理）受政府委托，是企业的法人代表，享有经营决策、行政指挥、人事组阁、职工调配、制度修订、资金支配、工资奖金分配、产品销售等 8 大权力，同时在企业内部实行各种经济责任制。工业企业积极进行班子结构、产品结构、管理体制和分配制度等方面的改革。全县 24 个企业 95 个车间班组分别实行计件制、利润分成、成本包干和大包干责任制。同时以技术改造为重点，致力于企业的挖潜、革新、改造，重点抓了桑落酒厂扩建，电器厂鸿运风扇生产线、服装厂服装生产线和东风厂钙塑板生产线技改项目；积极开展横向联合，引进资金、技术和人才，增强企业自我改造、自我完善、自我发展能力，加速了单纯生产型向生产经营型的转变。商业企业进一步修改、充实、完善了以责任制为中心的规章制度。改革流通体制，划小核算单位，坚持国营、集体、个体一齐上，把"改、租、转"落到实处。实行利润包干、工资浮动、超奖分成三种包干责任制。供销合作商业实行三种包干责任制：定额管理、超利分成；利润包干、全奖全赔；租赁给职工个体经营。卿头工商所自筹资金，在全县建成第一个农贸市场卿头农贸市场。全县逐步形成多渠道、少环节、开放式的流通体制，城乡商品流通更活跃、更广阔。科技改革，不断改革县级科研机构，建立科技推广体系，开展科技服务，举办农业科技展销，组织科技示范户巡回宣讲，试验推广小麦叶龄指标促控技术、棉花高产栽培技术等 8 个科研项目。科技示范户工作受到国家科委的表扬；实施"星火计划"，科技成为第一生产力，有 11 个项目获得山西省、运城地区科技成果奖。教育改革，中小学普遍实行教师招聘制和校长负责制，推行三级办学两级管理体制，中等教育结构不断调整，职业技术教育取得新发展，乡（镇）初中建设发展较快，17 个乡（镇）全部办起了初中，教学质量逐步提高，为实行九年义务教育奠定了基础。成立县人才开发交流服务公司，后更名为县人才交流服务中心。

"六五"（1981—1985）期末，永济全县生产总值 2.05亿元，比 1978 年增长 45%；农村经济总收入 1.7 亿元，年均增长 20.3%；社会消费品零售总额 1.04 亿元，比 1978年增长 85%，年均增长 9.2%；财政总收入 1667 万元，比1978 年增长 74.7%，年均增长 8.3%；农民人均纯收入 361元，比 1978 年增长 2.61 倍，年均增长 20.1%；全年农民手持现金 3039 万元，人均持币量 101.39 元，比 1978 年分别增长 6.7 倍和 6.24 倍。广大农民基本解决了温饱问题，开始向小康迈进，一些率先致富户正向富裕型发展。城镇职工工资制度改革，年平均工资逐年提高，首次突破 1000 元，比 1978 年增长 80.9%。全县经济体制改革深入推进，经济建设迈开大步，精神文明建设进一步开展，政治经济形势越来越好。

1986 年是执行国民经济和社会发展 "七五"（1986—1990）计划的第一年，是党和国家经济发展战略和经济体制进一步由旧模式向新模式转换的关键时期，是实现党在新时期的总任务、总目标，为 90 年代经济振兴奠定基础的重要阶段。这一年，中共永济县第五次代表大会和县八届人大三次会议召开，县委书记姚新章在党代会上作了题为《加强党的建设　深入进行改革　不断开创我县两个文明建设新局面》的报告，要求全县以十二大精神和国家 "七五" 计划为指针，以经济建设为中心，坚持把改革开放放在首位，加强党的领导，健全民主与法制，不断促进商品经济发展。农业稳定粮棉，主攻林牧渔业；工业狠抓产品质量，提高经济效益；商业开拓市场，搞活流通；加快城镇建设，发展社会事业，改善城乡居民生活。5 月 31 日，全国人大常委会委员长彭真乘专列抵永济，接见县委、县政府领导，就经济建设、干部作风和安定团结等作重要指示。

在农村，贯彻落实中共中央（1986）1 号文件精神，不断加强农业基础建设，落实以工补农等扶持发展农业的各项具体政策，深化第二步改革。扎扎实实抓了 7 件事：

一是进一步完善家庭联产承包责任制，从服务入手，充分发挥双层经营中"统"的作用，引导农民发展规模经济，不断提高家庭经营的专业化、社会化程度。二是坚持国家计划和市场调节相结合原则，进一步调整种植业、养殖业和农村二、三产业结构，逐步形成农、林、牧、副、渔协调发展，生产、加工、储运、流通综合经营新的经济格局。三是进一步巩固和完善合同制，做实小麦、棉花、油品的合同定购，不断提高商品率。四是大力发展合作经济组织，把发展地方性合作经济组织与发展区域性专业合作经济组织结合起来，积极建立服务型、实业型、流通型、入股合作型、联营协作型、横向联合型等多形式、多层次的合作经济组织。虞乡镇北梯村孙国宾联合20个村组建起全县第一个龙头企业北梯牧工商联合公司，发展蔬菜、芦笋、畜禽、野味肉类加工冷冻生产，逐步形成以外贸为导向，牧工商一体化，种、养、加一条龙的生产经营体系，带动了当地多种经济发展。五是认真贯彻山西省关于乡（镇）企业改革的试行方案，把农副产品加工作为企业主攻方向，更好地服务农业，促进自身发展。卿头镇许家营油脂加工厂以当地生产的棉花、大豆为原料生产油品，促进了棉花、大豆的生产。六是狠抓农村第二步改革的重点工作，搞好农产品流通体制改革。鼓励和支持农民通过多渠道直接进入流通领域，全县建起一支强大的农民经纪人队伍，帮助农民打开了商品流通大门，在商品生产中发挥了巨大作用。任阳乡任阳村任金斗积极找门路引客商，帮农民推销了大批农副产品，是群众称赞的"信得过的王牌推销员"。七是动员全社会力量，组织农行、农村信用社、供销社、科委、农业局、外贸局、商业局、粮食局等部门，从资金、物资、技术、信息、加工、储运、流通等方面，开展产前、产中、产后系列化服务，积极为农民发展商品生产献计献策，不断增强农业的应变能力。6月，永济县被确定为山西省商品粮基地。

在城镇，继续落实中共中央经济体制改革决定、山西省"三十五条"规定和"十三条"补充意见，扩大企业自主权，增强企业活力。县国营、县属集体、乡（镇）企业全部实行厂长（经理）负责制和任期目标责任制，企业内部实行不同形式的责任制。把集体企业、小型县国营工商企业放开搞好，实行国家所有、集体经营（租赁经营或承包经营）等模式。县国营、县属集体工业26个企业112个班组，实行计件制的55个，大包干的25个，成本包干的26个，利润分成的6个；乡（镇）工业93个企业202个车间班组，实行计件制的120个，大包干的70个，利润分成的12个；县国营、供销合作商业全面实行承包责任制，269个门店中实行利润包干、全奖全赔的236个，定额管理、超利分成的23个，租赁经营按比例抽成的10个。

9月，普救寺修复工程破土动工。10月始，全县贯彻国务院劳动制度改革四项暂行规定，全面实行劳动合同制。

1987年10月25日，中共十三大召开。大会提出党在社会主义初级阶段的基本路线是"一个中心、两个基本点"：一个中心，即以经济建设为中心；两个基本点，即坚持四项基本原则，坚持改革开放。这两个基本点是相互依存的。党的基本路线是一条发展生产力的路线。永济县委、县政府组织干部群众学习贯彻十三大文件，县委党校

分三批对县、乡、村 800 多名干部集中培训，并通过专题
广播讲座、深入基层宣讲、开展社会协商对话等形式，使
十三大精神深入人心。以文件精神为准，永济县不断深化
城乡经济体制改革，发展商品经济，明确提出向生产的广
度和深度进军，大力开发商品生产新领域。县委提出，在
全县经济建设中抓好"三个产业"：以种植业为主的基础
产业，以副业为主的起步产业，以工业为主的后续产业。
农业经济发展突出"四个层次"：在黄河滩涂、伍姓湖畔
大力发展养鱼业，在中条山前沿营造经济林，中条山上发
展畜牧业，平原地区大搞主体农业。

农村改革，认真贯彻中共中央有关政策和（1987）5
号文件精神，针对土地承包过程中出现的土地关系不明确、
地块分割过碎、乱占滥用耕地等问题，下发《关于进一步
完善土地承包制的意见》，对促进土地规模经营，妥善解
决地块分割过碎、减轻土地承包者负担、完善双层经营体
制、增强农业基础起到了积极作用。全县 17 个乡（镇）、
263 个行政村全部建立起合作经济组织，增强了集体服务
功能，初步理顺了财务管理制度。实践中，永济县委、县
政府深刻认识到投入对产出的巨大作用，协调县农业银行
和工商银行累计发放贷款 2.8 亿元，主要用于扶持工农业
生产。国家投资的专项资金 800 万元有 672 万元用于农田
水利基本建设，共完成水利工程 1700 多处，打井配套 218
眼，修建防渗渠道 211 条计 250 千米，续建整修提水站
16 处，平田整地 12.5 万亩，新建了小樊临时水源站，当
年新增水地 6500 亩，改善水地 6 万余亩。全县河流治理
开发迈开新步：一是取得省政府支持获 60 万元投资，延

伸了黄河护岸工程（城西工程）550米，保护了3万余亩滩地，蒲州镇、韩阳镇沿河群众的生产、生活与人身安全更有保证。二是投资80万元治理涑水河下游污染，已开挖疏通6.1千米河道，制定出全面治理方案。三是大力开发黄河滩涂。组织有关职能部门和专业技术人员，详细调查并规划了39万亩滩涂资源的开发。县乡抽调100多名干部，深入5个乡（镇）10个村，帮助农民开发滩涂、驱穷致富。县政府出台了两个关于开发黄河滩涂的暂行办法，经县人大常委会审议通过，付诸实施。10月，县政府组织沿河5个乡（镇）村民和县直单位2.2万名干部职工，会战黄河滩，开修了46条总长190千米的骨干道路，使黄河滩从南到北，从东至西，规划井井有条。近滩水产养殖区、中滩水果种植区、远滩放牧区、外滩护岸林带区，滩涂开发框架基本形成。四是组织乡（镇）干部，根据本区域实际，因地制宜找门路。清华乡建立杏树基地，韩阳镇大种花椒，文学乡发展建材业，城关、卿头等乡（镇）积极发展乡（镇）企业，有力地促进了农村商品经济的发展。全年粮食总产14.59万吨，是山西省5个粮食增产县之一；棉花总产1.17万吨，平均亩产75.5公斤，分别超上年、超计划20%以上，在山西省、运城地区名列第一；水面养鱼新增1400亩，总产量1150吨，在山西省、运城地区独占鳌头；养兔新增7万只，向国家提供商品兔5万余只。乡（镇）企业发展到4303个，转移农村劳动力24078人，总产值8914万元，实现总收入7919万元；农村经济总收入2.03亿元，农民人均纯收入370万元。

城镇改革，按照所有权与经营权分离的原则，以改革

147

经营机制为核心，对县国营预算内工商企业，采取"包死基数，确保上交，超额多留，歉收自补"的办法，实行一定一年的目标利润管理办法。在此基础上，分别制定了工业、商业、二轻企业承包租赁试行方案和鼓励党政机关科技人员承包租赁企业及搞好咨询服务的具体实施办法。同时，对工商企业认真进行资产评估，引入竞争机制和风险机制，面向社会，对部分企业公开招标投标，通过答辩论证，实行了抵押承包和租赁。商业系统的百货、交电、饮食服务公司等 11 个公司级单位全部实行承包或租赁，抵押现金 15 万元；原租赁的 43 个门店也进一步完善了租赁程序。县国营预算内 10 个工业企业，二轻系统 10 个企业及外贸、物资、农机公司等企业也完成了承包租赁工作。乡（镇）企业中，781 个企业实行"个人承包，一包两年"的经营责任制；27 个经营较好、规模较大、固定资产多、原材料有来源、产品有销路的企业，实行"集体承包，厂长负责"的经营责任制。农、林、水、机、牧所属的 20 个实行企业化管理的事业单位，有 18 个实行承包或租赁。

在改革的推动下，工业企业加大技术改造、设备更新和新产品开发。面粉厂建成精粉生产车间，形成年产 2.3 万吨生产能力；酒厂扩大生产规模，形成年产 1000 吨能力；造纸厂进行了 5 吨纸机改造；化肥厂达到万吨合成氨生产能力，当年投资，当年受益，增产碳铵 8000 吨，产值 150 万元，利润 30 万元，增强了企业生产后劲和活力。全县全部工业总产值 2.9 亿元，其中县及县以下工业总产值 9268 万元。全县全民预算内企业利润 134 万元。全县社会消费品零售总额 9568 万元，比 1986 年增长 9.5%。

148

在深化城乡经济体制改革的同时,全县逐步向外开放,不断扩大横向联营,联营规模由过去食品、轻纺、购销、机械加工扩展到制药、建筑、矿产资源开发、服装加工、高档饮料生产等新的行业和领域。化肥厂与化工部临潼化肥研究所联营,服装厂与上海服装四厂联营,城关棉加工厂与永纺、山西省棉麻公司联营,副食加工厂与西安食品厂联营,三娄寺造纸厂与天津北空造纸研究所联营,开张造纸厂与河南中原建筑公司联营,北梯牧工商联营公司与北京大学、山西大学联营,建材厂与永纺联营,百户油脂酸厂与山西省化工研究所联营。通过各种形式联营,建立了与外地经济协作关系,加快了人才、技术、资金、信息等生产要素的流通,推动了商品生产的发展。

不断加强法制教育,积极推行民主政治,加强民主政治和法制建设。县政府不断完善请示汇报制度,定期向县委、人大和地委、行署报告工作,主动接受人大、政协监督,及时处理提案、议案和群众信访并形成制度。全县普遍开展学法、遵法、护法、守法活动,组织 9000 名干部职工参加普法培训学习,法制观念不断增强,形成了依法办事的良好风气。成立了县社会劳动保险事业所,负责全县职工基本养老保险的征收、管理、支付和企业离退休人员的社会化服务。

1988 年,永济县委、县政府带领全县人民,认真贯彻中共十三届三中全会精神和中央提出的"经济要进一步稳定,改革要进一步深化"的方针,坚持社会主义初级阶段的基本路线,以改革统揽全局,大力发展商品经济。

不断推进城乡经济体制改革向纵深发展。6 月 25 日,永济县委下发《关于在全县开展生产力标准大讨论的安排意见》，通过大讨论，进一步解放了干部群众的思想，深化经济体制改革，促进生产力发展。农村改革继续贯彻中共中央（1987）5号文件精神，在不断巩固完善家庭联产承包责任制的基础上，以完善双层经营、理顺村级经济合作社内部关系、强化农村承包合同管理、财务管理和完善土地承包制为主要内容，具体抓了4件事：一是选择北梯、昌车、北青三个不同经济类型村，开展完善双层经营试点工作。二是进一步加强承包合同管理，建立了县、乡、村三级合同管理机构，对全县8.9万份承包合同依法签证，使承包合同管理逐步走上制度化、规范化、法制化的轨道。三是实行民主理财，强化农村财务管理，实现了机构、人员、制度三落实。四是进一步巩固完善土地承包责任制，在土地适度规模经营、评等定级和租赁抵押承包等方面，搞了一些试点，摸索了一些经验。10月31日，永济县委、县政府结合全县实际，出台《完善土地承包制度管理的意见》，在经营形式上实行"三田制"，即集体所有土地分为口粮田、任务田（责任田）、机动田（商品田）3种。任务田一定10年不变，机动田一定5年承包不变，5年调整一次。期间增人不增地，减人不减地。全县有227个行政村基本完成"三田"划分标界，占总村数的86.3%；划分确定"三田"面积68.6万亩，占总耕地面积的87.7%。家庭联产承包责任制进一步巩固，提高了农业生产力的整体水平。工商企业改革，坚持"配套完善，深化发展"的指导思想，坚持所有权和经营权分离原则，以完善企业经营机制、提高经济效益为目的，采取"包死基数，确保上交，超收多留，歉收自补"的办法，把竞争机制和风险机制引入承包租赁全过程，在全县工商企业全面推行承包、租赁经营责任制。全县 10 个预算内工业企业，4 个国营物资供销企业，14 个城镇集体企业，商业系统 18 个中小型企业及 40 个门店（站），供销系统 17 个基层社、6 个公司、6 个加工企业全部实行承包或租赁。同时，狠抓企业内部配套改革。通过推广化肥厂中层干部聘任制，石料厂试行优化劳动组合，印刷厂实行二级承包，有效地打破企业人事制度上的"铁饭碗"和工资分配制度上的大锅饭，充分调动了干部职工的生产积极性，企业活力和后劲不断增强。科技改革抓了三方面工作：一，进一步巩固完善农村科技管理机构，乡（镇）科技服务站较好地发挥了组织、管理、协调、服务职能。二，以实施"一二二五"工程为重点，认真开展科技示范乡、村、户活动，全县科技村由 18 个发展到 21 个，科技户由 3610 户发展到 3917 户。三，建立科技基金制度，增强科技开发后劲。投资 7 万元，新建了滩涂开发试验场和新产品开发试验厂。全年工作被评为运城地区科技先进单位，池塘养鱼"星火计划"项目受到国家科委奖励，荣获山西省科技成果一等奖和星火科技管理奖。教育改革，贯彻山西省政府（1988）34 号文件精神，进一步完善县、乡两级教育管理体制，在 11 个乡（镇）成立教育委员会。同时，狠抓基础教育，巩固提高职业教育，大力发展成人教育，实现"三教统筹"。初等教育基本普及，初中布局趋于合理；职业教育在办好山西省重点校虞乡职中的基础上，投资 17 万元新建了县城综合职业中学。同时举办各种类型的专业培训班，职业中学同普通中学在校生比率达到1∶3，为生产第一线输送具有一技之长的专业人才330名。

改善生产条件，从根本上增强商品经济发展后劲。针对制约全县经济持续发展的农业基础脆弱、工业设备落后、能源短缺、原辅材料涨价、资金缺口大、生产资料供不应求等短板，永济县委、县政府围绕全县经济发展战略，加强宏观调控，调整投资结构，改善生产条件，提高投资效益，千方百计抓好基础设施建设。县政府积极协调县农行、工商行累计发放贷款7759万元，直接用于扶持、发展粮食、养殖业、多种经营和乡（镇）企业生产。县财政在财力十分困难的情况下，拿出16万元用于商品小麦生产基地建设，拿出10万元用于企业挖潜改造，拿出92.5万元用于化肥厂技改。积极争取上级支持，多方集资，投资932万元改善农田水利设施，完成工程925项。其中，打井配套350眼，维修机电设备198处，推广管灌12处，改造水井100眼，修防渗渠道220条110千米，修建小型水利工程16处，新增和改善水地3.2万亩。工业企业投资1400万元用于技改、设备更新和新产品开发。新上项目12个，其中5个当年投资，当年投产，当年受益。城关棉加工厂形成2000纱锭生产能力，县纺织一厂48台织布机投入使用，化肥厂一期改造工程完工，达到600系列生产能力；供热工程投入使用。

治理经济环境，整顿经济秩序。1988年10月中央"两会"结束后，根据中央、山西省和运城地区统一部署，永济县政府成立治理整顿领导机构，组建检查组，制定方案，深入开展宣传发动，以税收、财务、物价检查为重点，查处大要案和群众反映强烈的问题，采取"先刹风、再治理、边整边改、整改结合"的办法，共查处违纪金额822.7万元，典型案件6起，清理整顿了私人企业。全县经济环境发生较大变化，市场秩序稳定，物价上涨问题得到抑制。

面向基层，强化服务。在组织发展商品生产的过程中，永济县委、县政府改行政领导型为经济服务型。一是强化政策服务。本着改革开放原则，从发展生产力需要出发，制定了促进改革和建设的8个政策性意见和开发水产、畜禽、蔬菜、食用菌生产方案，营造发展商品生产的良好氛围，调动干部群众发展商品经济的积极性。全县已开发利用黄河滩涂20万亩，占可利用面积的77%，年总产值3700万元，占全县农业总产值的20%。二是优化科技服务。采取多种形式开展科技培训，大力推广适用先进农业新技术，举办各种培训班90余期，培训农民4200余人次，大型技术传授10万余人次，印发科技资料3万余份，先后推广应用棉花地膜覆盖、配方施肥、小麦综合栽培、农作物秸秆还田等先进技术10余项；引进优良品种20余个，推广"池塘养鱼高产稳产低成本综合开发技术"等先进科技开发项目22项，促进农业增产。多次派出科技人员赴外地引进技术20余项，安排短平快项目15项，发展乡（镇）企业。三是搞好生产流通环节服务。在搞好计划内生产资料供应的同时，先后派出外采人员600余人购回计划外化肥8448吨，地膜365吨，农药250余吨，各种农机具1.5万台（件）。生产关键时期，电业部门设法调峰，支援农业用电；农机、石油部门搞好农机修配和油料供应；粮食、供销部门增设收购网点，解决农副产品卖难问题；金融系统设法解决农用资金不足问题;农口单位组织搞好生产指导,有效地促进了商品生产的发展。

通过深化经济体制改革,改变生产条件,抓整治,强服务,促进了全县商品经济发展。全年社会总产值3.07亿万元,比1987年增长14.1%;国民收入1.53亿元,比1987年增长11%;工农业总产值2.34亿元,比1987年增长13.2%。粮食总产14.75万吨,超历史最好水平;小麦总产5.27万吨,平均亩产259公斤,比1987年分别增长3.6%和3.8%;棉花总产1.19万吨,平均亩产78.5公斤,比历史最高的1987年分别增长2.2%和3.9%;油料总产4363吨,比1987年增长10.9%;渔业生产突飞猛进,新开挖鱼塘3000亩,养鱼水面达到1万亩,年产成鱼870吨;乡(镇)企业发展到5213个,总产值1.16亿元,比1987年增长29.7%;多种经营出现新生机,已发展种、养、加专业村32个,重点户、专业户1.55万户,从业人员3.5万人,占农村总劳力的32%,总收入1.46亿元;全县农林牧渔业总产值1.73亿元,比1987年增长23.5%;农村经济总收入2.54亿元,比1987年增长25%;农民人均纯收入387万元,比1987年增长4.6%。全部工业总产值3.75亿元,其中县及县以下工业总产值1.23亿元,比1987年分别增长29.3%和21.7%;社会消费品零售总额1.2亿元,比1987年增长25%;财政总收入2194万元,比1987年增长10.6%。

1989年1月13日,永济县委、县政府召开全县农村工作会议,总结农业发展经验和存在的问题。在推进经济发展上重点部署了十大基础建设工程:集资办电、化肥厂扩建、黄河滩涂开发、引电下滩、涑水河下游治理、普救寺修复、五老峰开发、新建蒲坂农贸市场、建设下行立交桥和唐铁牛开发。县委在五届九次会议上，又提出加强党建工作，实行"三三制"的目标要求。

春夏之交，北京发生反革命暴乱。在这场严肃的斗争中，永济县委、县政府始终保持清醒头脑，立场坚定，旗帜鲜明，与党中央在思想上行动上保持高度一致，及时宣传党中央精神，做好舆论引导工作，帮助群众解决生产、生活中的实际问题。全县人民经历了考验，经受了锻炼，社会稳定，经济发展。

农村改革方面，永济县委、县政府出台《关于完善家庭联产承包，加强土地建设》等 10 个配套政策文件，用政策稳定土地，稳定人心，调动农民生产积极性，进一步巩固完善家庭联产承包责任制，促进农民加大农业生产投入。仅农田水利基本建设一项，全县农户就投资 473 万元。其次，在全县选择 35 个条件较好的村进行土地有偿承包、小块并大块、联投奖罚等试点工作，探索规模经营，强化集体经济的新路子。工商企业改革方面，一是开展对上年 62 个国营、集体工商企业承包合同的审计、考核、兑现工作，表彰奖励 59 个企业，经济处罚 3 个企业承包者并按规定终止承包合同。二是开展企业内部配套改革，进一步在企业中划小核算单位，引入金融机制，实行企业内部银行化管理，全面推行厂长（经理）牵头、全员抵押承包的经营责任制，建立风险共担、利益同享的有机整体。进一步理顺厂长（经理）承包者和企业党组织、职代会及共青团、工会等方面的联系，发挥群体优势，提高企业整体效益。三是制定企业滚动承包实施方案，做好企业滚动承包基础工作，选定印刷厂、糖酒副食品公司为试点企业，全面实行滚动承包。

持续改善工农业生产条件，增强经济发展后劲。大搞农田水利基本建设，全年投资 1343 万元，投工 493 万个，动土石方 36 万立方米，完成治水改土工程 3350 处，新打水井 60 眼，改造水井 460 眼，建成管灌工程 36 处，新建、整修防渗渠道 856 千米，平田整地 16 万亩，修复闲散荒地 1.24 万亩，治理水土保持面积 0.78 万亩，新增水地 0.9 万亩，恢复水地 0.1 万亩，改善水地 6.72 万亩。特别是组织县直机关干部 2500 人义务劳动，开山造田 270 亩，推动全县农田水利基本建设深入开展。工业生产方面，狠抓技术改造和新产品开发，有计划、有重点地实施技改项目 9 个，其中脱脂棉、脱水蔬菜、搪瓷粉等 6 个项目实现当年投资，当年见效，新增产值 500 万元，实现利税 30 万元。同时，紧紧围绕"加强管理，节能降耗，搞活资金，提高效益"十六字方针，开展双增双节，提高产品质量和企业经济效益。东风机械厂的制粉机新产品创山西省省优产品；化肥厂的碳酸氢铵创化工部部优产品，企业荣获山西省先进企业称号；桑落酒厂 39 度桑落酒获全国首届食品博览会银奖。

重点部署的基础建设工程进展迅速。黄河滩涂开发工程开发利用 21 万亩，粮食、棉花、油料、水果及养鱼、畜牧业总产值达 5900 万元，占全县农业总产值的 27.7%，晋秦豫三省黄河三角区滩涂开发经验交流会在永济召开。投资 204 万元的引电下滩工程，抢时间提速度紧张施工。

涑水河下游治理工程出口段疏导治理 4.2 千米，开发淤地5 万亩。集资办电的发电厂 5 号机组建设前期工程完成，主厂房土建工程全部动工，主辅机发电设备全部到厂。化肥厂扩建，1.5 万吨合成氨项目土建全面开工，改建尿素工程列入国家计委第一批改造项目。普救寺修复按历史风貌修复完工，开始接待游人。五老峰风景名胜区开发被山西省政府定为省级风景名胜区，经过省内外专家学者实地考察勘测，开发规划通过了论证。3 月在蒲州古城门外挖掘出唐代四大铁牛，立即采取了保护性开发措施。新建新开路下行铁路公路立交工程 5 月剪彩通车。10 月，建筑面积 1.28 万平方米的封闭式蒲坂农贸市场竣工投用。

1990 年 1 月 10 日，中共永济县第六次代表大会召开。县委、县政府根据中央关于治理整顿、深化改革的决定和"发展是第一要务"的精神，提出了经济建设的主要奋斗目标和任务：农业加强以粮棉为主的基础产业，实施"3个 30 万，1 个 13 万"（开发黄河滩涂 30 万亩，开发涑水河、伍姓湖畔腹地 30 万亩，建设栲栳、常青台塬高效农田 30 万亩；改造同蒲铁路以南、中条山前洪积区沙石地13 万亩）区域经济综合开发；工业突出抓好 5 号发电机组翻身工程和企业内部挖潜、革新、改造，调整产品结构，提高经济效益；进一步开拓市场，搞好流通。形成稳农、兴副、促工良性循环的经济发展格局。全年重点狠抓四个方面，促进经济工作上台阶。

抓改革，继续稳定政策，用政策调动农民生产积极性。农村改革紧紧围绕稳定政策、稳定土地、稳定民心的指导思想，重点做好三项工作。一是按照全国农村工作会议精神，结合全县实际，补充完善了 10 项配套政策措施，制定下发了 6 个实施意见，从政策上为农村经济持续稳定发展提供有力保证。二是在充分尊重民意的前提下圆满完成土地调整工作。全县 262 个行政村有 256 个村建立了土地联投奖罚制度，7 万多农户签订了土地联投合同，把土地承包纳入合同化管理轨道。三是针对农村财务管理混乱的实际，抽调 260 名专业审计人员，对全县农村财务依法审计，查出违纪金额 15.6 万元，落实债权 31 万多元，兑现合同 230 多份，稳定了群众思想和农村经济秩序。工商企业改革坚持厂长（经理）负责制，坚持完善承包责任制和内部经营责任制。认真开展二轮企业承包，全县 67 个工商企业全部完成合同签订。其中，实行滚动承包企业 50 个，实行委托承包企业 13 个，承包进度和质量名列运城地区之首。

抓基础，下功夫改善生产条件，增强经济发展后劲。针对制约全县工农业生产发展的缺肥、少电、水不足实际，在农业生产上狠抓了三件事：一是全力增加农业投入。当年除上级拨付的发展农业各项专款外，县财政投资 86.4 万元，县农行发放贷款 7610 万元，全部用于农业生产发展，激发农户改善生产条件的积极性，投资进一步加大。二是以改土治水为中心，大打农田水利基本建设总体战。全县总投资 923.3 万元，投工 952 万个，动土石 1951 万立方米，平田整地 37.6 万亩，新打水井 146 眼，配套水井 184 眼，机井测改 236 眼，井渠防渗 94.2 千米，续建小型水库 2 处，新建小型机电灌站 3 处，完成水保治理面积 3800 亩，新增水地 550 亩，改造恢复水地 1.02 万亩。

三是深耕改土，培肥地力。全年农机深耕 58.9 万亩，秸秆还田 11.2 万亩。组织群众大积大沤农家肥，土壤结构和肥力逐年改善提升。工业企业完善续建技改项目 4 个，其中 2 个项目当年投资，当年见效，每年可新增产值 5200 万元，实现利税 2200 万元。同时，注重新产品开发研制，不断开拓新市场。东风机械厂等 14 个企业开发新产品 18 个，投入批量生产，其中 5 项获运城地区重大成果奖；农机配件厂开发研制的播种楼年产 1105 台，畅销市场，产值突破 150 万元，创历史最好水平，获运城地区优秀科技成果二等奖。

抓科技，提高农民素质，走科技兴农之路。永济县委、县政府把 1990 年定为科技兴农年，在巩固完善科技推广"三三"（完善三级网络，巩固三级阵地，落实三种形式）机制基础上，围绕科学种田致富，组织科技人员下乡进田，宣讲培训，受教育的干部群众达 21 万人次，极大地增强了干部群众的科技兴农意识，一个学科学、讲科学、用科学，依靠科学兴农致富的热潮在全县蓬勃兴起。同时，认真实施"双 421"工程，即在全县建立 40 个科技示范村，培养 2000 个科技示范户，推广 10 项农科技术，主攻粮、棉、油、渔 4 大产业，使产量提高 20%，成本降低 10%，收到较好效果，涌现出一批科技示范村和科技示范户。虞乡镇屯里村科技示范户刘仲祥依靠科学种田，建成吨粮田 20 亩，5 亩棉田平均亩产皮棉 117.5 公斤，人均吨粮田 5 亩，人均售粮 2.5 吨，成为全县科学种田的典范。县政府组织县、乡两级领导干部和科技人员 172 人，组成政、技、物三位一体粮棉科技承包集团，在全县分 4 片开展科技指导服务，签订科技承包合同 6.78 万份，培训 34.5 万人次，为农民提供化肥6500吨，优种1026吨，地膜319吨，农药150吨，平价柴油150吨，帮助贷款2350万元，建设吨粮田1.1万亩，棉花高产田10万亩，为科技兴农奠定了基础。

抓教育，集资办学，改善教学条件。3月4日，永济县委、县政府召开集资办学动员大会，全县掀起集资办学热潮。全民集资，兴学育人，机关干部职工踊跃捐款，共集资1300万元，建教学楼21幢，建校舍3.95万平方米，维修校舍1.6万平方米，建校门70座，购置课桌凳2.35万套、教学仪器4.1万件，购买图书资料、文体器材20余万册（件）。全县345所学校，有340所学校实现了"一无两有"（校校无危房，班班有教室，人人有课桌凳），270所学校达到"一无十有三配套"（三配套即教学仪器、图书资料、体育器材配套），基本建成标准化学校。山西省政府在永济召开全省集资办学经验交流会，对永济予以表彰奖励。德育工作接受省政府全面评估，成绩优秀。高考、中考成绩均居运城地区前列，普通教育、成人教育、职业教育取得可喜成绩。

重点工程建设实现新突破。全县人民关注的集资办电5号机组工程9月26日试机成功，并网运行。能源部部长黄毅诚考察5号发电机组建设情况，予以高度评价。化肥厂扩建前期1.5万吨合成氨改造即将完成，4万吨尿素扩建工程加紧进行。引电下滩工程11月竣工投入使用。东丰路单孔立交桥挡土墙工程完工。五老峰风景名胜区开发，山前3.1千米道路开通。普救寺修复东轴线工程完成。

"七五"时期，永济国民经济持续增长，经济实力不断增强；农业生产全面发展，农村经济日趋活跃；工业生产迅速起步，经济效益稳步增长；流通秩序持续好转，城乡市场繁荣活跃；重点工程成就显著，城市建设迈出新步；农民收入逐年增加，群众生活明显改善；教科文卫全面推进，社会事业迅速发展。全县初步形成了粮、棉、渔、农副产品加工四大基地和对外旅游开放新格局，农业的商品化、社会化生产已具雏形。七五时期，永济全县实现了四个翻番。生产总值由 2.05 亿元增加到 4.92 亿元，翻了一番多，按可比价格计算，年均增长 7.4%；国民收入由 1.02 亿元增加到 2.69 亿元，翻了一番多，年均增长 8.4%；工农业总产值由 3.44 亿元增加到 8.84 亿元，翻了一番半，年均增长 12.2%；财政总收入由 1667 万元增加到 3185 万元，翻了近一番，年均增长 13.8%；农民人均纯收入由 361 元增加到 501 元，年均增长 6.8%。

1991 年，永济全县人民继续坚持"一个中心，两个基本点"，紧紧围绕全县"八五"发展计划目标，解放思想，开拓进取，推进商品生产发展。县政府出台了《关于加快乡（镇）企业发展的若干意见》《关于鼓励个体私营经济发展的具体措施》和《关于进一步健全村级合作经济组织的意见》等一系列政策性文件，对进一步改善生产关系，发展生产力，促进商品经济发展发挥了重要作用。

农村改革不断巩固、完善、提高。在继续稳定家庭联产承包责任制的基础上，重点巩固完善村级合作经济组织，围绕理顺村级经济合作组织与村民委员会的工作职能，集中开展农村基层财务审计和整顿，改变了农村财务混乱状况；村级经济合作组织加强了"统"的功能，统一组织浇水，统一组织作物规划布局。农业基础方面，狠抓农田水利基本建设，改土办水，治旱兴农。全县用于农田水利基本建设总投资2500多万元，新打水井794眼，修复配套水利设施900多处，新修防渗渠道62.1千米，开发黄河滩涂2万亩，平田整地20万亩，治理盐碱地6500亩。干部群众战胜多年不遇的旱灾，粮棉油生产再上新台阶。粮食总产量达15.79万吨，连续12年稳产高产，平均亩产273公斤，比1990年增长3.4%，是山西省仅有的几个增产县之一；棉花总产1.41万吨，实现连续8年稳产高产，向国家贡献商品皮棉1.05万吨，比1990年增加2000吨，再次跃居山西第一；油料总产5197吨，比1990年增产10.1%。林业生产坚持经济林与用材林并举，以经济林为主，造林面积1.86万亩，其中新栽经济林5000亩。水果总产2978吨，比1990年增长9.6%。畜牧业以发展养羊、养鸡为突破口，组建黄河食品经贸总公司，贸、工、农一体化经济格局渐成；猪牛羊肉产量4656吨，比1990年增长17.1%。渔业生产大面积实施"丰收计划"，总产量3806吨，占山西省鱼类产量的四分之一还多，被评为全国渔业生产先进县。乡（镇）企业开展"百颗星"评比竞赛，实施以北梯牧工商联合公司为龙头、以畜禽养殖加工为突破口的大北梯行动，对60多个乡村骨干企业现场办公，解决体改实际问题，促进了企业的发展，乡村两级新办企业1600多个。一些关停企业恢复了生机，城关联运公司、城关建筑公司、虞乡机械厂、董村搪瓷厂、文学养鸡场等

企业开始上规模、上效益。全年乡（镇）企业总产值 2.4
亿元，总收入 2.8 亿元，比 1990 年分别增长 39.8% 和 48.1%。
农业的全面丰收，活跃了农村经济，全年农林牧渔业总产
值 3 亿元，比 1990 年增长 6.2%；农村社会总产值突破 5
亿元，农村经济总收入 4.3 亿元，均比 1990 年增长 18.7%。

工业企业加大内部改革，在困境中出现新转机。年初，
签订县属 26 个企业二期承包合同，更换部分企业法人代
表，实现了一、二轮承包平稳过渡。同时，不断加强内部
责任制规范化管理，开展"质量、品种、效益年"活动和
"效益杯""服务杯"评比竞赛活动，促进产品质量、新
产品研发、经济效益不断提升。桑落酒厂、生产资料公司
荣获山西省先进企业称号。体制改革又促进了技术改造和
新产品开发，全年投资 900 多万元，实施技术改造 8 项，
有 6 个项目投产，开发新产品 20 多个，新增产值 600 多
万元。5 号发电机组年发电量 2.3 亿度。化肥厂扩建 1.5
万吨合成氨项目正式投产，年产碳铵突破 10 万吨。1991
年全县全部工业总产值 6.94 亿元，比 1990 年增长 8.4%；
县乡工业总产值 1.41 亿元，比 1990 年增长 23.4%。

改革流通体制，推进多种经济成分并存发展。县政府
研究制定了"二十三条"意见，在百货大楼、文学供销社
先行一步进行"四放开"和"柜组承包"试点。供销企业
逐步建立起社会化服务体系，促进了企业经营机制的转换。
国营商业积极开展联营代销、网点辐射、流动供应，拓展
流通渠道，活跃城乡市场。全县社会消费品零售总额 1.87
亿元，比 1990 年增长 47.8%。全县个体工商户发展到 4039
户，总产值 3320 万元，营业收入 5042 万元，比 1990 年

分别增长 11% 和 45%；私营企业总产值 1010 万元，比 1990 年增长 26%。个体、私营经济作为社会主义公有制经济的补充，在繁荣活跃全县城乡经济中发挥了积极作用。

科教文卫旅游体育全面推进。科技工作以"吨粮田""百公斤棉田"建设为重点，示范推广先进实用技术，基本实现了棉花、小麦等主要作物品种优种化、栽培技术模式化。全县建成"吨粮田"3 万亩，"百公斤棉田"6 万亩，组织实施科技星火计划项目 28 个，新增产值 3900 多万元。广泛开展科技兴农"百颗星"评比竞赛活动，涌现出一批明星单位和明星人物，在引导群众科学种田中发挥了带头作用。学校办学条件改善，教学质量继续提高。全县又集资 500 余万元，建成标准化学校 35 所，农村学校办学条件持续得到改善，达标率 90%。德育教学质量誉满山西，高考成绩首次在运城地区夺魁，中考居运城地区第二，小学统考合格率达 96%，巩固了普及初等义务教育成果；职业教育稳步发展，高中阶段职业学校在校生与普通高中在校生比例上升到 1∶2.6。社会力量办学发展到 31 所学校。文体改革坚持一手抓整顿，一手抓繁荣。以"扫黄"和"除六害"为重点，整顿文化市场，丰富群众的精神文化生活。随着普救寺、大唐铁牛的开发，这两处旅游景点已列入国家旅游专线，鹳雀楼、五老峰开发快速推进，旅游逐步成为永济经济发展的又一支柱产业。县城文明卫生建设实现一级达标，农村初级卫生保健开创新局面，建成村办甲级卫生保健室 100 个；食品卫生、饮水卫生被确定为山西省示范县。10 月，全县成功举办了首届农民运动会。

第二章　发展社会主义市场经济

1992 年 10 月 12 日至 18 日，中共十四大在北京召开。会议明确提出建立社会主义市场经济体制，发挥国家宏观调控下市场对资源配置的基础性作用，会议要求全党抓住机遇，加快发展，集中精力把经济建设搞上去。

永济全面贯彻中共十四大精神，整体推进，重点突破，分步实施。企业改革方面，进一步转换经营机制，实施产权制度改革，建立现代企业制度；深化农村改革，建立农村市场经济新体制；不断加快建立市场体系，培育要素市场；建立多层次社会保障体系，开创对外开放新局面。

第一节　建立现代企业制度

加快发展社会主义市场经济，必须进一步转换企业经营机制，改革产权制度，建立适应市场经济要求，产权清晰、权责明确、政企分开、管理科学的现代企业制度，从根本上解决政企不分、职责不清、企业负盈、国家负亏的问题。1993 年始，永济县政府制定产权制度改革总体规划方案，先行试点，典型引路，积累经验，全面推行。1994

年对 30 个国有、集体企业进行产权制度改革试点，进而在全市推广。对效益好、有发展前景、产权关系明确的企业改制为股份有限公司或股份合作制企业。对长期亏损、负债包袱沉重、发展无望的企业，依法实行破产、拍卖、兼并，调整资产存量，实施资产重组。1997 年始，对乡村集体企业和私营企业进行改制。2002 年末，永济市全面完成企业产权制度改革，建立起现代企业制度，推进企业自我发展，适应市场经济发展需求。

党的十四大召开后，永济县先后出台《调整农村产业结构的意见》《关于大力发展经济林的决定》《加快发展第三产业的意见》等政策性文件，改革开放进入新天地。永济被评为全国渔业生产先进县，全国人大常委会委员长乔石、国务委员谷牧先后到永济视察。

农村农业进一步调整产业结构。重点抓住粮棉生产、社队企业、多种经营"三大块"，起飞畜禽、水产、蔬菜、蚕桑、果品"五条龙"。组建起永济畜禽食品集团，实行养殖、加工、销售一体化服务，促进了畜禽业发展。全年肉类产量 3849 吨，禽蛋产量 1754 吨；大牲畜存栏 5.7 万头，其中牛存栏 4.8 万头；养鱼实施"丰收计划"，成鱼总产量 3528 吨；城关镇、郭李乡、赵柏乡发展蔬菜生产，总产量 10 万吨；黄河滩涂发展蚕桑，桑园面积 1250 亩，比 1991 年翻了一番多；沿中条山前沿发展经济林，水果总产量 5400 吨，比 1991 年几乎翻一番。乡（镇）企业继续保持快速发展势头，新建企业 89 个，新增产值 1350 万元，开发研制新产品 82 种产值 3.8 亿元，比 1991 年增长

59.8%；实现利润 4694 万元，比 1991 年增长 97.2%。农业进一步强化基础地位，通过实施科技兴农战略，狠抓以管灌为重点的农田水利基本建设，生产条件得到改善，生产能力有所提高，全县干部群众战胜多年罕见的旱、虫、病、涝多种自然灾害，再夺丰收。粮食总产量 16.58 万吨，其中小麦总产量 11.78 万吨，是连续第 13 个丰收年。

城镇经济体制改革，开始进行企业股份制试点，促使企业成为独立的市场经济主体，围绕转换工商企业经营机制，推动企业走向市场。永济县委、县政府出台了县级综合体制改革文件，重点推行工业企业劳动、人事、工资制度"三制"改革和商业企业经营、价格、分配、用工"四放开"。全县有 25 个工业企业实行了"改三制"，33 个商业企业推行了"四放开"。在抓好工商企业改革的同时，积极、稳妥地开展住房制度、粮食购销体制、财政金融管理、农村养老保险等改革。全县工业企业坚持以提高产品质量和企业效益为重点，加快技改步伐，调整产品结构，依靠科技开发新产品 26 种，增强了发展后劲。总投资 1 亿多元的化肥厂尿素技改工程、发电厂 6 号锅炉改造等 14 项技改项目全部建成投产，新增产值 1000 万元，利税 500 万元。造纸厂一举扭亏为盈，全年盈利 13.9 万元。全县全部工业总产值 9.5 亿元，县及县以下工业总产值 3.88 亿元。商业进一步适应社会主义市场经济体制需要，狠抓粮食、蔬菜、水果、水产批发等各类市场建设，新建市场两万多平方米。先后建设了电机市场、虞乡五老峰市场、唐牛市场。在加强流通管理的基础上，逐步放开了粮食和一些主要消费品的价格，开展各种促销活动，增强各行业竞争意识,搞活市场。全年社会消费品零售总额 2.3 亿元,比 1991 年增长 23%。科技改革坚持面向经济建设,积极推进科技向生产力转化。全县共实施各类科技项目 30 个,当年新增产值 3900 万元。特别是芦笋种植加工技术和养蚕技术开发星火项目取得良好经济效益,受到山西省政府表彰。全县继续开展普及科技教育和评选科技兴农"百颗星"活动,加强技术市场管理,促进科技交流,进一步加快了科技与经济的结合。教育部门开展质量年活动,进一步强化中小学德育工作,狠抓教学质量的全面提高,高考、会考均居运城地区第一,初等义务教育成果得到进一步巩固。继续实行三教统筹,发展职业技术教育和成人教育,为城乡经济建设输送了一批初级专业技术人才。加快医疗卫生改革,三级医疗卫生网络得以巩固,113 个村实现了合作医疗,城乡环境卫生取得明显改善。农村有线广播通播率 95%,电视覆盖率 85%。县农村社会养老保险事业管理所成立,服务全市农村居民。

促进对外开放向纵深发展。全县从实际出发,制定了一系列开放优惠政策,规划了古蒲州旅游经济开发开放区,把旅游业作为对外开放的一个窗口,吸引外地客商到永济经商办企业。通过在太原、黑河等地设立办事处,在深圳、厦门、广州等地举办新闻发布会,进一步开拓了对内对外经贸渠道,提高了永济的知名度。全年有 20 多个国家和地区的 50 余名客商前来洽谈合作项目,引进项目 87 个,技术 26 项,人才 105 人,资金 7357 万元;与外商洽谈达成协议 5 项,总投资 3152 万元。皇厨方便面厂、永太塑化公司、永华鞋业有限公司、纤维壁纸厂等一些中外合资合作企业建成投产，对发展全县经济起到积极推动作用。

1993 年 7 月 14 日，中共永济县第七次代表大会召开，县委书记詹进宝作了题为《抓住历史机遇　迎接时代挑战　努力把我县以经济建设为中心的各项事业推向新阶段》的工作报告，大会提出要以中共十四大精神为指针，加强党的建设，加大改革开放力度，加快建设适应社会主义市场经济发展的新体制，优化经济结构，强化科技教育，抓农业，抓工业，抓第三产业，提前实现"翻两番、达小康"目标。会后，永济县委、县政府带领全县人民紧紧围绕农业奠基、工业兴市、流通开路、旅游搭台、经贸唱戏的发展思路，解放思想，开拓进取，全面推进全县改革开放和经济建设的各项工作。

改革开放取得新进展。围绕建立社会主义市场经济总目标，不断加大改革力度，全方位推进对外开放。农村改革落实土地承包期 30 年不变政策，承包期内"增人不增地，减人不减地"，广大农民吃了"定心丸"。全县农村顺利完成新一轮土地承包并签订合同，发放了土地使用证。工商企业改革，按照国务院《全民所有制工业企业转换经营机制条例》和山西省政府《实施办法》的要求，狠抓企业 14 项经营自主权的贯彻落实。全县工业企业全面实行"三制"改革，在人事劳动制度上，干部实行聘任制，工人实行动态优化组合；在工资分配上，实行岗位技能工资制、计件工资制、效益工资制和销售费用大包干等多种改革。同时，国合商业 17 个单位 181 个柜组门店推行了"国有民营，集（体）有自营"新运行机制。在抓好工商企业改革的同时，积极稳妥地深化财税、金融、科技、教育、住房、社会保障体制、农村社会化服务等方面的改革，出台了改革方案，取得了一定成效。全县进一步扩大对外开放，通过狠抓旅游、电力、交通、通信、市政等基础设施建设，投资环境不断优化，全年共引进项目 56 个，人才 178 人，资金 9400 万元，新发展中外合资企业 4 个，为全县经济建设增添了新的活力。

"三项建设"工程顺应民心，卓有成效。1993 年年初，县政府从全县经济发展大局出发，确定了"三项建设"（重点工程建设、道路建设、农田水利基本建设）工程。重点工程建设方面，已完成董村万亩节水井片一期工程，2 万亩黄河滩涂农业综合开发工程，沿山 8 村人畜吃水工程，5000 吨石油库建设工程，条山街改造二期工程，县直幼儿园教学大楼，虞乡镇五老峰市场，县妇幼院门诊大楼，中医院门诊大楼，县邮电大楼 4000 门程控电话及电缆铺设工程。文化中心广场改造二期工程开始动工。道路建设方面，完成 3 条 29 千米乡级公路拓宽改造，新建县、乡公路 18.6 千米，完成运风一级公路 3.6 千米 15.2 万立方米路基土方工程，完成 222 个村 22 万米村级巷道硬化。农田水利基本建设方面，全县共投资 1249.6 万元完成 4510 项工程，铺设管道 230 处 225.5 千米，新增灌溉面积 3.76 万亩；新修引黄防渗渠 9 条 18.15 千米，新增水地 1.86 万亩，改善水地 8.6 万亩。

农村农业狠抓以经济林建设为重点的产业结构调整。县政府因地制宜制定了发展规划：在东北腹地建设 30 万亩枣、粮间作基地，在黄河滩涂和西北台塬地建设 30 万亩以优质苹果为主的水果林基地，在中条山前沿建设 8 万

170

亩干果林基地，5 万亩花椒林基地，5 万亩蚕桑基地，形成总长 150 千米的经济林走廊，建成 25 个千亩速生经济林基地。基地已挖树坑 18.5 万亩，其中枣粮间作 9 万亩，水果 7 万亩，干果 2.5 万亩，已栽植 9.5 万亩。同时，把发展乡（镇）企业摆在发展农村经济的重要位置，大力发展乡（镇）企业，坚定不移地贯彻执行"积极扶植、合理规划、正确引导、加强管理"的方针，因地制宜，多轮驱动，以超常规、高起点、大跨度、跳跃式发展的态势，使乡（镇）企业再上一个新台阶。乡（镇）企业发展到 10591 个，其中乡办 98 个，村办 370 个，合作企业 99 个，个体和私营企业 10024 个；当年引进资金 9400 万元、技术人才 60 人、项目 56 个，开发新产品 30 种，总产值、总收入、纯利润分别比 1992 年增长 59%、53% 和 48.1%。农田水利基本建设和农业结构调整效益逐步显现，农业喜获丰收。全年粮食总产 20.17 万吨，其中小麦总产 13.73 万吨，分别比 1992 年增长 21.6% 和 16.5%；棉花总产 1.22 万吨，油料总产 6296 吨，分别比 1992 年增长 9.1% 和 85.1%；农林牧渔业总产值 3.8 亿元，比 1992 年增长 38.4%。

工业生产以技术改造和新产品开发为重点，努力增强企业发展后劲。全年实施技术改造项目 20 项，总投资 3200 万元，已投产 13 项；新开发产品 24 项，投入批量生产的 16 项。克服流动资金严重短缺和原材料涨价等不利因素，保持了稳步发展的势头。全部工业总产值 12.2 亿元，比 1992 年增长 28.4%。其中，县属全民预算内工业总产值 3490 万元，比 1992 年增长 4.4%，实现利税 1427 万元；县二轻工业总产值、利税均比上年大幅度增长。

科技、文卫等各项社会事业全面发展。全县坚持把发展科技教育事业作为重点，实施科教兴农计划，在财力紧张的情况下，用于科技教育方面的支出 1183 万元。实施各类科技项目 18 个，组织实施星火计划 6 项，引进新技术 20 项，兴办民营科技企业 6 个，营业额 1714.8 万元。进一步优化教育结构，强化基础教育，积极发展职业教育和成人教育，教育质量不断提高，高考达线率、达线人数位居运城地区前列，德育工作受到山西省教委的表彰。全县三级医疗卫生网络建设得到巩固加强，预防保健、妇幼保健、计划免疫等项工作有了新的起色。广播电视、文体、旅游、文物保护发展迅速。广播电视、文化体育方面的基础设施得到逐步改善，城乡群众性文体活动广泛开展，文化市场管理得到加强。旅游业不断发展，五老峰风景区被国务院列为国家级风景名胜区，中国影视中心在普救寺开机拍摄《西厢记》电视剧。

1993 年全县生产总值 7.6 亿元，比 1992 年增长 21.3%；其中第一产业增加值 2.42 亿元，第二产业增加值 3.11 亿元，第三产业增加值 2.05 亿元；县内社会总产值 12.5 亿元，其中工农业总产值 8.17 亿元，分别比 1992 年增长 26.5%和 21%；财政总收入 4620 万元，比 1992 年增长 31.7%；农民人均纯收入 682 元，比 1992 年增长 18.8%。

1994 年 1 月 12 日，经国务院批准，永济撤县设市。永济人民以设市为契机，以提高经济效益为中心，把握改革发展新机遇，创新企业制度，加快结构调整，努力增加农民收入。1 月 31 日，中共中央总书记、国家主席、中央军委主席江泽民到永济视察,激励全市人民进一步加快改革发展步伐。

企业产权制度改革迈出新步伐。全年工商业重点推行产权制度改革,永济市委、市政府出台《关于大力发展股份制经济　全面推进企业产权制度改革的决定》,对市属国有和集体企业产权进行股份制改革。确定试点企业 30 个,其中百货大楼、造纸总厂、食品酿造总厂、配件厂、饲料公司、农机公司等 8 个企业改组为股份有限责任公司,二轻经理部由永济发电厂兼并,张营铸造厂、蒲坂棉织厂依法破产,其余 19 个企业改组和新建为股份合作制企业。在农村确定实行股份合作制试点乡(镇)企业 20 个,市委、市政府成立 20 个工作组进驻企业重点指导。经国务院批准,永济市为对外开放城市,扩大对外开放具备了良好的外部环境。

基础设施建设成效显著。重点工程建设方面,氧化塘污水处理、拓宽条山街三期、4000 门程控电话、永济至运城长途光缆传输、新建涑北中学教学楼等一批续建工程全部完成;2.5 万吨粮食转运仓库工程完成铁路专用线建设;市文化广场改造已开工;东环路、西厢路、新开北路、条山街、涑北街拓宽改造工程全面铺开;开挖排水沟道4.3 千米,新建商品房 1.2 万平方米。城镇初中教学楼、10 条农用电力线路改造、100 台高耗能农村变压器更新改造、2 万亩黄河滩涂农业综合开发、沿山 10 村人畜吃水工程,《西厢记》电视剧拍摄及安装赵柏、董村、卿头 3个乡(镇)程控电话等 10 件实事全部完成;完成了职业教育中心大楼基础工程,干樊至古城三级路拓宽工程,涑北商品街至赵杏坡一级路拓宽工程。道路建设方面，永济市新建公路92千米，改造等外公路47千米，拓宽公路37千米，新增路面里程295千米。农田水利基本建设方面，完成节水管灌8万亩，新打水井75眼，水保治理1.3万亩，复垦土地1400亩，改造盐碱地1.2万亩，改善了农田基本条件。

科教文卫等各项社会事业蓬勃发展。永济市共实施科技项目28项。其中实施星火计划9项，引进农业先进技术19项，组织开展农业技术承包9项次，参加承包技术人员113人次，新增产值1800万元。培育发展技术市场，先后组织4场技术交易活动，引进科技人才，及时发布科技信息，组织参加了在四川召开的全国星火精品展销会，市食用菌开发中心研究开发的真姬菇栽培技术获得金奖，加快了科技与经济的结合。永济市进一步优化教育结构，强化基础教育，德育工作深入开展爱国主义教育，全国中学生实践教育活动现场会在永济召开，代表们参观了市涑北中学实践教育活动成果；职业教育在运城地区组织的评估验收和年终总评中均名列第一；成人教育经运城行署督导团验收，达到"高标准扫除青壮年无盲单位"标准。永济市文化体育设施逐步改善，成立"文化稽查队"，文化市场管理进一步加强，城乡广泛开展庆祝撤县设市群众文艺演出活动，《船夫锣鼓》获山西省民间艺术新人新作精品展金奖，被省委"五个一工程"评委会确定为精品节目。旅游开发完成了唐铁牛防锈保护和蒲津渡遗址保护工程。经国务院批准，五老峰为国家级风景名胜区和国家级森林公园。全市三级医疗卫生网络建设进一步巩固，成立市药检所，医药市场管理得到加强；预防保健计划免疫等项工作有了新的起色；加大卫生投资，医疗卫生器具等基础设施条件明显改善。

农业基础设施建设和结构调整取得新成效。永济市不断增加对农业的投入，大力发展"两高一优"农业，狠抓以管灌为重点的农田水利基本建设，新打配套机井61眼，铺装管灌63千米，新增改善水地0.87万亩，完成节水控制面积5万亩，进一步改善了农业生产条件。农业内部结构调整进展较快，发展干鲜果经济林20万亩，果类总产量8730吨，桑园面积发展到1.1万亩，芦笋面积发展到2万亩，大牲畜存栏5.2万头，水面养鱼136万亩，成鱼总产3860吨，蔬菜面积发展到1.1万亩，总产1.5万吨。

工业保持持续发展势头。全年完成技改项目6个，开发新产品15种。永济市25个效益较好的重点企业推行效益型封闭式管理，为生产发展创造了良好的经营环境。永济市工业总产值17.2亿元，市、乡两级工业总产值2.13万元，分别比1993年增长41.2%和41.8%。

国合商业试点工作实现新突破。百货大楼顺利完成了股份制改组，成为运城地区首家股份制商业企业。对一些经营包袱沉重、扭亏无望的企业实行"母体裂变、兼并、拍卖"等改革，使之出现新的转机。永济市个体商业户发展到1万户，新增4017户，私营商业发展到108个，新增24个。全年社会消费品零售总额3.15亿元，比1993年增长28.8%。

第二节　建立农村社会主义市场经济新体制

　　建立农村社会主义市场经济新体制，永济市重点从改革土地使用制度切入。在延长土地承包期 30 年、沿山贫困区 50 年、荒山荒滩 100 年不变的基础上，允许土地使用权有偿转让、出租、抵押、入股。同时，推行股份合作制，推动农村产权制度改革，对农村集体经济组织实行股份合作制改造，在种植、养殖、水利、农机等方面推行股份合作制。建立和完善农村社会化服务体系，市、乡（镇）职能部门、基层供销社和村级综合服务站围绕全市产业发展，分别成立了芦笋、蚕桑、蔬菜、食用菌、水果、养鸡、养猪、养兔、养鱼等各种协会，完善市、乡、村三级服务网络，及时为农民提供产前、产中、产后服务。

　　1995 年是实施"八五"计划的期末年，永济市委、市政府带领全市人民，全面贯彻中共十四届三中、四中全会精神，立足市场经济，加快改革开放，突出强化农业基础、振兴工业经济、增加财政收入、平抑市场物价、基础设施建设、发展旅游产业六大重点，不断提高综合经济实力，促进经济持续、快速、健康发展。

　　基础设施建设成绩显著。道路建设，永济市新铺油路 154 千米，基本实现了 9 个乡（镇）182 个村村村通油路。城市基础设施建设，完成了涑水西街道路铺装任务和中山街西段路基拓宽工程；西厢路和东环路拓宽改造完成拆迁形成路基；舜帝广场扩建工程完成工会大楼主体建设；城市供水工程竣工。永济市大力开展小城镇建设，虞乡镇投入 40 万元，完成东西、南北主街二期拓宽改造，是建设部全国 500 个小城镇建设试点之一。重点工程建设，赵柏变电站增容工程竣工正式运行，化工总厂尿素四改六工程、全市 90 台高耗能变压器改造和 4000 门程控电话扩容全部完成，开通了 15 个乡（镇）程控电话；泡桐板厂建成投产，林业生产、加工、销售一条龙，提高了综合效益；新建许家营良种肉鸡示范场，完成了种鸡场建设项目；"西水东调"工程开工建设。

农村完成了 984 个乡（镇）企业的股权制改革，吸纳资金 1 亿元，参股农民 1.86 万户。农业大力开展农田水利基本建设，在"三滩三路一平川"大搞渗灌节水工程。先后在 10 个乡（镇）完成一批千亩以上渗灌示范片；建设配套渗灌节水池 8100 个，铺设毛支管道 1.8 万千米，控制面积 9 万亩。战胜了罕见的自然干旱，农业夺得历史上又一个丰收年。粮食总产 19.66 万吨，棉花总产 1.33 万吨，分别比 1994 年增产 5.6% 和 28.2%。干鲜果、蔬菜、芦笋、蚕桑、水产面积迅速发展，产量大幅度提高。

工业生产保持了稳步发展的好势头。市政府组织实施优势企业战略，以提高经济增长质量和效益为中心，对全市 14 个重点骨干企业实行"一封闭、四倾斜"政策，对个别困难较大的企业，派驻工作组帮助加强企业管理，及时解决生产经营中出现的困难和问题。城镇集体工业企业开始实施股份制改革，实行股份制企业 6 个，普遍实行全员劳动合同制。全年实施技改项目 6 个，开发新产品 4 种，有效激发了企业内部活力，提高了经济效益。全年工业总产值 23.12 亿元，其中市乡工业总产值 2.72 亿元，分别比 1994 年增长 34.2% 和 27.6%。

平抑市场物价取得明显成效。市政府把抑制通货膨胀和控制物价上涨作为宏观调控的首要任务来抓，同 16 个职能部门签订了控制物价目标责任书并严格考核。农资、农电、农灌价格管理实行"五不、三有、一优质"制度，切实减轻了农民负担。在加强价格调控基金征收的同时，不断加大基金投放力度，平抑物价，市场零售物价总指数呈现逐月回落态势，到年底降为 12.7%。

科教、旅游业迅速发展。永济市实施科技兴市战略，4 月召开科技大会全面动员，安排部署。市委、市政府出台系列科技发展政策性文件，全年实施科技项目 8 项，工农业实用技术推广 20 项，实现产值 2.82 亿元、利税 3824 万元。教育加强"两基"工作，全市投资 380 万元用于整修校园和购置教学仪器、文体器材、图书资料、电教设备等，经山西省人民政府验收，在运城地区首批实现"两基"市，受到国家教委和山西省政府表彰。市综合职业中学在全省职教评估验收中，再次名列第一，被确定为国家级重点职业中学，受到国家教委和山西省政府的表彰。全年不断加快旅游资源开发，突出一个"建"字，普救寺被评为山西省"十佳旅游景点"，王官峪景区建成开放，鹳雀楼复建工程经省计委批准立项。全年接待游客 20 万人次，旅游总收入 800 万元。

"八五"时期，永济市生产总值由 4.92 亿元增长到

11.05 亿元，年均增长 11.7%；工农业总产值由 8.84 亿元增长到 28.72 亿元，年均增长 17.7%；财政总收入由 3185 万元增长到 8095 万元，年均增长 13.2%；农民人均纯收入由 501 元增长到 1216 元，年均增长 7%。实现了工农业总产值、财政总收入、农民人均纯收入 3 个翻番，乡（镇）企业营业收入翻了三番。完成了县七次党代会提出的目标任务和"八五"计划，全市生产总值提前 5 年翻两番。

1996 年是"九五"计划的开局之年，永济市以经济建设为中心，以综合改革为动力，积极推进经济体制改革和经济增长方式两个根本性转变，全面开展各项工作，取得了较好效果。1 月 20 日，黄河沿岸韩阳镇、蒲州镇、首阳乡干部群众战胜时隔 66 年再次发生的冬季黄河凌汛，保护了沿岸人民生命财产安全。

改革开放有了新的进展。在推进企业产权制度改革的同时，对于经营无望、包袱沉重的企业，以市营企业破产兼并为重点，完成了西厢食品酿造总厂、印刷厂、外贸卫生材料厂、果蔬厂、锯片厂、北梯企业总公司 6 个企业的破产，存量资产分别由市化工总厂、市运输服务公司、市供销联社、市制动器厂、北梯铝合金厂收购。破产企业甩掉了债务包袱 4297 万元，盘活存量资产 2101 万元，334 名职工得到妥善安置。同时，还积极稳妥地开展了农村产业化、股份合作制、社会化服务体系、旅游文化多元化开发投资机制、养老、医疗保险等方面的综合改革，取得了一定成效。中央政治局委员、国务委员、国家体改委主任李铁映到永济视察。对外开放方面，努力改善基础条件，

179

优化投资环境，共引回国内资金 9409 万元，外资 11033 万美元；引进人才 158 人，引进项目 11 项。永新房地产开发公司、华鑫食品有限公司、永裕食品有限公司等一批企业先后建成投产。安达汽车有限公司、公汽公司在永济安家落户。

基础设施建设成效显著。顺利完成 18 个村人畜吃水工程、2 万亩黄河滩涂农业综合开发和黄河城西坝 500 米回淤口截流堵甯工程，保证了黄河滩涂安全度汛。南郊永济粮库建成仓库主体。全面完成农村 15 千伏线路改造和任阳、蒲州等 5 条 10 千伏线路改造。林业完成东北腹地绿化 8 万亩，荒山造林 4.09 万亩，新建方田林网 18 万亩。乡村油路新建 497 千米，基本实现了村村通油路，成为山西省第 4 个村村通油路的先进县市。邮电通信建设完成了常青、张营、栲栳、文学 4 个乡（镇）的程控电话改造任务，新发展市话 2000 户，农村用户 800 户。城市基础设施建设完成了西厢中路、东环路南段拓宽硬化，更新了部分交通、照明设施，特别是完成了舜帝广场改造一期工程，进一步完善了城市功能。同时，完成了国税局培训中心、涑北医院门诊楼、城区医院住院楼、综合职业中学实验楼、赵柏、韩阳、蒲州、黄营等中学教学楼，卿头、赵柏、虞乡等乡（镇）卫生院改造，进一步改善了乡（镇）中学教学设施和乡（镇）卫生院的医疗条件。

农业坚持狠抓农田节水工程和农业结构调整，坚持因地制宜、集中连片、规模发展、突出效益的方针，完成节水工程总投资 201.64 万元，完善和新建了董村、常青、栲栳、虞乡、卿头 5 个"万亩管灌节水井片"，受益面积

5.7 万亩，完成渗灌节水配套面积 5 万亩，在沿山一带发展喷灌面积 1 万亩。种植业实施五大规模高产效益工程，即实施夏粮"双六"工程 20 万亩，玉米战略工程 12.8 万亩，棉花"181"工程 8 万亩，果树"6153"工程 6 万亩，菜篮子工程 3.26 万亩，高产效益显著。农业生产虽然遭受严重的凌汛、干旱、洪涝、雹灾的侵袭，仍然获得丰收，粮棉油夺得高产，分别比上年有所增长。农业产业结构调整见成效，水果总产 1 万吨，蔬菜总产 4.46 万吨，成鱼总产 5200 吨，畜牧业牛羊猪鸡迅速发展，肉类总产 1515 吨，禽蛋总产 2941 吨，分别比 1995 年大幅增长。

工业认真组织实施"抓大放小"战略，加快转换经营机制，对严重负债企业实施破产重组，甩掉了包袱，焕发了生机。狠抓技改和新产品开发，完成技改项目 5 个，开发新产品 5 种。全年全部工业总产值 26.42 亿元，其中市、乡工业总产值 4.77 亿元，分别比 1995 年增长 28.1% 和 27.6%。

科教、旅游产业发展较快。国家科委正式批准永济市为国家级星火技术密集区，市政府积极组织实施星火技术密集区建设，包括虞乡、卿头、城关、黄河滩 4 个密集小区，形成铁路沿线星火技术密集带。规划总投资 6.26 亿元，开发 30 项技术装备，推广 100 项先进实用技术，培育 12 个支柱产业，组织 8 大产业集团。当年开展小麦、棉花、果树、枣树、肉鸡 5 项专业科技培训，培训人数达 27 万人。董村乡张坊村青年农民杜德建自费 8 万元办起"家庭科技图书馆"，甘当义务农科员，自办各种科技培训班 120 余次，培训 3 万多人次，荣获 1995 年全国"丰收杯"农科知识竞赛第一名，国家副主席荣毅仁为他颁发奖牌，全国 10 多家报刊报道了他的事迹。教育加强基础设施建设，实施"351111"工程，即集资 3500 万元，在城区建设一所高标准实验小学，在每个乡（镇）分别建设一所高标准示范初中、小学和幼儿园，推进全市教育基础设施现代化建设。全市首批集资 2800 万元，蒲州中学、韩阳中学教学大楼相继建成。德育工作通过省政府验收，成为运城地区首个德育示范市。幼儿普及学前三年教育，经省教委检查评估，成为山西省"幼儿教育先进市"。市教育局被中央六部委评为"全国青少年科技教育先进单位"。旅游开发完成了杨贵妃故里新建和万固寺修复建设，鹳雀楼复建工程动工。全市旅游景点接待游客 21 万人次，门票收入 230 余万元。

1997 年 9 月 12 日，党的十五大召开，会议总结了我国改革和建设的新经验，确定了依法治国的基本方略，确立了我国在社会主义初级阶段的基本经济制度及分配制度，对建设有中国特色社会主义事业跨世纪发展做出了全面部署。永济市委、市政府带领全市人民认真学习贯彻十五大精神，解放思想，真抓实干，围绕两大奋斗目标，实施六大战略，推进经济发展。市委、市政府成立市老区建设促进会，促进老区的建设和发展。

实施龙头企业带动战略，促进农村经济全面发展。永济市政府积极扶持发展龙头加工企业，加快基地建设，推进产业结构调整和农业产业化发展，全面振兴农村经济。重点扶持市面粉厂、棉纺厂、许家营油脂厂、强胜集团、永裕、永丰、华鑫、紫山等芦笋食品加工企业、许家营良种肉鸡厂、市肉联厂、西厢缫丝有限公司、思达脱水蔬菜公司、永万果汁饮料公司等龙头企业，带动了粮食、棉花、油料、蔬菜、芦笋、水果、蚕桑、肉鸡、畜牧业的生产。全年农业总产值 7.18 亿元，乡（镇）企业收入 25.9 亿元，全市基本达到小康水平。

实施抓大放小战略，保持工业生产持续发展。永济市把放开搞活企业作为促进工业快速发展的中心环节，实施抓大放小战略。在抓好 30 个重点企业产权制度改革试点的同时，放开搞活小型企业，突出抓好企业产权出售出让，实施改革改组相结合，调整资产存量，实行产权重组，组建企业集团。全市 112 个改制企业，采取拍卖、兼并、股份制、股份合作制、承包、租赁等形式改制的有 69 个，改制面达 68%。西厢食品酿造厂和市印刷厂破产后，由优势企业市化工总厂收购兼并，组建了舜都化工集团，企业焕发出新的生机和活力。市农机修配厂走产权置换和低成本扩张之路，组建了永德农用车有限公司，年产量 1.2 万台，经济效益稳步上升。同时，加大新产品开发和技术改造力度，先后完成了"唐牛"牌系列酒和尿素"六改八"工程等 13 项新产品开发及技改项目。全年全部工业总产值 26.46 亿元，比 1996 年增长 9.5%；其中市乡工业总产值完成 5.3 亿元，市属全民预算内工业企业实现利税 587 万元，实现利润 317 万元。

实施财源建设战略，增加财政收入。永济市加大财源建设力度，稳定基础财源，增强后续财源，壮大支柱财源，培育新生财源，拓宽增收渠道。市政府拿出资金扶持百万元以上利税大户企业发展，并打破所有制界限，围绕效益抓增收，鼓励各行各业创办经济实体，同时扶持发展个体工商户1000户，私营企业20个。永济市财政收入在上年突破1亿元的基础上达到1.3亿元，增长16.8%。

实施基础工程战略，增强经济发展后劲。城市道路基础设施建设完成了中山西街、舜都大道北段和运永公路电机厂至孟盟桥段，交通条件明显改观。西厢路南北两段拓宽硬化，完成振兴街拓宽改造工程路基建设。永济粮库续建工程建成大库3座。民营商贸城建设动工。永新住宅小区建设一期工程、实验小学教学楼、礼堂门面改造、市人民医院门诊大楼建设均完成主体工程。城市供电回路、蒲州移动电话教学模拟直放站建成投入使用。完成了全市村村通程控电话工程。村村通有线电视工程完成149个行政村。百货大楼改建扩建门面装饰工程、财政局培训大楼、普国大厦、西厢饭店、先河大酒店也相继完成建设装修，投入使用。通过狠抓基础设施建设，进一步优化了投资环境，改善了城市面貌，为经济发展注入了活力。

实施旅游经济战略，带动外向型经济快速发展。全面加快旅游景点景区开发建设，五老峰景区开发、鹳雀楼复建、万固寺修复建设步伐加快，蒲津渡遗址保护工程完成前期准备工作。同时，紧紧抓住"97中国旅游年"这一契机，在普救寺举办了"97普救寺爱情度假新婚游"活动，参加"97山西国际经济贸易洽谈会"和"京津冀山西旅游产品促销"活动，通过对外宣传促销，树立了永济旅游整体形象，并发展了一批旅游商店、饭店、旅店、酒店等服务实体，带动旅游经济全面发展。积极加快外向型经济发展，引进台湾、香港、福建、山东、河南等地客商投资建厂，先后引资 9600 万元，建成芦笋加工企业 8 个。全力配合农业部、国家计委、北京军区组建新世纪曙光农牧发展有限公司，总投资 4.4 亿元在黄河滩建设 10 万头肉牛养殖基地。从深圳引资 5000 万元，成立金必得实业总公司，发展肉牛饲养。全年共引进资金 1.8 亿元，引进项目 19 个，引进人才 154 人。

实施科教兴市战略，促进经济增长方式转变。科教工作紧紧围绕创建绿色食品基地和轻工旅游城市两大目标，加快国家星火技术密集区、科教结合示范区、科技致富示范区建设，积极实施五大科技引导工程。在加强科技项目管理、培育开发支柱产业方面，全市申报和实施国家、省、地、市科技项目 20 项，总产值 2.3 亿元，科技进步对经济增长的贡献份额达到 48.2%。教育工作启动教育现代化工程，新建教学大楼 37 座，进一步改善了办学条件。同时，把大力实施素质教育和发展职业教育作为跨世纪的奠基工程来抓，全市经济增长逐步步入依靠科技进步和提高劳动者素质的轨道。

1998 年 6 月 21 日，中共永济市第二次代表大会召开，市委书记石丙录代表市委作题为《高举邓小平理论旗帜构建县域经济新框架 把兴永富民的伟大事业全面推向二十一世纪》的报告，明确提出以建设绿色食品基地和轻工旅游城市为目标，实施科教兴市和可持续发展战略，加速发展产业化农业，突出发展集团化工业、乡（镇）企业和个体私营经济，大力发展以旅游业为主的第三产业。大会号召全市干部群众贯彻落实中共十五大精神，把永济建成中西部地区经济强市和旅游名城。面对国际国内严峻的经济形势，全市人民深化改革，扩大开放，开拓进取，奋力拼搏，保持了经济持续、快速、健康发展和社会全面进步。

农村经济全面发展。永济市进一步改善农业基础设施，新增节水面积 4.31 万亩；开发滩涂 1.17 万亩；完成中低产田改造 1.5 万亩。全年粮食总产量 22.6 万吨，比 1997 年增长 16.3%，创历史最高纪录；棉花总产 1.2 万吨，比 1997 年增长 31.2%；芦笋种植面积发展到 4.5 万亩；畜牧业总收入 19.7 万元，比 1997 年增长 16.8%；新建林网 10 万亩，完善林网 42 万亩，建成园林村 100 个；乡（镇）企业增加值达 3.24 亿元，比 1997 年增长 41%。

工业、财贸工作再上新台阶。永济市进一步加强工业企业的改革、改组、改造和管理工作，企业在困境中得到稳步发展，新产品开发和技术改造取得良好成绩。芦笋加工企业发展到 15 个，年加工成品 1 万余吨，实现出口创汇 1200 万美元。粮食流通体制改革进展顺利，圆满完成定税两粮收购任务，按保护价敞开收购小麦 1.99 万吨，收购玉米 2260 吨，棉花收购量居山西省首位，较好地保护了农民的生产积极性。

科教兴市取得新成绩。千方百计加大科技投入，科技三项费用追加到 92 万元，占总财力的 1.03%。全市以培育科技示范村、培养星火带头人和选拔乡土专家为中心，积极开展学科学用科学活动，稳步推进国家星火技术密集区建设，使科技进步对经济增长的贡献份额不断提高。全市农村致富带头人、清华乡洗马村党支部书记郭管管成立科技协会，带领全村干部群众依靠科技兴农，发展日光温室蔬菜和大棚西瓜，全村走上致富路。教育基础设施进一步完善，办学条件明显改善，教育改革不断深化，素质教育全面展开，德育工程建设卓有成效。

重点工程建设实现预期目标。鹳雀楼复建工程克服资金困难，进展顺利。万固寺修复工程，完成了地面三通一平。解决了 2.27 万人的吃水困难。涑水东街等三路两街城市道路建设圆满完成，河东大道逐步开通，东环路中段建设完成路基，舜都大道北段、中山西街的照明绿化工程高标准完成。舜都会堂门面改造、永济大酒店、富源大酒店、五交化家电批零市场等一批基础设施建设项目相继竣工投入使用。6 月 1 日，全市实现"四通"：村村通公路，村村通程控电话，村村通有线电视，村村通自来水。

对外开放成绩显著。永济市按照"你发财，我发展"的工作思路，进一步改善投资环境，加快了对外开放步伐。一是 9 月 8 日至 10 月 8 日，在普救寺成功举办"98 中国·永济首届世界情侣月"西厢文化旅游节活动，共迎来国内外游客 6 万人次，比 1997 年同期翻了一番，实现旅游总收入 300 万元。二是成功举办第二届城市花卉展，展出花卉在品种、数量、造型等方面均超过往年，深受各界人士的好评。三是成功接待日本五所川原市友好访问团成田京市长一行，并与之签订建立友好城市协议书，为扩大对外经济、文化、技术交流奠定了良好基础。四是积极改善出口条件，开办了集装箱出口永济办事处，打开了永济对外出口渠道。通过努力，全市共引进资金 1.85 亿元，引进项目 23 个，引进人才 168 人，对外开放工作呈现出良好发展势头。

永济市医保改革试点工作稳步推进，成立了市社会保障局，管理机关事业单位人员的医疗保险工作。

1999 年，永济人民高举邓小平理论伟大旗帜，以党的十五大和十五届三中全会精神为指针，全面贯彻中央、山西省、运城地区经济工作和农村工作会议精神，继续围绕创建绿色食品基地和轻工旅游城市两大目标，突出城市建设、企业改革、财政增收、商贸活市四大重点，大力实施农业产业化发展、旅游经济发展、外向型经济发展、民营经济发展、基础设施建设和科教兴市六大战略，不断加强民主法制建设和精神文明建设，促进全市经济持续、快速、健康发展和社会全面进步，取得了新成绩。

经济持续增长，运行良好。永济市生产总值达 16.1 亿元，比 1998 年增长 7.6%；财政总收入 1.4 亿元，同口径比 1998 年增长 0.5%；全部工业增加值 2.15 亿元，比 1998 年增长 15.6%；乡（镇）企业增加值 4.06 亿元，营业收入 15 亿元，分别比 1998 年增长 25.2%和 20.8%；社会消费品零售总额 5.5 亿元，比 1998 年增长 5%；农民人均纯收入达 2310 元，城镇居民人均可支配收入达 3812 元，分别比 1998 年增长 0.1%和 6.7%；建成小康村 253 个。

基础设施建设步伐加快。农业基础设施建设完成中条山 4 条小流域治理、50 千米滩涂道路建设、农业综合开发示范园区道路和 10 个村庄的人畜吃水工程。鹳雀楼复建工程完成投资 1567 万元，铁牛馆保护工程进入地下文物挖掘阶段，万固寺观音殿、角楼已修复完毕。城市基础设施建设迈出新的步伐，道路、交通、通信等各项工程顺利实施，城市绿化新增面积 9.32 万平方米。

社会事业蓬勃发展。科技工作以科技成果转化和科技宣传为重点，努力推进科技进步。全市科技贡献率达到45%，科技三项费用达到154万元，占到总财力的1.1%。教育工作在抓好"普九"和"两基"巩固的同时，以实施教育基础设施现代化工程为重点，新建教学楼21座，被山西省政府命名为"山西省教育先进县（市）"。卫生工作加大卫生监督执法力度，传染病发病率下降14.2%；集资480万元，建成门诊大楼8座，医疗条件取得较大改善。广播电视实现有线联网5万户，覆盖率达98%。医疗保险开始起步，医保资金实现收支基本平衡。

对外开放成绩显著。市政府组建中远航运永济代办处和永济商检代办处，打开了全市外贸出口的大门。成立"鸿雁""神州""华侨"三个旅行社，永济大酒店、富源大酒店通过星级评定，填补了永济旅游行业的一项空白，并成功地举办第二届"世界情侣月"活动。全年引进资金1.2亿元，引进项目25个，引进人才230人，出口创汇2100万美元。

农业产业结构调整迈开新步。以农副产品加工为主的龙头企业粟海集团、忠民集团、强胜集团相继成立。8月，"粟海"牌肉鸡产品出口阿拉伯国家，首次进入国际市场，实现出口创汇。其后，产品又销往韩国、日本等国家和地区，并成为快餐业肯德基、麦当劳、德克士的重点供应商。

10月，省委书记田成平、省长刘振华带领全省地（市）委书记、专员（市长）视察粟海集团，对永济产业结构调整取得的成绩予以高度评价。

第三节　建立与完善市场体系和社会保障体系

建立统一开放、竞争有序的市场体系和多层次社会保障体系，是建立社会主义市场经济体制的核心。永济市进一步巩固完善工业消费品市场和乡（镇）集贸市场，重点培育农副产品销售、生产资料、劳动力、房地产等要素市场。在市区、各乡（镇）集贸市场和重点村先后开发建立粮油、蔬菜、水果、生产资料、科技、劳动力、房地产等要素市场，并不断加强完善。同时，建立多层次社会保障体系，改革原公费医疗和住房制度，成立专门机构，建立健全城镇干部职工居民医疗保障、住房保障、养老保险、失业保险和农村居民养老保险、新合作医疗制度，搞好社会主义市场经济体制的配套改革。

2000 年，是永济市全力实施经济结构调整的起步之年。市委在党政领导班子和领导干部中，深入开展以"讲学习、讲政治、讲正气"为主要内容的"三讲"党性党风教育活动。全市人民以经济结构调整为中心，以国有企业改革、扩大对外开放为动力，全力以赴抓好富民和富市两大工程，促进产业优化升级，加快完善市场体系和社会保障体系，改善人民群众生活。

农业和农村经济结构调整力度加大。永济市面向市场需求，优化种植业，突出发展养殖业。市委、市政府以龙头企业为依托，先后制定出台一系列科技示范调产政策，依靠科技促进产业结构调整。共建科技示范园 25 个，各类科技示范点 63 个；引进各类新技术 295 项，新品种 701 个，实施各类项目 80 多个。全市在稳定粮棉生产的基础上，大力发展芦笋、蔬菜、林果、水产、畜牧、食用菌 6 大产业。芦笋面积发展到 8 万亩，年生产加工 5 万吨，出口 2.5 万吨，占到全国芦笋出口的 60%；蔬菜面积 12.8 万亩，总产 19.8 万吨；林果面积 7 万亩，总产 2.47 万吨；养鱼水面 1.5 万亩，年产成鱼 9424 吨；牧草种植 0.7 万亩，总产 2300 吨；猪牛羊肉产量 4073 吨，加工肉鸡 2000 余吨，禽蛋产量 4790 吨，畜牧业总产值 2.53 亿元，被确定为山西省十大优质畜产品基地县（市）；食用菌总产 175 万吨，产值达 310 万元。逐步形成芦笋、蔬菜、林果、水产、畜牧、食用菌六大支柱产业。农业内部农、经作物结构比例由"八五"末的 7∶3 调整为 6∶4，种、养业结构比例为 8.1∶1.9。同时，重点发展蔬菜、食用菌、干鲜果三大产业化建设。蔬菜重点发展反季蔬菜、无公害蔬菜，按区域特点建成 6 大菜区；食用菌突出双孢菇种植，发展多品种规模生产；干鲜果突出狠抓特早熟杏、苹果、梨、红枣规模生产。并建立高科技农业综合示范区 2000 亩，其中核心示范园 160 亩，技术辐射指导全市农业各产业。先后引进适宜永济种植的新特优瓜菜等品种 30 多个，充分发挥了优良品种的增产效应。

进一步改善农业基础设施。永济市筹资 1 亿元，发展节水农业，重点完成了虞乡、郭李、清华 3 个乡（镇）节水示范项目工程，打深井 11 眼，铺设输水管道 78.4 千米，建蓄水池 56 座，发展喷灌节水面积 1.37 万亩；实施粮棉基地水利建设工程，完成打井配套和改造水井 20 眼，发展喷灌面积 0.2 万亩，管灌面积 0.3 万亩；治理盐碱地、改造中低产田 1 万亩；实施小樊灌区整体改造和黄河堤坝建设工程；新建黄营、董村两个变电站，完成王庄、文学输变电增容和农村低压电网改造工程；实施"南水北调"工程，铺设管道 72.7 千米，农村集中供水工程全面启动。

工业企业继续深化改革，98 个市营企业完成改制，改制方式分别为创建集团、股份制、股份合作制、承包、租赁、嫁接改造、拍卖出售、破产等，改制面达 87.5%。虞乡油厂盘活部分有效资产，组建股份制晋华油脂有限公司；康达饲料公司依法实施破产，被市面粉厂收购。乡（镇）企业和私营企业的资产重组和公司制改革力度加大，山西粟海集团和山西忠民集团与许家营村实行村企分离，投资扩股经营；恒茂铝合金铸造厂改制为有限公司；山西贝马集团组建贝马蓄电池有限公司；百户第一化工厂改制为永济市振兴化工有限公司；永济市制药厂（席村制药厂）改制为山西祖师麻药业有限公司，后改为山西康意制药有限公司。改制后的企业，依法实行经营者对企业控股，并引入风险抵押机制，建立产权明晰、责权分明的现代企业制度，大大激发了企业活力，全市工业经济结构进一步优化。市政府坚持"有进有退，有所为有所不为"的原则，不断加快技术改造和新产品开发步伐，重点发展优势企业产品。舜都集团完成尿素"十改十二"技改工程，达到全国单套装置生产能力领先水平；投资 2000 万元的赛克开发工程被列入山西省潜力发展产品；投资 1000 万元的异氟尿酸

192

技改工程全面铺开。植保厂开发生产的助力三轮车投入批量生产。东风牧草公司与内蒙古农业大学共同开发的新型高效绿色饲料苜蓿颗粒等系列产品，经国家和山西省进出口商检局检验均符合标准，年产值733万元，利税206万元。同时，搞好外引内联，组织企业参加西洽会、深圳高交会、全区产学研会，共签订合作意向20余项，硅钾肥、高档涂料等一批新技术、新项目在永济落户，实现了工业经济持续增长。全市全部工业总产值26.75亿元，工业增加值7.77亿元，分别比1999年增长14.8%和10.5%。

　　财贸工作进一步完善和建立要素市场。市政府认真组织实施乡（镇）财政体制改革，狠抓税收征管和预算外资金管理，努力改善对外开放环境，继临铁中远航运公司在永济设立办事处之后，山西省出入境检验检疫局食品检验处和太原海关又分别在永济设立检验室和监管组，进一步打开永济外贸大门，经济发展环境进一步优化。国有商业组建物业管理公司，进一步加强轻工电器市场管理，按照市政府"划行归市"要求，初步整改规范家电灯具、电器五金、交通化工、摩托装饰等专业市场。同时，对已建成的生产资料、蔬菜、副食品、木材、农机、服装、劳动力、房地产、农贸、钢材等专业市场进一步加以完善，进一步发挥要素市场功能。各乡（镇）也相应地建立了一批专业市场。蔬菜公司拓展经营思路，转换经营机制，将原蔬菜商场改为金鑫精品服装城。粮食系统企业完成改制，对15个粮食收购企业实行"工效挂钩"管理，建立灵活的经营机制、健全的激励机制和严格的约束机制；对5个纯经营企业实行"划小责任区，化整为零，打破铁工资制"

管理，强化激励措施，搞活了企业经营；对 6 个粮办工业企业实行切块承包、立新租旧、立新收旧管理。全年市国有商业实现利润 50.6 万元，上缴税金 80.1 万元；合作商业实现利润 65.33 万元，上缴税金 80.8 万元；民营商业上缴税金 1000 多万元。

科技、教育、卫生等社会事业蓬勃发展。科技工作，创建全国科技工作先进县（市），创建国家级星火技术密集区，顺利通过科技部专家委员会验收。进一步加快国家级星火技术密集区建设，总投资 5.51 亿元，实施国家、省、地、市星火项目 30 项，推广应用高新技术 128 项，年技术培训 10 万人次，其中培养星火带头人 500 人，省级星火企业家 10 人，国家级星火企业家 5 人，各类技术人才 1 万人，形成了芦笋、油脂、肉鸡、饲料、汽拖配件、化工、渔业、果业、蔬菜、小麦、棉花、食用菌 12 个区域性支柱产业。是年，实施科技调产，建立示范园 3.31 万亩。教育工作全面启动素质教育，"普九"工作进一步巩固提高，德育工作又上新台阶。教育体制改革迈出新步伐，在中小学推行校内结构工资制，把教职工平均发放的津贴拿出 15%~30% 作为动态工资，奖优罚劣，奖勤罚懒，强化内部分配功能。教育投入继续加大，除增加教育经费外，全市又集资 2093 万元新建教学楼、宿舍楼 21 座，市政府拨专款 75 万元建成进修校教学大楼。永济中学和各示范中小学的教学设施达到国家一级标准，乡办初中、中心校以上学校达到国家二级标准，完全小学达到国家三级标准。卫生工作狠抓农村卫生、防疫妇幼、医院建设、卫生监督执法、医风医德建设，建成中医院和虞乡、蒲州、栲栳、卿头、首阳、城区等医院门诊楼，完善了村级卫生机构，全面启动了农村改厕工作。

旅游实现新突破。市政府坚持狠抓旅游资源开发和旅游品牌宣传，旅游景点开发建设步伐加快。鹳雀楼复建主楼土建工程竣工，铁牛保护工程完成文物发掘、地基夯实、铁牛提升工作，万固寺复建工程投资 450 万元，建成钟鼓楼、观音殿、山门、竹园等；五老峰景区开发由市交通局牵头，成立五老峰开发有限公司，投资 1060 万元，完成了 3.3 千米山前二级公路、2.8 千米山谷砂石路及台阶建设。旅游促销宣传力度加大，成立旅游宣传促销协会，成功举办了"第三届世界情侣月"活动和"第四届城市花卉展"活动，旅游业得到较快发展。全年共接待游客 50 万人次，门票收入 498 万元，旅游总收入 3500 万元。

城市建设步伐加快。投资 600.4 万元完成了东环路、河东大道、樱花园"两路一园"部分工程建设；投资 346.14 万元用于市政设施维护，完成了舜都大道灯箱护栏安装、路灯更新改造；投资 175.63 万元用于城市热网扩容，铺设供热管线 3734 米，建热交换站 4 个；投资 12 万元铺设城市供水管道 1023 米。城市绿化继续狠抓街道、涑水河、赵杏立交桥绿化和拆墙透绿及园林单位建设。投资 500 万元栽植各种花草树木 22 万余株，新增园林单位 10 余个，城市绿化面积达 32 万平方米，建成区覆盖率达 30%以上。商业基础设施建设完成了北郊邮政大楼主体工程、南郊粮库扫尾工程和城区供销社综合服务大楼、五交化批零市场二期工程等建设项目。

"九五"时期，永济市生产总值由 11.05 亿元增长到 16.94 亿元，年均增长 9.3%；财政收入由 8095 万元增长到 1.5 亿元，年均增长 13.6%；工业增加值年均增长 10.3%；农业增加值年均增长 3.5%；社会消费品零售总额年平均增长 7.8%，农民人均纯收入由 1216 元增长到 2350 元，年均增长 18.7%，城镇居民人均可支配收入 4254 元，年均增长 6.4%。国民经济持续增长，经济结构调整取得新进展，基础设施建设成效显著，旅游开发快速推进，社会事业全面进步。

2001 年是新世纪第一年，永济人民以邓小平理论和"三个代表"重要思想为指导，以科技进步和改革开放为动力，按照市"十五"计划确定的狠抓特色农业、优势工业、财税增收、信息开发、旅游发展、基础设施、社会保障、科教兴市、可持续发展、精神文明和民主法制建设十大重点，围绕农业稳市、工业强市、商贸活市、旅游造市、科技兴市、城建拉动、公路先行的工作思路，不断调整优化产业结构，加大基础设施建设力度，增强经济发展后劲。实施行政管理体制改革撤并乡（镇），将原 6 镇 10 乡 3 个街道合并为 6 镇 1 乡 3 个街道，次年改张营乡为张营镇。

农业结构不断优化，特色农业效益明显上升。种植业压缩稳定粮食面积，突出发展芦笋、蔬菜、苜蓿、食用菌和经济林，做大做强特色农业和优势产业，种植业结构发生变化，经济作物快速发展，特色农业效益上升。粮食作物面积调减到 41 万亩，棉花面积发展到 34.98 万亩，芦笋面积 8 万亩，加工出口 2.5 万吨，逐步成为全市一大主导产业。蔬菜以发展设施蔬菜为主,大棚菜发展到 2.5 万亩,新发展日光温室大棚 1050 亩。快速启动了城西街道任阳、虞乡镇洗马、卿头镇西卿头、开张镇普乐头四大设施农业示范园区建设。食用菌以双孢菇为重点,总产 175 万吨,产值 310 万元。干鲜果面积发展到 10 万亩,其中枣树 6 万亩,柿树 1 万亩。苜蓿发展到 1 万亩,总产 8000 吨,牧草产品荣获山西省农展会金奖。养殖业重点发展养鸡、肉牛、奶牛和渔业,全年牛猪羊肉产量 7724 吨,出栏肉鸡 445 万只,禽蛋产量 4790 吨,成鱼总产 9865 吨。同时,积极发展高效农业,突出科技示范,重点实施农业"双千创优工程",实施面积 23.5 万亩,其中优质小麦 8 万亩,优质棉 7 万亩,总增收 3190 万元;着力实施"优种工程",生产优种 2350 吨,统供面积 25 万亩;大力实施"沃土工程",完成秸秆还田、生物覆盖面积 35.5 万亩。继续加强农业基础设施建设,总投资 1.3 亿元的城乡电网改造工程竣工;全年实施农田水利工程 991 处,新增水地 0.28 万亩,改善水地 2 万亩,新增节水达标面积 1.6 万亩;实施郭李、四冯、庄子、东姚温山区生态农业工程,治理面积 2 万亩,新修梯田 0.13 万亩,新修道路 10 万米,建蓄水池 21 座。

工业狠抓重点项目和潜力产品开发,发展壮大优势企业,结构调整初见成效。全年新实施项目 30 余个,累计投资 1.9 亿元。其中,忠民集团投资 3200 万元,建成中西部最大的浸出油生产线,并投资 1700 万元,建成日处理 600 吨棉籽生产线;强胜集团投资 1200 万元,建成日处理 400 吨棉籽、大豆浸出油生产线;粟海集团投资 9000

万元，开发肉鸡熟食深加工项目；彩佳印染有限公司投资800 万元引进的高档服装面料生产项目竣工投产；中粮大宝集团投资 1000 万元新建年产 5000 吨芦笋加工厂；关铝集团总投资 28.6 亿元的电解铝项目开工建设；舜都集团赛克项目、东风牧草公司 10 万吨苜蓿系列产品及电力铁合金、东安、恒茂汽车缸盖项目等相继投产，工业经济步入良性发展轨道。全年工业总产值 28.98 亿元，规模以上工业增加值完成 7.35 亿元，分别比 2000 年增长 17.6%和18.7%。民营企业发展到 1168 个，有个体工商户 3500 户。

旅游开发取得重大进展，对外开放成效显著。鹳雀楼复建工程完成投资 5000 万元，又争取资金 3100 万元，制约工程进展的资金问题得以缓解；五老峰景区开发建设投资 1500 万元完成道路、高压线路工程，八大古建工程紧张施工；万固寺复修工程累计完成投资 800 万元，无量殿、水陆殿、药师洞等人文景观建设基本完成；普救寺完善基础设施，完成了 4A 级景点评定工作。成功举办了首届五老峰登山节和第四届世界情侣月活动，参加了全国旅游交易会、推介会，组建政府信息中心和旅游网站，制作旅游宣传光盘，广泛开展多种形式的宣传促销活动，拓展了客源市场。全年旅游门票收入 621 万元，接待游客 60 万人次，分别比 2000 年增长 23%和 20%，旅游总收入达 4000万元，比 2000 年增长 14%。通过走出去考察学习和召开各界在外人士座谈会等活动，全市投资环境日益改善，融资渠道更加广泛，对外开放取得显著成绩。山西煤运、运城制版、运城关铝、中粮大宝、西安民生、香港中豪、江苏海门等大型企业集团陆续到永济投资办厂。全市引进资金 2.8 亿元，引进新技术 68 项，引进人才 300 人，外贸出口创汇 2578 万美元，有力地推动了经济快速发展。

城市和小城镇建设力度加大。"一园两路"工程建设有了突破性进展；全市人民捐款 154.6 万元，樱花园建设得以完成地下所有设施及地面部分建筑；河东大道完成 3.45 千米主车道水泥路硬化；东环路完成铺油硬化。副食品批发市场一期工程、百货大楼二楼改造工程、民生购物中心、喜洋洋超市等市场建设完成；电机花园小区、康乐小区、银杏小区建设进展顺利；城市电网改造工程完成投资 3000 万元，全面竣工投入使用；城市绿化覆盖率达 30% 以上。永济市被评为山西省卫生城市。同时小城镇建设全面启动，虞乡、蒲州、张营镇建设进展迅速，全年共完成投资 1424 万元。

7 月，成立市城镇职工基本医疗保险所。10 月，工伤保险业务由原市劳动局养老保险所转交市城镇职工医疗保险所管理，工伤保险基金实行县级统筹。

第三章　全面建设小康社会

中共十六大提出全面建设小康社会的奋斗目标，永济市委、市政府带领全市人民认真贯彻中共十六大精神，坚持以邓小平理论和"三个代表"重要思想为指针，以科学发展观统领全局，实现率先崛起，推进经济结构战略性调整，进一步深化改革，扩大开放，加强和改进党的建设，全面加快新农村建设和农业产业化、新型工业化、特色城镇化、旅游规模化发展，不断推进社会主义政治文明、精神文明和物质文明建设，努力把永济建成山西南部绿色食品基地、新型加工制造业基地和园林式工贸旅游城市，构建充满活力、富裕文明、和谐稳定、山川秀美的新永济。经过"十五""十一五"两个时期的努力，永济市生产总值实现了翻两番目标，城乡居民生活水平大幅度提高，经济结构明显优化，新型工业化快速推进，农村面貌焕然一新，特色城镇化水平提升，旅游文化魅力初步彰显，综合经济实力显著增强，社会事业全面发展，开创了全面建设永济小康社会的新局面。

第一节　创建工业园区

工业园区是集聚生产要素、实现资源共享的工业"洼地"，要实现工业崛起，首先要集聚生产要素，为企业创造好条件，推进集群化发展。永济市坚持"工业立市"和"强工富市"的发展理念，立足已有产业基础和优势，制定发展规划，合理调整布局，实施优惠政策，推动招商引资，创建了城西机电制造业、城东铝深加工业、化工生产业，城北高新技术产业和卿头现代农产品加工业五大工业园区。努力加快园区水、电、路等基础设施和公共服务设施建设，优化发展环境。同时，大力实施园区带动战略和非公有制经济发展战略，争项目，搞扩建，推进产业结构优化升级，建设新型加工制造业基地。经过几年的发展建设，工业产业园区框架已形成，入驻企业 57 个，企业建设占地 8410 亩，累计总投资 152.7 亿元，发展成为工业循环经济产业园区。园区建设加快了新型工业化的发展，形成了具有永济特色的新型工业经济发展体系。

2002 年 11 月，党的十六大把"三个代表"重要思想确立为党的指导思想，提出了全面建设小康社会的奋斗目标。永济市委、市政府学习贯彻十六大精神，深化改革，扩大开放，加大经济结构调整力度，加快工业园区建设，推进农业产业化、工业化和城市化发展进程，开创全面建设小康社会新局面。全国人大常委会副委员长布赫、全国政协副主席任建新、张思卿、王兆国先后到永济视察调研，对永济的工作成绩予以肯定。

工业突出园区建设，打造集群发展新高地。按照"政府创造环境、企业创造效益"的要求，市政府成立工业园区管理委员会，规划园区建设，积极为企业创造良好的外部环境，提供最佳服务，推进集群发展。重点抓了城西机电制造业，城东铝深加工业、化工生产业，城北高新技术产业，卿头现代农产品加工业五大工业园区建设，出台优惠政策，加大招商引资力度，园区电、水、路主体框架基本形成。关铝集团20万吨电解铝项目开工建设，电机厂石油钻井电机、风力发电机、铁路提速电机扩建项目投入批量生产，热电厂10万千瓦发电机组改造工程启动，厦门国贸集团、贝马集团、西安罗曼蒂克服装有限公司等8个企业与永济市政府达成入园意向，新入园企业5个。同时，扶持重点建设项目，加大企业技术改造力度，加快工业经济结构调整。永济市瞄准国际国内市场，从当地优势出发，用现代科学技术改造提升传统产业，开发潜力产品。重点发展医药、白酒、生化、冶炼、铸造、纺印六大系列产品，形成具有本市特色、市场竞争力强的工业体系。并注重抓好舜都集团顺酐扩建项目、彩佳印染三期扩建工程、电力铝合金、硅铁、铬铁扩建工程及德威生化、华茂、东安的扩建技改项目，增强工业发展后劲，其中彩佳印染有限公司生产线改造、东安公司汽车缸盖扩建项目建成投产。

农村农业突出农民增收，围绕种、养、加、贸并举，大力调整农业产业结构，多元化增加农民收入，全面发展农村经济。一是种养业继续调整发展 6 大支柱产业，把发展特色农业与设施、规模种植有机结合，使特色农业更具市场竞争力，优势产业更具规模。种植业突出抓好 8 万亩芦笋、10 万亩蔬菜、3 万亩牧草、15 万亩枣、杏、柿子、花椒干鲜果及食用菌生产。同时，建立农业标准化生产体系，培育示范园区，重点抓好开张农业综合开发园区和高效农业示范园区、虞乡洗马反季蔬菜瓜果示范园区、城西任阳大棚蔬菜及生态农业示范区、栲栳食用菌双孢菇生产示范区及沿山一带退耕还林，发展杏、柿子、花椒生产基地。养殖业重点发展养肉牛、奶牛、猪、羊、鸡和水产，集中发展牧草种植基地种养专业大户，新增百头牛场 15 个，家庭牧场 100 多个，肉鸡规模养殖户 200 户，走以牧草带养殖、以养殖带牧草的草业产业化新路子。并充分利用黄河滩涂资源优势，建立名优水产养殖基地和伍姓湖水产观光科技示范场。二是发展壮大龙头企业。突出抓好粟海集团、忠民集团、强胜集团、中粮大宝新项目投产达效，扶持做大东风牧草有限公司的苜蓿系列产品生产和"鹳雀楼""超人"两个品牌的系列奶制品生产及永裕、永西、紫山、华鑫等芦笋加工企业生产。继续采取公司+农户、农户联基地的形式，把产业基地作为龙头企业的第一车间予以扶植，带动产业发展。通过延伸产业链，实现农民和企业的"双赢"，增加了农民收入。全年芦笋加工生产企业加工芦笋 4 万吨，出口 3.2 万吨，创汇 3000 万美元；油脂加工生产企业日加工棉籽 2000 吨、大豆 1200 吨；东风牧草有限公司年加工牧草 8300 吨；鹳雀楼乳业和超人奶业公司年加工生产 1500 吨奶制品；粟海集团肉鸡深加工被列为山西省 1311 重点调产项目，带动养鸡业的发展。三是加强农业基础设施建设和生态环境建设。投资 125 万元，开发农业生态工程，平整土地 300 亩，建成蓄水池 3 座，栽植经济林 2 万余株；持续搞好农业综合开发和节水改造工程，投资 370 万元，完成中低产田改造 1.3 万亩；投资 3000 万元，实施卿头农网线路和李店变电站改造；完成各类农田水利建设工程 906 处，新增水地 0.33 万亩，改善水地 2.52 万亩；百村集中供水工程完成投资 522.7 万元，解决了 120 个村庄 15.8 万户群众饮水问题。

商贸突出市场建设，贸易流通取得新突破。永济市加大商贸流通基础设施建设力度，加快市场建设。总投资 2000 余万元的蒲津装饰材料市场、副食品批零市场、百货大楼一楼改造等相继投入运营；投资 140 万元的废旧物资回收市场主体工程竣工。大力发展现代流通业态，以民生商场、胖子商贸城为模式的超市业蓬勃发展。同时，不断加大专项市场整顿力度，取缔不合标准加油站 3 个，对 34 个加油站进行停业整顿。积极开展对外合作，促使电机厂与美国通用电气公司达成合作意向，帮助 12 个企业申报了进出口自营权，有力地促进了芦笋等优势产品对外出口。全年社会消费品零售总额 7.5 亿元，比 2001 年增长 20%。

城镇突出环境建设，加快城市化进程。全年城镇建设重点围绕"两园、两路、两街、两个重点小城镇"八大工程推进建设。樱花园完成喷泉、道路、路灯、雕塑、绿化等硬件设施建设，国庆节前夕开放；民营商贸园区启动主体工程；河东大道完成投资 2500 万元，主车道基本建成通车。舜都大道投资 200 万元，实施北段标准化绿化；市府西街西段拓宽改造工程完成投资 700 余万元，一期工程拆迁拓宽到位；振兴街完成 2400 平方米路面沥青铺装；北郊供热工程投资 89 万元，建成热交换站 2 座，扩大供热面积 12 万平方米。小城镇建设完成投资 1918 万元，7 个镇基本完成拆迁任务，主街道铺装硬化工程进展顺利。

旅游突出三大品牌景区，龙头地位逐渐形成。永济市加大旅游开发力度，全力打造旅游产业整体形象，重点突出鹳雀楼、普救寺、五老峰三大品牌景区。鹳雀楼复建工程完成投资 9300 万元，9 月 26 日主楼落成开放。普救寺投资 1000 万元，完成广场和仿唐一条街拓宽改造工程，被国家旅游局确定为 4A 级旅游景点。五老峰开发完成投资 5000 万元，山门、行政管理院、部分古建工程及棋盘山宾馆主体工程竣工。同时，加大宣传促销力度，加快旅游管理体制创新。鹳雀楼、普救寺、五老峰、万固寺进行了股份制改革，与浙江盾安集团达成旅游开发合作协议。并顺利通过了省级创建中国优秀旅游城市验收，开通了永济至太原双层双列"鹳雀楼"号旅游列车，加快了旅游业的发展。全年景区共接待游客 71 万人次，门票收入 752 万元，旅游总收入 5000 万元。

2003 年 8 月 21 日，中共永济市第三次代表大会召开。市委书记潘和平向大会作题为《忠实实践"三个代表"重要思想 为全面建设永济小康社会而努力奋斗》报告，提出了坚持以邓小平理论和"三个代表"重要思想为指导，加快物质文明、精神文明、政治文明建设，全面建设永济小康社会，推动永济市逐步走上生产发展、生活宽裕、生态良好、人居环境优良的文明发展道路。永济市人民面对快速发展的市场经济，战胜突如其来的非典型肺炎疫情的影响，加大经济结构调整力度，实施重点工程建设，推进"双创建"活动，加快改革发展，努力开创全面建设永济小康社会新局面。

全力优化经济结构，促进经济快速发展。为学取外地先进经验，年初，永济市委、市政府组织三级干部赴江浙地区考察取经，进一步更新了思想观念，市、镇、村迅速形成新一轮优化经济结构，促进经济快速发展的热潮。工业新建和在建项目达 25 个，完成投资 27.28 亿元，是历年来工业项目建设较多、投资额较大的一年。农村工作按照"引导、转移、增收、减免"的思路，面对市场结构发展需求，进一步加大产业结构调整和对"三农"工作的扶持力度。永济市棉花面积发展到 37.07 万亩，总产 2.02 万吨；蔬菜面积 12.29 万亩，其中芦笋采笋面积 8.8 万亩；新发展经济林 4.3 万亩，水果总产 4.72 万吨；奶牛发展到 960 头，出栏肉鸡 278 万只，禽蛋产量 2930 吨；转移农村劳动力 3.35 万人。迅速形成了种、养、加多业并举，多元化增加农民收入的新格局。全年生产总值达 26.93 亿元，比 2002 年增长 13.4%；农林牧渔业总产值 8.86 亿元，增加值 5 亿元，分别比 2002 年增长 6.8%和 5.6%；全部工业总产值 44.75 亿元，增加值 12.7 亿元，分别比 2002 年增长 11.9%和 12.5%；农民人均纯收入 2778 万元，比 2002 年增长 6.6%。被山西省委、省政府评为"结构调整先进市"。

加快创优步伐，努力提高旅游城市品位。市政府进一步加大城市建设力度，相继完成了河东大道主车道、市府西街西段路面和西厢路中段拓宽改造，柳园建设快速进展；开展以治理脏、乱、差为主的城市综合整治，对舜都大道实施高标准亮化，市区空气质量再次名列全省第一。当年完成城市建设投资 2.34 亿元，是历年投资最多的一年。永济市继续加大旅游景点建设力度，加强旅游行业管理，开展旅游宣传促销，成功举办第六届世界情侣月活动，完成五老峰景区 9 大古建工程，云峰阁建成开放。不断加快旅游业六大要素的完善和配套建设，新建和改造 4 个星级酒店、3 个大型超市，完成名吃步行街建设，启动舜都市场和精品步行街工程。全年"双创建"目标顺利实现，被国家旅游局授予"中国优秀旅游城市"称号，被民政部、解放军总政治部授予"全国双拥模范城市"称号。

统筹兼顾，加快社会事业全面发展。永济市加大科教兴市力度，实施和引进新技术 30 项，连续三届通过了全国科技进步先进市验收。继续加大教育投入，优化中小学布局结构，稳步推进课程改革和人事制度改革，实行教师聘任制；积极扶持民办教育快速发展，新发展民办学校19 所，累计达到 37 所。永济市城乡广泛开展了"消夏文化周"等一系列丰富多彩的文体活动，不断活跃城乡居民文体生活。继续加快信息化建设步伐，完成了区域网建设，开通了网上政府、永济信息网、农业网，启动了网上行政审批服务，推进了通信业长足发展。成立市失业保险管理中心，管理全市失业保险基金，发放失业职工救济金，接收、管理、培训失业人员，搞好再就业服务。市医保中心和医保所合并，成立市医疗保险事业所。

顺利完成重点工程建设任务。投资 23 亿元的关铝 20

万吨电解铝项目建成试产成功，热电厂 10 万千瓦机组竣工发电，卿头 50 万千伏输变电站工程竣工运行；投资 1 亿元、总长 61 千米的运蒲、永临、永韩 3 条二级公路开工建设；林业工程完成退耕还林 5 万亩，天然保护林 2 万亩和道路绿化 120 千米，林木覆盖率增加了 5.9 个百分点；民营经济发展步伐加快，新建企业 13 个，新建项目 14 个。

第二节　加速旅游文化提档升级

永济文化底蕴深厚，旅游资源丰富。永济境内人文资源和自然景观遍布，文物古迹、名刹宝寺、亭台楼阁、名山秀水等达 140 多处，是晋南黄河根祖文化的源头。特色资源有中国四大历史文化名楼之一的鹳雀楼，《西厢记》故事发生地普救寺和全国四大回音建筑之一舍利塔，千年古刹万固寺，国家级风景名胜区五老峰、王官峪，国之瑰宝唐开元大铁牛等。

为了发掘历史文化资源，发展旅游产业，中共十一届三中全会后，特别是 20 世纪 90 年代始，永济市委、市政府实施旅游兴市和旅游带动战略，大力开发旅游景点景区。经过不懈努力，初见成效，旅游已成为推动永济市经济发展的新兴产业。2002 年始，永济市紧紧围绕旅游兴市和创建旅游强市目标，加大开发建设力度。持续推进景区景点基础设施建设，拓展景区规模；加快外部环境改造，挖掘旅游文化内涵，打造旅游文化精品，加大宣传促销力度，开展各种旅游文化活动,彰显旅游文化魅力;发展旅游吃、住、行、购、娱产业链条,强化旅游管理和社会化服务体系。永济市已建成知名景区 11 个,旅行社 7 个,旅游宾馆酒店 9 个,旅游购物处 18 个。形成了西部古蒲州历史文化旅游圈和东部山水风景休闲旅游圈交相辉映的旅游文化格局,旅游大市凸显,成为中国优秀旅游城市。

2004 年,永济市委、市政府带领全市人民,紧紧围绕全面建设小康社会的奋斗目标,狠抓工业项目建设、"三农"工作、城市提升、旅游开发,经济发展速度加快,效益提高,结构优化,后劲增强。

加大旅游文化产业开发建设力度。鹳雀楼内部装修陈设实现突破性进展,受到旅游研究专家和游客的一致好评,铁牛提升保护工程全面竣工,普救寺停车场建成交付使用,五老峰、万固寺两条二级旅游公路柏油路面铺装完成。全方位开展旅游宣传促销活动,中央电视台和运城市电视台相继在景区录制了《激情广场》《走进大戏台》《蒲乡红》等节目。加强"六点一线"促销,联合开发西安旅游热线,加大旅游网宣传力度,收到了较好效果。永济市积极发展以旅游为龙头的第三产业,星级宾馆发展到 8 个,有旅行社 7 个。公交线路增至 9 条,旅游城市功能进一步完善。全年接待游客 82 万人次,旅游门票收入首次突破千万元大关。

工业继续抓好新建项目,不断增强发展后劲。热电厂 2×30 万千瓦发电机组全面开工建设,关铝 20 万吨电解铝项目正式投产运营,中粮大宝、万盛水泥、宏兴实业、电力铝合金等一批新建企业和企改项目相继建成投产。民营工业快速发展，全年新建企业 7 个，完成技改项目 8 个。7 个项目正在实施，6 个项目即将开工，项目总投资达 60 多亿元。永济市迅速形成了以棉花深加工、铝深加工、食品加工为支柱的三大加工业。

全力加强重中之重的"三农"工作。继续推进农业结构调整和基础设施建设，重点扶持发展棉花、蔬菜、芦笋、干鲜果、畜牧、水产、食用菌 7 大支柱产业。4 种农产品被中国绿色食品发展中心认定为"绿色食品"A 级产品，11 个农产品被认定为"无公害"产品。不断加大农业农村基础设施建设，全年开发改造中低产田 0.6 万亩，新发展节水耕作面积 0.56 万亩，改造水地 2.8 万亩，荣获山西省政府颁发的"农田水利基本建设禹王杯"奖。农村完成通村道路和巷道硬化 563 千米、完成通道绿化 173 千米、天然林保护工程 1 万亩。百村集中供水工程解决了 2.4 万人的吃水困难。全年转移农村剩余劳动力 1.71 万人，投入发展二、三产业，落实国家停征农业特产税惠农政策。新建教学楼 22 幢，完成 56 所农村中小学危房改造，改造面积 3.85 万平方米。

城市基础设施建设取得重大突破，城市品位不断提升。启动了河东大道、富强西街、西厢南路等道路建设，市府西街实施开发，文化大楼竣工交付使用，日处理污水 4.5 万吨的污水处理场开工建设；300 亩柳园建设即将完工，舜都市场一区、精品步行街、电机华联超市、农翔果蔬批发市场建成投入运营。大力开展城市净化、绿化、美化、亮化和综合整治，城市面貌明显改观，环境空气质量在全省考核的 16 个城市中再次名列第一，城市品位进一步提升。小城镇建设速度加快，硬化道路 13 万平方米，新建商品房 1.27 万平方米。

2005 年是贯彻落实科学发展观、巩固国家宏观调控成果、实现"十五"计划目标的重要一年。永济市围绕建设山西南部绿色食品基地和园林式工贸旅游城市目标，继续加大经济结构调整力度，主攻二产，发展三产，反哺一产，积极推进农业产业化、工业化、城镇化、市场化和信息化进程，努力实现经济社会全面协调可持续发展。

快速发展旅游及第三产业，招商引资卓有成效。永济市继续推进旅游开发，五老峰西峪锦绣谷开发和客运索道建设取得重大进展，万固寺、扁鹊庙等景点和文物保护工程开发快速进展，旅游文化宣传成效显著。全年接待游客 85 万人次，实现旅游基本收入 1100 万元。受旅游产业拉动，商贸流通等第三产业蓬勃发展。精品步行街、舜都市场一区运营良好，二区轻纺服装市场开始面向社会招商，三、四区建设正式启动，万馨园家私广场投入运营。与此同时，永济市积极扩大开放，利用五老峰登山节、普救寺情侣月等活动，举办招商引资推介会 3 次，赴深圳、珠海、厦门等地开展招商引资，全年招商项目 180 个，投资额 500 万元以上的项目有 62 个，引回资金 8.21 亿元，有力地推动了永济市经济的快速发展。

农村农业以产业结构调整为主线，提升传统农业。不断强化蔬菜、芦笋、肉鸡、奶牛等支柱产业基地建设，发展壮大龙头加工企业。以鹳雀楼乳业、超人奶业为依托的乳制品加工基地，以永裕公司、益达公司为依托的脱水蔬菜加工基地，以威特公司为依托的树生果仁基地，以鑫源板业为依托的速生杨基地初具规模。已形成油脂加工、肉鸡加工、芦笋罐头加工、乳制品加工及脱水蔬菜等 8 大产业基地和 20 多个龙头企业，建成全国最大的芦笋生产、加工和出口基地，中西部地区最大的植物油加工基地和肉鸡加工基地。永济市农业产业化基地不断发展，产业种类不断增多，企业规模不断扩大，辐射带动作用不断增强，忠民集团、粟海集团被确定为全国农业产业化龙头企业，农业产业化发展向现代化农业方向快速推进。落实各项惠农政策，为农民发放粮食直补、良种直补和农机具补贴等惠农资金 577 万元。

工业狠抓新建、技改项目和园区建设，发展后劲明显增强。永济市规模以上工业实施新建和技改项目 16 项，总投资达 33 亿元。蒲光电厂投资 29 亿元的 2×30 万千瓦发电机组项目进入扫尾阶段，关铝与中铝合作成立山西华圣铝业公司，20 万吨电解铝项目试产成功；永济电机厂抢抓机遇，投资 11.2 亿元的电传动产业化基地建设项目全面启动，实施了建厂以来规模最大的技术引进和技术改造工程；忠民、彩佳、康意等一批民营企业扩建和技术改造项目相继投产达效。五大工业园区建设初具规模，受骨干企业拉动和园区优越条件吸引，千军铝业、华茂铝合金、粟海铝业等一批铝深加工企业相继在园区建成；忠民集团、强胜集团、粟海集团、晋美油脂、彩佳印染等企业迅速发展壮大，工业经济后劲增强。

进一步加快城市化进程。永济市政府不断开拓创新城建投资机制，成立了鑫融城市建设开发有限公司，争取到国家开发银行的支持，投融资体系实现重大突破。城市建设总投资达到 1.15 亿元，完成涑水东街、富强西街、银杏西街的延伸和涑水西街翻新改造、黄河大道南段 5 条城市道路建设工程；启动黄河大道、振兴西街和东外环路建设；完善了 7 条道路的亮化、绿化配套工程。房地产开发大力度推进，开发建设了世纪花园、名门雅居、蒲津小区等高品位住宅小区。柳园和污水处理资源化项目一期工程竣工，城市品位进一步提升。

"十五"时期，永济市生产总值由 16.94 亿元增长到 36.33 亿元，比"九五"末增长 1.14 倍，实现了翻番，年均增长 14.1%；其中，第一、二、三产业增加值年均分别增长 4.9%、16.8%、16.2%；财政总收入由 1.5 亿元增长到 2.11 亿元，年均增长 6.7%；农民人均纯收入由 2350 元增长到 3255 元，城镇居民人均可支配收入由 4254 元增长到 8031 元，年均分别增长 6.7% 和 13.6%。永济市经济结构进一步优化，一、二、三产业结构比例由"九五"时期的 25.4：49.5：25.1 调整为 16.4：56.9：26.7，工业发展实力显著增强，农业产业化发展加快，旅游业发展形成规模，城市面貌明显改观，经济发展步入快车道。

第三节　推进新农村建设

建设社会主义新农村，是党的十六届五中全会提出的重大战略任务，也是做好"三农"工作的重中之重和全面建设小康社会的核心内容。永济市积极按照中共中央"生产发展、生活宽裕、乡风文明、村容整洁、管理民主"的新农村建设要求，突出生产发展，优化产业结构，提高农民收入；整治村容村貌，加强基础设施和公共服务设施建设；实施以沼气建设为重点的"生态家园富民"工程，积极推进"四化四改"和"六个全覆盖"民生工程，加快园林村建设，改善农村生产生活条件和生态环境，活跃村民文体生活，提高村民参与管理意识。"十一五"末，永济市建成新农村 220 个，覆盖面达到 83%，涌现出一批新农村建设明星村，成为山西省新农村建设先进市，加快了全面建设永济小康社会的进程。

2006 年 6 月 29 日，中共永济市第四次代表大会召开，市委书记武宏文为大会作题为《以科学发展观统领全局为实现永济率先崛起全面建设小康社会而努力奋斗》报告。以党代会为契机，永济市努力实现率先崛起，大力推进新型工业化、特色城镇化、旅游规模化、农业产业化和新农村建设进程，着力改善投资环境和基础设施，健全社会保障体系，提高城乡人民生活水平，加快建设绿色食品基地和园林式工贸旅游城市。3 月 18 日，中共中央政治局常委、国务院总理温家宝到永济视察。11 月，中共中央政治局原常委、国务院原副总理李岚清到永济视察，对永济发展建设予以肯定。

农业推进产业化发展，新农村建设全面启动。永济市继续加大农业产业化基地建设，着力改善基础设施和配套设施，发展"一村一品"，农业产业化基地不断发展，农副产品加工企业规模不断扩大，八大产业基地加大建设力度，建成80多个规模较大的龙头企业，加快打造以安德利果汁有限公司为依托的澳洲青苹果基地。农业产业化发展模式极大地优化了种植业结构，加快了向现代化农业迈进步伐。永济市社会主义新农村建设全面铺开，37个新农村试点村建设规划基本完成，新农村硬化、绿化、亮化、净化、文化步伐加快，完成农村道路和巷道硬化1930千米，80%的行政村全面完成巷道硬化，新农村建设开局良好。全面落实国家惠农政策，1月始，永济市取消征收农业税。

工业不断加大项目建设，发展实力明显增强。永济市继续加快一批工业项目落地，电机厂电传动产业化基地建设进展迅速；华圣铝业建设项目全面投产运行；蒲光发电迎难而上，投资28.5亿元的2×30万千瓦发电机组项目顺利竣工并实现商业运行；化工机械设备厂与阳煤集团资产重组的丰喜化工设备有限公司多元化融资8.5亿元"双五"工程全面启动。民营企业呈现出快速发展的良好势头，千军铝业、华茂铝合金、粟海铝业等一批铝深加工企业全面投产。永济市工业后劲明显增强，进入快速发展期。

城镇建设抓基础设施，品位明显提升。市政府加快城区扩建和街道建设，城市框架不断增大，品位明显提升，"创建"工作取得阶段性成效。新建城市道路17千米，建成区面积扩大到23平方千米，新建区初具规模。樱花园、柳园等市民休闲场所和城市绿地相继建成开放，城市绿化覆盖率达到34.76%。建设完成了龙湖湾等15个高品位住宅小区。城区亮化工程完成，城市集中供水、供热、垃圾处理和污水处理覆盖面不断扩大。小城镇建设进一步加快，7镇主街道全部建设到位，新建沿街商店门面房920间4.6万平方米，绿化面积随之扩大，小城镇面貌发生巨大变化。

公路交通建设和农村基础设施建设大突破。永济市新建和改建公路完成了运蒲、永临、永韩、永卿、张韩、临风线孟盟桥至王庄段等6条等级公路172千米、旅游路20千米，是公路建设力度较大的一年。公路交通快速发展，为促进城乡经济协调发展发挥了巨大作用，获得全省"农村道路建设标兵市"称号。永济市完成农村"百村集中供水"工程，解决了13万群众祖祖辈辈饮用高氟水的难题。建设移民扶持工程147处。农田水利基本建设投资持续加大，发展节水面积和新增改善农田灌溉面积19.8万亩，农业综合开发完成治理面积4.45万亩。投资2亿多元的城乡电网改造工程全面完成，城乡居民用电进一步得到保障。

加快开发旅游产业，贸易流通进一步发展壮大。永济市继续加大旅游景区开发建设力度，鹳雀楼在主楼建成对外开放的基础上，高标准进行文化内涵开发和景区环境建设，成为代表晋南黄河根祖文化游的龙头景点；普救寺景区经过大力度外部环境改造和建设，被评定为山西省十佳旅游景区；五老峰景区高空客运索道投入运行；铁牛提升保护工程全面竣工；万固寺景区加快开发步伐。全年旅游基本收入达1500万元，比2005年增长20%。旅游产业极大拉动商贸流通等第三产业发展，永济市建成9个星级酒店,12 个旅行社和 10 多个现代化的商贸流通网点及超市,一批专业市场建成运营,投资突破 3 亿元,占地 300 亩的舜都市场建设初具规模,为农民进城经商发展提供了方便。

1 月,成立市工伤保险管理服务中心,工伤保险基金由用人单位缴纳。12 月 26 日,市新型农村合作医疗管理中心(简称新农合)成立,实行新的农村合作医疗制度,农村居民积极参加新农合。

2007 年 10 月 15 日,党的十七大召开,对继续推进改革开放和社会主义现代化建设、全面建设小康社会提出了新要求。永济市委、市政府带领永济市人民认真贯彻十七大精神,积极实施十二大战略工程,强力推进工业经济循环园区和新农村建设,城镇化水平提升,旅游产业发展,呈现出经济增长加快,结构优化,活力增强,民生改善的良好局面。

新农村建设迈出新步。永济市积极推行发展“四养、四种、两栽植”十大特色产业,成为引领农民致富的主导产业。全年芦笋面积发展到 10 万亩,新发展澳洲青苹 4 万亩,蔬菜 2.5 万亩,新建双孢菇棚 1198 个 60 万平方米,已形成 8 大农产品加工基地,建成 82 个农副产品加工企业,培育成功 122 个“一村一品”先进典型村。永济市新农村建设进展迅速,推进“四化四改”,整治村容村貌,建设基础设施,农村面貌发生明显变化;推广清洁沼气建设 3200 户,开展硬化、绿化道路、巷道,通道绿化 280 千米,建成园林村 50 个,绿化荒山 2.6 万亩,林木覆盖率提高 4.1 个百分点;新建和改建村级组织活动场所 248 个,休闲广场 73 个,农村“新网”工程建成便民商店 102

个；农村安全饮水、移民扶持、水保治理、"三千三百惠农工程"等一系列民心工程扎实开展，推动新农村建设快速进展。同时，大力实施农田水利基本建设，黄河滩涂土地开发整理项目竣工，农业综合开发完成城北中低产田改造，虞乡中低产田改造快速进展，引黄渠系配套工程范围进一步扩大，黄河生态水产科技示范园建设全面启动。

积极实施工业行动方案推动工程。全年实施工业项目16项，总投资8.47亿元。工业循环经济产业园区建设进展顺利，一批工业招商项目相继落地，6大企业集团快速发展，五大纳税潜力企业发展势头强劲，特别是华圣铝业、蒲光发电、丰喜化工、新时速电机电器、中电兴达等一批市营以上规模企业发展增效，为永济市工业注入新的活力，工业经济进入加快发展和经济效益显现期。全年工业总产值超百亿元，达121.76亿元，其中规模以上工业总产值突破百亿元，达109.24亿元，分别比2006年增长40.3%和49.8%。

持续加快旅游产业发展。市政府进一步完善和创新旅游体制，组建成立山西永济鹳雀楼旅游集团，拓展招商引资渠道。启动黄河大铁牛景区扩建工程，五老峰索道投入运营，完成锦绣谷景点一期工程。举办了第七届五老峰登山节、第十届世界情侣月、首届旅游文化节活动。全年接待游客105万人次，旅游总收入突破1亿元。旅游产业拉动第三产业快速发展，投资1.2亿元的四星级海纳国际温泉酒店开业，万馨园家具广场二期工程、舜都市场六区先后投入运营。

城镇化水平进一步提升。十二大工程之一的城建质量提升和永电新区开发取得突破性进展。城市道路框架进一步扩大，先后对河东大道立交桥引桥、中山东街立交桥、舜都大道下行立交桥和赵杏立交桥进行改造，对舜都大道北段和康乐路北段进行路面复修，舜都大道南延工程启动路基整修，舜都大道、舜帝广场沿街门面房提升改造工程取得明显成效，大唐特色进一步显现，城市品位显著提升。公园天下和城市经典住宅小区建设启动，成功举办第十一届城市花卉展，城区绿化覆盖率达到35.96%，市民服务中心建成运转，涑水河城区段一期工程紧张实施，污水处理厂全面运行，饮用水源地得到有效保护。全年城区空气质量二级以上天数225天，超标准完成任务。

永济市快速推进工业集群化发展和新农村建设，持续实施科教兴市战略，旅游产业上台阶，城镇化水平提升。再次荣获全国双拥模范城、全国科技进步先进市、山西省科教兴县先进县市、山西省增加农民收入先进市、山西省新农村建设先进市、山西省绿化造林先进市和省级卫生城市称号，确立为山西省循环经济试点市。

第四节　加快新型城镇化发展

城镇化是工业化、现代化的标志，加快城镇化是推进全面建设小康社会的重要途径。永济市在历年城镇建设的基础上，持续加快新型城镇化建设。科学规划，加大力度，继续加快城市基础设施和公共服务设施建设，拓展城市规模，美化城市环境，完善城市功能，提升城市品位；注重挖掘延续地方历史文化，建设既有古代舜都文化特色又有现代特征，体现新型城市魅力的文化名城；积极促进人才、技术、资金向城市集聚，强化城市产业支撑，使城市经济文化充满活力。强化城市经营理念，全面提高城市管理水平和城市文明开放程度。同时，积极推进小城镇建设，探索建设模式，扩大建设规模，提高建设质量，把小城镇建设成为区域与城市、工农业与城镇互动发展的集聚地。"十一五"末，城市建成区面积扩大到 25 平方千米，形成八路九街城市框架，城市道路框架面积扩大到 35 平方千米，绿化覆盖面积 911 万平方米，绿地面积 761 万平方米，城市功能日趋完善，魅力城市初步显现；小城镇建设快速推进，逐步发挥了城镇的集聚、带动和辐射作用，成为全面建设永济小康社会的新抓手。

2008 年，永济市人民沉着应对国际金融危机的冲击和挑战，积极转变经济发展方式，围绕率先崛起奋斗目标，坚持以新型工业化、农业现代化、特色城镇化和旅游产业化为主导方向，推进经济发展，改善民生和促进社会和谐，努力建设山西南部的高效生态农业基地、新型加工制造业基地和园林式工贸旅游城市。广大干部群众以饱满的政治热情，积极捐钱捐物，全体党员交纳特殊党费 159.82 万元，支援四川汶川特大地震灾区。

加大城市建设力度，市容市貌发生新变化。黄河大道、振兴街、电机大道西段和舜都大道南延硬化工程完工；对舜都大道中段、市府街中段、银杏街中段和迎新街路面加以改造，完善配套设施建设；以火车站、汽车站、樱花园为重点的城建质量提升工程成效明显，城市绿化覆盖率达到 36.5%；完成城市集中供热扩建一期工程建设；公园天下、城市经典、御园三期、南山华庭等住宅小区建设快速推进；涑水河城区段一期治理工程一、二标段河道整治快速进展。城市面貌大为改观，品位进一步提升。

强化项目支撑，新型工业化进程在困境中迈出新步伐。永济市着力化解煤、油、电紧缺和运力紧张矛盾，应对国际金融危机影响，努力把各项不利因素影响降到最低，迅速启动扩内需保增长的重点项目，强化新型工业化主导地位。按照新型工业化发展要求，立足本市现有产业基础和优势，积极实施"大企业、大项目"带动战略，帮助企业转变经营思路和发展方式，走强强联合、互利双赢、共同发展的新路，努力把电传动产业、铝深加工、电力开发、化机化工和绿色食品加工等 6 大产业培育成具有较强核心竞争力的优势企业集群，打造永济"工业航母"，形成具有永济特色的工业经济发展格局。全年共实施工业项目 12 个，其中 7 个项目已建成投产。新时速电机电器、华圣铝业、丰喜化工、中农化工、蒲州发电等一批骨干企业在逆境中迎难而上，不断扩大规模，效益大幅增长。全年规模以上工业总产值达到 118 亿元，比 2007 年增长 8.1%，增加值达到 28.8 亿元。

高度重视"三农"工作，新农村建设取得新进展。市政府不断加大对"三农"工作的投资和扶持力度，加快农田水利、农业综合开发，积极培育棉花、芦笋、蔬菜、双孢菇、干鲜果、奶牛、肉鸡等特色农业，强化基地建设，促进特色农业发展日趋成熟，永济芦笋被国家质检局确定为地理标志保护产品。永济市农业产业化企业达到 178 个，农民专业合作经济组织达到 161 个。完成饮水安全工程 17 处，解决了 3.22 万人的饮水安全问题。实施"双百工程"，100 户特困群众入住新居，并对 100 户残疾户危房进行了改造。沿黄干线公路建成通车，完成通村和连村公路 176 千米。新农村建设以基础设施和公共设施建设为主线，加快园林绿化，全年新农村建设投资 1.3 亿元，新建成一批达标新农村和园林绿化村，再次获得山西省新农村建设先进市和造林绿化先进市称号。

加快旅游产业发展，第三产业增添新活力。铁牛景区扩建工程取得突破性进展，浮桥再现景观对游人开放；鹳雀楼旅游路提升改造工程全面启动，第五届全国名楼论坛在永济举办年会；普救寺广场扩建工程西厢村拆迁全面完成，街道改造全面开工。打造提升旅游产业，带动商贸、信息等第三产业的发展。投资 3 亿元的市区舜都市场完成投资 2.5 亿元，建筑面积达 17 万平方米以上，成为农民进城经商的良好平台；四星级海纳温泉国际大酒店、三星级华鑫商务酒店建成运营；投资 1.2 亿元、建筑面积 4.8 万平方米的鑫大国际购物广场奠基开工。永济广播电视数字化覆盖率进一步扩大，通信和信息化产业得到长足发展。

全面扩大对外开放，招商引资实现新突破。永济全市总动员，市四大领导班子领导带头实施招商引资。先后与中汽集团、阳煤集团、太钢集团等广泛接触洽谈；各部门把握时机，瞄准行业投资方向，多措并举，争取到一批国家、省、市的发展项目和资金支持；各企业单位敏锐捕捉商机，积极行动，促成了部分合作合资扩建项目的实施。永济市先后促成 48 家客商前来考察，与一些企业达成合作意向。全年共实施招商引资项目 56 个，到位资金 14.89 亿元。

2009 年，面对国际金融危机影响和国内经济发展新特点，永济市委、市政府带领全市人民，深化改革，扩大开放，顶压力，保增长，促发展，继续推进新农村建设、新型工业化发展、特色城镇化提升、旅游经济开发和民生工程，经济建设和社会发展再上新台阶。4 月，中共中央政治局委员、中央书记处书记、中央宣传部部长刘云山到永济调研，对永济发展成效予以充分肯定。

城建强化基础，多元融资，和谐宜居城市建设迈开新步伐。城市基础设施建设投资 4.36 亿元，完成中山街电机大道主车道、运蒲旅游路永济段和西厢路立交桥提升改造工程，鑫大国际广场主体工程完工，城市沿街商店改造成效显著，银杏商厦、舜都家电市场建成运营，市人民医院住院楼主体工程完工。城市天然气设施建设进展顺利，涑水河城区段一期治理工程取得突破性进展，舜都涑水桥建成通车。城市新增公共绿化面积 11.4 万平方米，城市绿化覆盖率达到 36.8%。实施"蓝天碧水"工程，全年二级以上天气 356 天，超任务 106 天。

工业抢抓机遇，狠抓项目，有力增强了发展后劲。永济市工业紧紧瞄准新型工业化发展目标，开展"百名干部进企业，一企一策"活动，组织实施了 17 项重点工业项目建设，总投资达 27.4 亿元。其中，投资 3.5 亿元的粟海集团肉鸡扩建项目、投资 1.5 亿元的丰喜化工设备公司煤化工装备二期工程、投资 5000 万元的广海铝业年产 4 万吨铝合金棒等 8 个项目建成投产。新时速电机电器公司风力发电及动车电机技改项目、海丰铝业"1511"工程等 9 个项目正在建设,有力推进了新型工业化的发展。

"三农"强基固本,抓好调产,开创新农村建设新局面。永济市确保粮食生产,扶持发展特色经济产业,推进农业产业化发展和新农村建设。粮食面积保持 91 万亩,棉花面积 32.2 万亩,芦笋面积发展到 11.8 万亩,干鲜果面积达到 18 万亩,蔬菜面积迅速发展,其中设施蔬菜 1.1 万亩;畜牧业养鸡、养猪、奶牛继续保持旺盛发展势头。永济市新农村建设投资 1.5 亿元,完成 195 个村新农村建设目标。其中,12 个村被授予"省级卫生村",28 个村达到电气化村标准,124 个村达到园林村标准。先后荣获"全国科技进步先进市""全国粮食生产先进市"、"山西省'禹王杯'农田水利基本建设先进市"称号,连续 4 年被评为"全省造林绿化先进市"。

交通建设自加压力,多方筹资,取得新突破。全年公路交通建设投资 1.6 亿元,新增通车里程 400 余千米,是历年来投资力度最大的一年。村通水泥(油)路全面完工,翻新改造通村道路 75 个村 236 千米,修建 6 大乡村道路循环圈 50 余千米。完成鹳雀楼旅游路、王任线、董屯线、张栲线、张北线、北方线、千古线等 7 条农村公路新建改建 102 千米。永临路高市桥改造工程顺利竣工,沿黄干线公路铁路桥完工。

民生工程多措并举,积极作为,促进居民生活持续改善。市政府努力克服财政资金困难,积极将有限财力向民生倾斜。永济市扎实推进"六个全覆盖",建制村通水泥(油)路、市镇村三级卫生服务体系暨村级卫生室建设提前实现全覆盖;中小学校校舍安全改造全覆盖超额完成年度任务,并新建标准化寄宿制学校35所;农村安全饮水全覆盖解决2个农场、59个村共5.3万人的饮水安全问题;村通广播电视覆盖率达到85%;村级组织活动场所全覆盖新完成12个村的建设任务。全面实施城镇居民医疗保险,参保覆盖面达到60%。城区完成了惠民小区经济适用房和廉租住房建设工程,农村住房解困工程解决了150户困难群众的住房问题。城镇登记失业率控制在3.7%,被山西省政府授予"创业就业先进县市"称号。同时,永济市家电下乡补助、农作物良种补贴、农机具购置补贴等惠民政策得到全面落实,农民生产生活质量稳步提高。

　　齐心协力,统筹兼顾,推动旅游和社会事业全面发展。教育事业推进均衡发展,素质教育全面提高,进一步改善了办学条件,高考达线人数又创历史新高。加强医疗卫生工作,甲型H1N1流感等传染病防治工作取得明显成效,农村新农合参合率达到96.1%,全年农民看病报销资金3400万元全额兑现解决。旅游文化活动方面,成功组织第九届五老峰登山节、"永济武校杯"全国形意拳邀请赛、《鹳雀楼与金门》特种邮票首发仪式。山西省委宣传部、山西电视台和永济市政府联合在鹳雀楼举办《为祖国喝彩》大型演唱会,在普救寺举办"八大剧种"同唱《西厢记》和"情定西厢"大型中式婚俗大典等活动。杨贵妃的传说、张生和莺莺的故事、扎麦草被列为山西省级非物质文化遗产保护项目,荣获"山西省文化强市(县)"称号。水峪口神潭大峡谷、雪花山秀水山庄等休闲旅游景点快速发展，旅游客栈、农家乐达到 17 家，西厢仿唐一条街改造全面完成。全年实施各种招商引资项目 61 项，到位资金 14.66 亿元，荣获"中国十大最佳投资环境城市"称号。

2010 年是实施"十一五"规划的最后一年，永济市以科学发展观为统领，按照中共中央经济发展总基调，转方式，快运行，保增长，保民生，保稳定，紧紧围绕率先崛起目标，实现新突破，不断推进城乡一体化、新型工业化、旅游产业化发展。

抓基础，提品位，推进新型城镇化建设。永济市围绕新型城镇化建设和城乡一体化发展目标，不断加大基础设施建设力度。城市建设完善了电机大街西延、蒲园、滨河公园、舜帝山森林公园等一批标志性工程；完成黄河大道、舜都大道南延工程，形成八路九街城市框架，建成区面积 25 平方千米，城市道路框架面积扩大到 35 平方千米；城市绿化覆盖率达到 38.6%，绿地率提高到 18.1%；城市天然气、污水处理和一批经济适用房及居民住宅区等民生工程相继完工投入使用。

抓项目，求突破，推进新型工业化发展。永济市委、市政府坚持大力实施"大企业、大项目"带动和"园区经济"战略，以五大优势企业为重点，抓项目投产运行，发挥集群效应。同时，不断优化环境，强化服务。随着一批沿海发达地区企业落户投产，新时速风力发电、蒲州电力热电联产、忠民集团精炼油、粟海集团肉鸡扩建等一批重点项目投产，优势企业后劲强劲，永济市新增年销售收入 2000 万元以上规模工业企业 12 个。中小企业挖潜力、争项目、抓技改，经济效益不断提高。全年工业总产值达181亿元，工业增加值38.3亿元，分别比2009年增长31.5%和15.1%，工业经济进入快速发展新时期。

抓设施，促增效，推进"三农"工作不断发展。永济市围绕6大主导产业调结构，进一步加强产业基地基础设施建设，扶持发展壮大龙头企业，深入推进农业产业化发展。重点狠抓城西现代农业设施蔬菜示范园区和东北腹地干鲜果生产基地建设，干鲜果种植面积发展到28万亩，新增设施蔬菜4000亩，各类农业产业化企业发展到198个，其中达到运城市级以上的龙头企业23个，农产品加工转化率达到66%以上。永济市扎实推进新农村建设，不断完善基础设施建设，特别是村通水泥（油）路、中小学校舍安全改造、农村饮水安全、村级卫生室、村通广播电视、村级组织活动场所"六个全覆盖"工程的提升，加快了新农村建设步伐，永济市新农村达到220个，覆盖面达83%，农村生产生活条件显著改善，涌现出一批新农村建设明星村。城东街道侯孟村党支部书记王昌贤带领村民以新农村建设为突破口，抓整治，推调产，促增收，连年被评为全市新农村建设明星村，被誉为"山西省最美旅游村"，本人连年荣获永济市"农村致富带头人"和"运城市劳动模范"称号。同时，永济市持续加快民生工程建设，推进转移农村剩余劳动力务工经商，发展第三产业，不断促进农民增收，全年农民人均纯收入达到5884元，比2009年增长15.6%。

抓拓展，打品牌，推进旅游产业发展。全面完成五老峰景区锦绣谷开发、唐铁牛馆扩建、普救寺景区外部环境改造等景点后续工程建设，建成西厢仿唐一条街。雪花山秀水山庄开发全面完成，向游人开放；水峪口神潭大峡谷景区配套设施建设全部竣工。永济市形成了西部古蒲州历史文化旅游圈和东部山水风景休闲旅游圈。旅游产业极大拉动了商贸流通等第三产业的快速发展，景点周边"农家乐"和各种摊点遍布，黄河京都大酒店、华鑫大酒店等星级酒店先后建成运营，舜都市场、鑫大国际购物广场等一批商贸物流企业相继投入使用，永济市商贸营业面积增加到 10 万平方米。

抓民生，强保障，推进各项社会事业协调发展。永济市通过技能培训、输送人才等各种渠道增加就业，城镇登记失业率控制在 3% 以内。城镇基本社会保险覆盖率达到91%，城镇居民医疗保险参保率达到 80%，新农合参合率达到 99.98%。城乡低保实现应保尽保，保障标准逐年提升。保障性住房完成农村住房解困户 450 户，建成城镇各类保障性住房 462 套。市政府认真落实"两免一补"政策，为 4.6 万名贫困学生免除了学杂费，为近 2 万名贫困学生减免了教科书费。永济市进一步加大教育、科技、卫生、文体投入，学校办学条件明显改善，教学质量显著提高，高考达二本线学生 1094 人。乡（镇）卫生院、社区卫生服务中心、村级卫生室等一系列基础设施建设全部完工，基本形成市、镇、村三级卫生服务网络。深入推进文化强市战略，加强文化阵地建设，完成了村级文化设施建设工程，形成了以市区文化场馆为龙头，以乡（镇）综合文化站为纽带，以农村文化大院、文化活动室、文体广场为基础的群众性文化网络。生态建设提前实现减排目标，空气质量二级以上天数达 261 天，超额完成 61 天。

　　"十一五"时期，永济市生产总值由 36.33 亿元增长到 79.86 亿元，是"十五"末的 2.16 倍，年均增长 16.7%；财政总收入由 2.11 亿元增长到 6 亿多元，是"十五"末的 2.86 倍，年均增长 23.4%；固定资产投资总量 101 亿元，是"十五"时期的 3.52 倍，年均增长 24.5%；规模以上工业总产值由 42.3 亿元增长到 167.81 亿元，是"十五"末的 3.95 倍，年均增长 31.6%；城镇居民人均可支配收入由 8031 元增长到 14411 元，农民人均纯收入由 3255 元增至 5884 元，分别是"十五"末的 1.79 倍和 1.81 倍，年均分别增长 12.3%和 12.6%。永济市综合经济实力显著增强，新型工业化快速发展，新农村建设扎实推进，城镇化水平不断提升，旅游文化形成规模，城乡居民生活质量得以持续改善。

第四章　经济转型跨越发展

在学习贯彻中共十八大精神，全面建设小康社会步入关键期之际，永济市委召开第五次和第六次党代会。围绕国家扩大内需和促进中部地区崛起战略，作为非煤县市如何转变经济发展方式、闯出一条跨越发展新路。市五次党代会明确提出"十二五"时期（2011—2015）永济的发展总体思路是：以转型跨越发展为主题，以保障和改善民生为根本出发点和落脚点，围绕"一城、两带、三圈、四片、五园、七镇"的发展布局，做大做强五大产业，凝心聚力打造实力永济、魅力永济、宜居永济、公平永济和幸福永济，努力把永济建成黄河中游的明星城市。市六次党代会也确定了"十三五"时期的发展战略，强力推进"工业崛起、农业转型、旅游突围、城建提升、开放带动"五大战略，加快建成山西重要铝深加工基地、机电制造基地、农副产品加工基地、城乡一体化示范基地和全国文化旅游名城。

经过"十二五"时期及后3年的齐心努力，永济市加快转型跨越发展，"实力永济"迈上新台阶，"魅力永济"实现新突破，"宜居永济"取得新成果，"公平永济"迈出新步伐，"幸福永济"呈现新局面，"四基地一名城"建设取得新成效，永济经济社会步入快速发展新时期，全面建成小康社会取得新进展。

第一节　打造"五个永济"建设明星城市

按照永济市第五次党代会提出的发展思路，全市上下齐发力，着力打造"五个永济"。一是坚定实施强工富农战略，更加注重以工业发展壮实力，以农民增收夯实力，以集群招商增实力，着力打造"实力永济"；二是坚定实施文化旅游战略，注重以文化彰显魅力，以旅游传播魅力，以三产提升魅力，着力打造"魅力永济"；三是坚定实施城乡统筹战略，更加注重提升城市品位，强化生态建设，改善居住环境，着力打造"宜居永济"；四是坚定实施环境优化战略，更加注重营造公平公正的政务环境和社会环境，着力打造"公平永济"；五是坚定实施以人为本战略，更加注重完善公共服务体系，发展社会保障事业，强化社会管理能力，让群众感受幸福，着力打造"幸福永济"。经过"十二五"时期全面努力，"五个永济"目标基本实现，工业经济振兴，"三农"工作推进，城乡建设提升，文化旅游融合，社会全面发展，经济实力增强。

2011年是"十二五"规划开局之年。6月12日，中共永济市第五次代表大会召开，市委书记陈杰作题为《加快转型跨越发展 全力打造"五个永济" 为把永济建成为黄河中游地区的明星城市而努力奋斗》报告。提出了"十二五"时期永济市工作的总体思路和奋斗目标。永济市抢抓机遇加快改革开放，推动非煤市转型跨越发展，积极采取有力措施，狠抓各类要素保障，强力推进55个重点工程和10件民生实事建设，全力打造"五个永济"。

抓项目建设，实现工业经济较快发展。全年部署重点工业项目18项，总投资27.74亿元。其中，千军铝业汽车缸盖总成、新通源果汁加工一期工程等10个项目已建成投产；麟龙铝业10万吨高尖端铝合金锭一期、晋美油脂2万吨多维营养调和油等8个项目快速推进；特别是纳入运城市考核的两大重点项目进展迅速，龙行天下铝业年产5万吨铝合金型材项目当年开工建设当年投产运行，新时速电机电器年产120列时速160千米轨道车项目完成投资2000万元。永济市规模以上工业总产值完成235亿元，增加值57.75亿元，分别比2010年增长47.7%和62.5%。

抓基础建设，"三农"工作再上台阶。永济市紧抓被确定为国家农业产业化示范基地机遇，大力实施基础设施建设，忠民大道、粟海大道提升改造工程基本完工。全面完成芦笋基地、北梯循环农业综合示范园区、水产鱼种实验场扩建一期工程及各镇（街）"一镇一业"调产项目等13个重点农业项目建设。深入推进农业产业化，农业产业化企业总数达220个，农产品加工转换率达到72%。积极实施新"五个全覆盖"工程，硬化农村巷道849千米，新建农家书屋9个，70个村配套农村体育健身设施，建设完善农村便民连锁商店256个村，为职业中专、旅游职业技术学校2708名学生免除学费255万元。永济市新农村建设完成"四化四改"等各类投资1.3亿元，农民生产生活环境进一步优化。

抓重点工程，城乡面貌明显改善。市政府积极推进城乡基础设施重点工程建设，机场战备公路、蒲州旅游路绿化提升、沿山沟道防汛治理、中条山前沿绿化、旅游职业技术学校等5项重点工程全面完工。中山街东延、富强东街改造、东环路铁路立交桥引桥、舜帝山森林公园亮化、涑水河城区段改造提升、客运中心汽车站等工程完成年度建设任务。投资2430万元完成电机大街西延、舜帝山森林公园一期、蒲园后续工程建设。深入推进城市绿化提升工程，新增绿化面积21万平方米，建成区绿化覆盖率达到39.53%，绿地率达到33.2%。狠抓城市环境综合整治，空气质量二级以上天数达到361天，超任务61天，化学需氧量、二氧化硫等消灭量圆满完成上级下达任务。进一步完善环境卫生、城市客运、市场秩序、流动摊点等长效管理机制，市容市貌明显改善提升。

抓措施落实，实现招商引资新突破。永济市委、市政府制定机电制造、铝深加工、农副产品加工等产业发展规划及招商引资优惠政策和奖励办法，充分调动了永济市上下招商引资积极性。全年共实施招商引资项目47个，项目总投资60亿元，到位资金36亿元，超运城市下达任务70%。特别是在工业方面，珠海共同机械设备公司空气分离项目、三丰机电制造公司标准化厂房建设项目、陕西贝尔特公司机电加工项目、金达棉纺织品公司50万件棉纺织品项目等已落地建设，为经济发展注入了活力。

抓旅游商贸，实现第三产业快速发展。旅游景区建设圆满完成雪花山景区配套项目、五老峰景区基础设施项目建设，启动了水峪口综合服务区项目。积极联系协商山西省国信投资集团，达成全市旅游景区整合开发合作意向。在此基础上，以西安及周边市场为重点，进一步加大宣传推介力度，全年共接待游客133万人次，实现旅游基本收入2207万元，分别比2010年增长26%和24%。同时，加快商贸流通项目建设，百货大楼综合现代化商场、彩虹集团汽车贸易广场一期工程、舜都市场四区五金机电市场竣工；蒲津世贸广场、虞乡农民创业园项目顺利启动，商贸平台和群众创业就业平台更加广阔。全年第三产业增加值达26.26亿元，比2010年增长12.1%。

抓民生实事，实现各项社会事业协调发展。永济市校园安保、农村垃圾车配备、优抚对象抚恤标准增加、大病救助标准提高、城市供热增容、保障性住房建设、市广播电台恢复、老年人免费体检、乡村公路养护、事业单位工作人员招录等10个方面的民生实事圆满完成目标任务。深入推进基层卫生体制改革，基本药物配送补贴资金480万元，"新农合"农民参合率达到99.98%，当年报销合作医疗资金7450万元。加速创业孵化基地建设，城市新增就业6403人，下岗失业实现再就业人员829人，转移农村劳动力1.38万人。五大社会保险覆盖面进一步扩大，新增参保2288人。城乡低保实现动态下应保尽保、分类施保和规范化管理，共发放低保金2048万元，解决了10921名农村贫困人口和8619名城镇低收入者的最低生活保障。进一步加大财政支持民生力度，全年财政用于个人部分支出3.95亿元，比2010年增加6000余万元。

2012年11月8日党的十八大召开，会议提出全面建设更高水平的小康社会，提高人们的物质生活水平，丰富人们的精神文化生活。永济市委、市政府认真贯彻中共十八大精神，围绕"打造'五个永济'，建设明星城市"战略目标，深入开展"狠抓落实年""党建民生年""文明创建年""招商引资年"活动，抢抓"扩权强县"政策机遇，扎实实施"四十加双五"项目建设，全力推进县域经济发展。时任全国人大常委会委员长吴邦国、全国人大常委会副委员长华建敏、省委书记袁纯清、省长王君先后到永济视察、调研、指导工作。

突出重点，强化服务，快速推进工业项目建设。永济市实行"一个项目、一名领导、一套班子"包联责任制，集中一切优势力量和资源要素向项目建设倾斜。全年安排的 10 大工业项目中，宏远化工新能源综合利用一期工程、粟海铝业年产 5 万吨冷轧板带、德科达粉煤灰制砖、彩佳机电设备公司汽车变速箱壳体、天兴气体空气分离一期工程、新通源食品加工二期工程、昌兴机械加工中心二期工程、三丰机电配套标准化厂房一期工程等 8 个项目建成投产。工业招商引资成效明显，全年实施招商引资项目 35 个，到位资金 53.7 亿元。特别是广银铝加工园和阳煤千军汽车发动机缸体两个项目的落地开工，对永济市工业经济的快速发展产生了巨大的推动作用。

加快发展，狠抓整治，城乡面貌持续改善。永济市十大城乡基础设施重点工程快速推进，涑水街西延拓宽改造、舜帝山森林公园二期绿化、城市质量提升一期工程、涑水河滨河公园提升、东环路翻新改造及北延、客运中心汽车站二期工程、城西 110 千伏变电站等 7 个项目先后竣工建成。特别是中心汽车站的建设，一举解决了北郊商贸城营业楼后续建设问题，成为永济又一标志性建筑。文化中心一期工程、东外环路、小风线首阳桥改造等 3 项工程如期推进。采取 BOT 模式、融资 2.5 亿元的城区供热管网改造一期工程竣工，有效提高了城区集中供热质量。深入开展"文明创建年"活动，10 个方面的脏、乱、差突出问题得到有效整治。

完善基础，优化结构，"三农"工作再上台阶。永济市圆满完成现代农业产业化示范园农产品展览馆主体、粟海大道东延、园区绿化美化亮化等工程建设，园区硬化设施进一步提升。大力实施东北腹地排水、黄灌区末级渠系配套、节水园区等农田水利基础设施建设，新增和改善灌溉面积 10.9 万亩。狠抓肉鸡养殖、绿色蔬菜、高效干鲜果、生态林带四大调产工程，新建改建标准化鸡舍 279 栋，新增出栏肉鸡 800 万只、设施蔬菜 3980 亩、大田蔬菜 1.14 万亩、优质芦笋 4000 亩、干鲜果 5.7 万亩、生态林带 2 万亩。粮食总产 45.1 万吨，创历史最高年，再次荣获"全国粮食生产先进市"称号。永济市"五个全覆盖"圆满完成，累计硬化农村街巷 1764 千米，完成 168 个便民连锁店建设提升，新建村级体育设施场地 23.9 万平方米，新建农家书屋 248 个，实现中等职业教育全免费。深入推进农民专业合作社标准化建设，合作组织达到 656 个。

实施旅游文化带动战略，推动商贸业蓬勃发展。顺利完成太峪口神潭大峡谷旅游综合服务区一期工程。成功举办首届鹳雀楼诗歌文化节，征集优秀诗歌 7656 首，永济市被授予"中华诗词之乡""中国诗人之家"称号。在省城太原举办永济旅游推介会，全面拓展省内外客源市场，全年接待游客 170 万人次，比 2011 年增长 30%。西厢商城、蒲津世贸广场、彩虹汽贸二期等重点商贸工程项目快速推进，新增商贸流通营业面积 12.8 万平方米，新增就业岗位 1000 余个。

2013 年，永济市以推进转型跨越发展为主题，以打造"五个永济"、建设明星城市为目标，以人民生活幸福为根本，认真落实"项目推进年"活动，千方百计招项目，快速推动 66 项重点项目和 10 件民生实事建设，带动市域经济全面发展。

做大做强优势产业，工业经济迈出新步伐。永济市坚持抓项目，抓骨干，围绕三大优势产业，实施重点工业项目 15 项。其中，宏远化工新能源综合利用、华拓铝业铝合金棒、康裕油脂年产 1.5 万吨一级精炼油、创拓新型建材公司粉煤灰砖、三丰机电标准化厂房、蒲州电厂烟气脱硝等 9 个项目建成投产；广海铝业 5 万吨铝型材及表面处理、东方华贸 2 万吨铝型材加工、康意制药 8 亿支注射剂、长荣科技生猪养殖加工等 6 个项目完成年进度。特别是争取多年的 2×35 万千瓦电厂项目启动、贵阳久联与宏远化工战略重组，进一步助推了全市工业经济快速发展。

强力推进集群发展，招商引资实现新突破。永济市政府以"项目推进年"为抓手，全力以赴抓招商，毫不放松争资金，竭力尽心优环境，切实为转型跨越发展增添活力。全年紧紧围绕"3+1"主攻产业，编制铝深加工和轨道交通制造产业集群发展深度规划，制定《主攻产业园区化发展集群化招商工作方案》，组建招商小分队 15 个，策划包装重点项目 131 个。全年共实施招商引资项目 61 个，总投资 14.5 亿元，到位资金 68.3 亿元。

坚持发展现代农业，"三农"工作取得新成效。永济市大力实施农业现代化战略，按照"一县一业""一村一品"要求，发展多种形式规模经营，重点抓好五大农业产业结构调整提升工程，强力推进现代农业增效益，大力发展公共设施强基础，切实抓好扶持服务增收入，努力促进农业增效、农民增收、农村经济更好更快发展。肉鸡规模养殖、绿色蔬菜基地、高效干鲜果基地、润源食用菌基地、双万亩生态林带等五大产业调整提升初见成效，卿头现代循环农业示范园区基础设施建设全面竣工。扶持各类农民专业合作社发展到 851 个，实现村级全覆盖。全年农村流转土地 16.8 万亩，发展适度规模经营。特别是沃华农业科技集团采用"集约化经营、规模化发展"模式，将土地变成绿色工厂，农民变成产业工人，示范带动了全市发展。东部腹地排涝二期工程、井灌区节水园区建设工程、黄灌区渠道防渗工程等全面竣工投入使用，为现代农业发展奠定了更加坚实的基础。

强力提升基础设施，城乡面貌发生新变化。永济市坚定不移以创建"国家卫生城市"为统领，以创建"省级文明和谐城市"为抓手，以创建"省级环保模范城市"为目标，以创建"省级园林城市"为契机，科学规划提品位，加快建设强功能，搞好"扩容"和"提质"，全力打好市政建设、环境治理、生态绿化、市民素质提升"四大攻坚战"，着力建设宜居永济。市文化中心、涑水河城区段综合整治、伍姓湖及城市排污导流管网改造、蒲津世贸广场、市档案馆等一批重点工程项目顺利实施，东外环路面工程、富强街西延等工程全面完工。特别是舜帝山森林公园西扩工程进一步提升了城市绿化水平，城市建成区绿化覆盖率达到40.32%，人均公共绿地面积达到13.17平方米，超过省级园林城市验收标准。坚持以"四城联创"为目标，深入推进城市质量综合整治二期工程，加强城市精细化管理，顺利通过省卫生城市验收和省园林城市初验。永济市小城镇建设取得明显成效，新农村省级重点推进村达到168个，占全市农村的63.5%。

整合挖掘特色资源，文化旅游实现新发展。永济市不断拓展旅游产业，提升旅游整体品位；坚持繁荣发展文化，按照中共十八大关于文化建设要求，充分挖掘永济丰厚的历史文化资源和现代文化艺术，打造鲜明的城市文化品牌。成功举办鹳雀楼诗歌文化节、普救寺爱情文化节、五老峰登山节及"中国梦·永济情"书画摄影展等文旅活动。水峪口神潭大峡谷旅游综合服务区二期工程、鹳雀楼内部布展和外部提升工程、蒲津渡遗址博物馆展厅布展、五老峰黑龙潭防洪蓄水等旅游项目全面完成。积极开展对接旅游文化招商项目，与碧桂园集团签订了伍姓湖开发框架协议。同时，精心策划包装精品旅游线路，积极开拓河南市场，开通了旅游微博、微信宣传平台，网络营销成效明显。全年接待游客423万人次，景区门票收入3500万元，比2012年分别增长21.6%和25%。

切实改善民计民生，幸福指数得到新提升。市政府以解决民生问题为核心，全年圆满办好了10件实事：城市保障性住房和农村困难户危房改造、城市居民天然气通气、重点优抚对象补助标准提升、文化惠民工程、公立幼儿园改扩建、街道安装红绿灯及电子警察监控系统、农业保险、新农村保洁费补助、老年特困救助、事业单位公开招考。大力压缩财政开支,为财政供养人员增发月津贴补助、增加个人冬季取暖费。全面完成城市供热首站及冷凝热项目建设,供热质量明显提升;认真落实省政府"户均一吨煤"计划,确保了城乡群众温暖过冬。

永济市先后被授予"全国科技进步先进市""全国粮食生产先进市""全省卫生城市""全省农田水利基本建设工作先进市""全省农民增收先进市""全省农产品加工先进市"等称号,并蝉联"省文化强县"。

2014年,永济市委、市政府以习近平总书记系列重要讲话精神为指针,以改进作风为切入点,以改善民生为落脚点,围绕工业新型化、农业现代化、市域城镇化、城乡生态化、文化旅游产业化五大战略重点,突出抓好"3+1"主攻产业集群化招商,大力实施76个重点项目,全力做好10件民生实事,进一步加快"五个永济"建设步伐,奋力开创转型跨越发展新局面。

全力以赴抓集群,项目建设成效明显。永济市突出抓好集群招商,多方争取资金,加强三大产业集群顶层设计,机电制造、铝深加工产业规划通过专家评审论证。铝深加工工业园区完成了科技一路、关铝大道绿化提升;机电制造工业园区实施了主干道硬化、供电线路改造及水、电、气等基础设施建设工程。修订完善《永济市投资指南》,

招商引资小分队先后外出招商 80 余次,接触各类企业 200 余个,签约项目 40 个。三大工业集群全年实施项目 36 个,其中铝深加工产业集群实施项目 11 个,落地资金 61.73 亿元,完成投资 12.36 亿元,圆满完成"10、30、10"目标任务。全年围绕 76 个重点项目抓落实,其中 25 个项目建成竣工。

千方百计解难题,工业经济逆势上扬。面对国际国内经济下行导致中小企业发展困难的严峻形势,永济市委、市政府建立四大班子成员包企业、包项目制度,并不断强化"三位一体"联动督查,有力促进了企业发展和项目建设。东方华贸 3 万吨铝型材、海丰铝业 3000 吨工业型材、粟海集团 30 万吨中式营养快餐一期、康意制药 8 亿支注射剂、萃丰鹿业鹿茸加工等项目建成投产。特别是 2×35 万千瓦电厂项目快速推进,阳煤化工集团重型装备制造项目开始启动,新时速电机电器公司步入发展最好时期,蒲州电厂因煤价回归效益逐步好转,华圣铝业初步化解危机,粟海集团基本渡过融资难关,永济市工业经济在逆势中迈上新台阶。

立足特色调结构,现代农业亮点频现。永济市以农业调产为抓手,全力发展现代特色农业,编制了《永济市现代特色农业发展规划和项目设计》,确立"一带两园五大板块"发展布局。粮食产量再创新高,名列运城市第一。舜帝山荒山治理等六大造林工程扎实推进,再次荣获全省造林绿化先进市称号。全年农村流转土地 6.5 万亩,新增蔬菜 1.47 万亩、水果 1.98 万亩、干鲜果 2.8 万亩、生态林 2000 余亩,新增出栏肉鸡 1500 万只。设施农业快速发展，涌现出新源农业、农晟果品等一批现代农业新亮点。长荣现代循环农业基地，城西、城东大葱基地，开张、卿头大棚红枣基地，虞乡绿风花卉苗木基地等特色规模种养殖基地进一步发展壮大。农业标准化工作稳步推进，长荣公司小麦种植、生猪养殖被确定为国家级农业标准化示范区。新通源花卉饮料加工、粟海集团生物有机肥等 16 个农产品加工项目顺利实施，农副产品加工集群进一步发展壮大。

坚持不懈提品位，城乡面貌大改观。永济市牢牢把握国家把城镇化发展重点放在县城和小城镇的历史机遇，加快城镇化建设，不断提升品位。城区市文化中心、名吃步行街、中山街加气站、舜帝山健身馆、上跨南同蒲路公路铁路立交桥、高铁通站路、高铁永济北站站房及站前广场等一批重点基础设施建设项目顺利实施，进一步完善了城市功能，提升了城市品位。舜帝山森林公园完成西扩及区域内道路、古建、小广场等后续工程建设，荣获山西省人居环境范例奖；涑水河滨河公园绿化、亮化高标准提升，滨河街建成通车，大小园路实现贯通，污水引入地下导流管网，湖面注入清水，公园建设全面竣工，成为城北区一道靓丽风景。城市环境综合整治成效明显，全年二级以上天气达到 345 天，在运城市首家获得省级园林城市荣誉称号。永济市启动乡村清洁工程，所有农村都建起了垃圾场，配备了保洁人员，建立常态化机制，新农村实现从"垃圾围村"到"洁美乡村"的转变。

依托资源强旅游，推进第三产业发展。永济市成功举办五老峰登山节、普救寺爱情文化节、鹳雀楼诗歌文化节等旅游文化节庆活动。蒲州古城北城墙东段修复项目快速推进，雪花山水上大世界、五老峰滑雪场一期、五老峰游客服务区一期等项目建成投入运营。扁鹊庙、董村元代戏台等文物抢救性维修工程全面竣工。特别是神潭大峡谷水峪口古村建设，填补了运城地区特色小吃规模集聚区的空白，成为永济市旅游产业发展的新亮点。晋南银行成功入驻，农商行挂牌营业，金融活力进一步增强。大西高铁开通运行，争取增开了永济到北京、永济到太原的高速列车，被冠名为"永济号"的动车组成为宣传永济旅游文化的重要载体，在中央电视台黄金时段播放了永济主要景点旅游宣传片，进一步加大了旅游文化宣传力度。全年旅游景点接待游客 508 万人次，门票收入 4300 万元，分别比 2013 年增长 20.1% 和 23%。

尽心竭力惠民生，社会事业协调发展。永济市委、市政府抓党建，促民生，着力办好惠民实事。全年实施了城乡卫生服务功能提升、计生家庭奖励扶助、10 个农村饮水安全点、新建改建乡（镇）农技推广站、推行农业保险、增设小学附属幼儿园、建立市社会服务管理指导中心、新建市青少年校外综合实践基地、文化惠民工程等 10 件民生实事。全面完成基层医改和县级公立医院改革，落实了基层医疗技术人员基本待遇，全面推行基本药物配送和药品零差率销售，改变了以药养医状况，有效解决了群众"看病难""看病贵"问题。健全完善了以城乡低保、救灾救济、五保供养、城乡医疗救助为基础，以临时救助为补充的覆盖城乡、相互衔接的新型社会救助体系，有力保障了困难群众基本生活权益。社保覆盖面进一步扩大，各项社会保险参保人数达到 49.8 万人次。新扩大城市集中供热面积 60 万平方米，供热效果明显改善，农村"户均一吨煤"及时发放，保证了城乡居民温暖过冬。

2015 年是"十二五"期末，永济市主动适应经济发展新常态，坚持稳中求进总基调，紧紧围绕"打造'五个永济'、建设明星城市"总体思路，以提高经济发展质量和效益为目标，以保障和改善民生为立足点，以"六大发展"为统领，狠抓 68 个重点项目和 10 件民生实事，促进经济平衡健康发展。

坚持扩大总量与优化存量并举，提升新型工业实力。永济市以集群化发展为引领，突出优势和特色，主攻机电制造、铝深加工、电力开发三大支柱产业，抓集群招商、抓项目建设，推动转型升级。市政府继续列支 3000 万元工业扶持发展基金，按照"六化"衔接思路，提升园区综合承载能力。市领导和有关部门主动作为，先后帮助企业协调贷款 4.2 亿元，及时续贷 9.1 亿元，有效化解了企业融资难题。全年 27 个工业集群化项目完成投资 45.6 亿元。其中，瑞丰机电电机电器生产线、安德利制桶生产线、铧泽公司电机主轴、佛山南辉内外墙装饰板材、2×35 万千瓦电厂烟气脱硫脱硝等 7 个项目建成投产，投资 33.8 亿元的 2×35 万千瓦热电联产项目两台机组试运行成功。永济市招商外出对接企业 70 余个，先后与北京晨奥高科技公司农业微生物制剂等 29 个项目签约，湖南湘依铁路机车电器公司投资 6000 万元的机车速度传感器等 9 个项目落地永济。全年实施招商引资项目 49 个，总投资 100.9 亿元，到位资金 50.2 亿元，大大增强了工业实力。

　　坚持彰显特色与提升效益并举，加快现代农业发展。市政府积极运用工业化理念谋划发展现代农业。一是以"土地规模化"为抓手，加快农业调产。全面开展农村土地承包经营权确权登记工作，以"一县一业""一村一品"为重点，依法有序推进土地流转，为发展适度规模经营奠定了基础。市财政新增 500 万元支农资金，同时整合涉农部门项目资金，紧紧围绕"一带两园五大板块"总体布局，继续狠抓 2.8 万亩绿色蔬菜、干鲜果基地等重点农业调产工程，推动畜牧养殖基地、绿色蔬菜基地、高效干鲜果基地和生态林四大调产工程快速发展。长荣天兆养殖加工，虞乡绿风花卉苗木，开张、卿头和城北 3 个镇（街道）大棚红枣等特色种养殖基地进一步发展壮大，在开张、卿头新发展高标准红枣 2100 亩，在城西东姚温村建设高标准休闲采摘园两个，观光农业、生态农业逐步形成规模。同时，加强农田水利基础设施建设，韩家庄控导下延工程竣工，南梯等 4 村耕地开发和 8300 亩高标准农田建设快速推进。二是以"组织企业化"为抓手，提升发展水平。永济市不断加强农业专业合作社建设，新培育省级示范社 3 个，运城市级示范社 4 个，县（市）级示范社 7 个。有序推进家庭农场建设，认定家庭农场 30 个，培育典型示范农场 5 个。按照产业集群发展要求，培育发展中小型农产品加工企业，东信科技、丰农葡萄、普田果蔬、鑫麦康粉业等一批中小农产品加工企业建成投产。三是以"技术现代化"为抓手，增强科技动力。加强与山西农大、西北农林大学等科研院所合作，积极引进新品种、推广新技术，不断提升农业科技水平。大力开展新型职业农民培育工程，培育生产经营型、专业技能型和社会服务型职业农民 800 人；依托农村主导产业科技联合社，新建 12 个科技大讲堂，培训农民 5 万人次。

坚持完善功能和提升品位并举，推动城乡统筹发展。永济市按照"四化"互动、"六化"衔接思路，坚持要素集聚、土地集约、城乡统筹，构建主体功能清晰、发展导向明确的城乡一体化发展格局。城镇围绕"城市功能完善、产业空间拓展、土地集约利用、市民方便宜居"目标，加大基础设施建设力度，统筹推进城镇化发展。集群街、铝屯大道、东丰路南段等城市道路和村村通水泥路提质工程全面竣工，东外环路全线贯通；城区污水厂升级改造、洁美生活垃圾收运系统、民生天然气城区管网、水峪口沟道治理等工程建成投入运行。特别是市文化中心的建成开放，进一步完善了城市功能，丰富了群众文化生活。以新街村、水峪口村、太宁村等省级示范村为重点的美丽乡村建设成效卓著，山西省政府在永济召开全省美丽乡村建设现场会，永济市被评为"全省美丽乡村建设示范市"。舜帝山色彩提升、姚暹渠绿化等"十大造林工程"及滨河公园园路节点绿化、振兴街绿化、舜都大道等主街道绿化补栽工程全面完工，城市建成区新增绿化面积 2.1 万平方米，绿化覆盖率达到 41.16%。

坚持传承历史与发展产业并举，推动文化旅游融合。按照"高端创意，整合资源，政府引导，市场运作"路径，聚集人气，汇集财力，全方位推进运城市以"古中国"为标识的国际旅游目的地建设，加快文化旅游产业融合发展。蒲州故城北城墙东段保护修缮、五老峰景区设施建设、王官峪景区开发等项目建成竣工。举办鹳雀楼诗歌文化节、普救寺爱情文化节、五老峰登山节、水峪口古村台湾美食节等特色旅游节庆活动，丰富了景区文化内涵。强化宣传促销，拓展与运城通航城市二级客源市场，巩固西安、太原、郑州市场。各大景区与同程网、携程网、美团网等旅游网站密切合作，加强旅游营销与微推广。在郑州举办旅游推介会，推出120元畅游6大景区优惠政策，巩固拓展了河南客源市场。全年接待游客589.6万人次，门票收入5100万元，分别比2014年增长16%和19%。

坚持民生发展与社会管理并举，提升群众幸福指数。永济市委、市政府更加注重保障基本民生，紧紧抓住群众最关心、最直接、最现实的问题，办好10件民生实事。推进乡村清洁工程、400户农村困难群众危房改造、提高重点优抚对象抚恤金和生活补助、为90岁以上高龄老人发放生活补贴等10件民生实事的圆满完成，让百姓过上了更幸福的生活。特别是虞乡东源头水源地的建成，解决了卿头、张营等4镇124村17.4万人的饮水安全问题。涑水河城子埒至伍姓湖段河道治理全面竣工，解决了沿线村庄的防汛难题，沿河耕地得到有效保护。医疗机构基础设施更加完善，基本公共卫生服务项目进一步规范，全年享受医疗费补偿达58.1万人次。继续完善以城乡低保、医疗救助、五保供养、救灾救济为主体的新型社会救助体系，保障了困难群体的基本生活水平。

"十二五"时期，永济市生产总值达到133.1亿元，年均增长10.2%；财政收入突破10亿元大关，年均增长

10.7%；固定资产累计投资 410 亿元，比"十一五"时期翻了两番，年均增长 28.3%；社会消费品零售总额达到 54.5 亿元，年均增长 14.5%；城乡居民人均可支配收入分别达到 24921 元、10879 元，基本实现了翻番。一、二、三产业比例由"十一五"末的 18.7∶53∶28.3 调整为 15.6∶51.4∶33。工业经济提质增速，集群效应初步显现；现代农业稳步发展，"三农"工作不断推进；城乡建设提档升级，人居环境持续改观；文化旅游加快融合，第三产业蓬勃发展；民生有效改善，社会发展和谐稳定。连续三年被评为山西省"县域经济发展先进县（市）"。

第二节　加快"四基地一名城"建设

中共永济市第六次代表大会明确提出"十三五"时期永济经济社会发展战略目标，以项目建设为抓手，以改革开放为动力，以保障和改善民生为根本，强力推进"工业崛起、农业转型、旅游突围、城建提升、开放带动"五大战略，加快建成山西重要的铝深加工基地、机电制造基地、农副产品加工基地、城乡一体化示范基地和全国文化旅游名城。永济适应新常态，践行新理念，担当新使命，奋力实现抓发展、求突破、促转型升级，加快"四基地一名城"建设。以机电制造产业园区为载体，以中车永济电机公司为龙头，围绕轨道交通新材料、电传动设备、机电装备制造形成纵向延伸、横向配套的高端装备制造产业体系，加速发展机电制造产业集群，推进机电制造基地建设；以铝深加工产业园区为载体，围绕"建筑和工业型材、铝板带箔、汽车零部件、电子铝箔"四大重点，积极发展上下游配套企业，形成完整的产业链条，改造提升铝深加工产业集群，推进铝深加工基地建设；以现代农业示范园区和现代农产品加工产业园区为载体，重点围绕"肉蛋奶、芦笋蔬菜、干鲜果、粮油饲料"四大优势农产品加工，开展政策扶持、技术改造、资源重组、资本聚集、品牌整合，帮助企业做精做优加工业，做大做强农副产品加工产业集群，推进农副产品加工基地建设；以"四城联创"活动为载体，以美丽乡村建设为抓手，加快城乡一体化发展，完善城镇硬件设施和软件管理，提升城镇品位，改善农村人居环境，加快生态环境治理和绿化提升，推进城乡一体化示范基地建设；助推文化旅游深度融合发展，传承历史文化，突出现代文化和特色文化，重点打造西部古蒲州历史文化旅游区、中部伍姓湖湿地生态旅游区和东部山水休闲度假区，使文化旅游紧密结合、互动发展，推动文化旅游名城建设。经过三年多的努力，"四基地一名城"建设取得新成效。新型工业体系建立，农业产业化进一步发展，城乡一体化建设迈开新步，文化旅游深度融合突围，经济社会快速全面发展。

2016 年 8 月 22 日，中共永济市第六次代表大会召开，市委书记徐志英作了题为《立足新起点　担当新使命　为如期全面建成小康社会而努力奋斗》的工作报告。报告提出了"十三五"时期永济市经济社会发展的指导思想：高举中国特色社会主义伟大旗帜，深入学习贯彻习近平总书记系列重要讲话精神，紧紧围绕中央"五位一体"总体布局和"四个全面"战略布局，牢固树立五大发展理念，认真贯彻落实中共山西省委"一个指引、两手硬"重大思路和运城市委"三动三新"发展战略，以项目建设为抓手，以改革开放为动力，以保障和改善民生为根本，强力推进"工业崛起、农业转型、旅游突围、城建提升、开放带动"五大战略，加快建成山西重要的铝深加工基地、机电制造基地、农副产品加工基地、城乡一体化示范基地和全国文化旅游名城，争当全省非煤县市转型跨越发展排头兵，打造运城市经济发展的重要增长极，为建设政治清明、经济活跃、人民富裕、生态文明、开放包容的新永济，夺取全面建成小康社会新胜利而努力奋斗。按照这一指导思想，永济市紧紧围绕创建"四基地一名城"目标，以五大发展战略为抓手，加速工业振兴，强化农业转型，狠抓旅游突围，统筹城乡发展，促进生态文明建设，扎实推进77个重点项目实施，加快发展建设步伐。

合力攻坚狠抓企业帮扶解困，工业发展提质增效。永济市坚持将工业作为经济建设的主战场，围绕铝深加工基地和机电制造基地建设，立足转型升级，突出重点，提升龙头企业，竭尽全力狠抓企业解困，坚持不懈强化项目攻坚。永济市委、市政府积极落实惠企政策，全面加强"三个一百"工作和干部入企服务，一企一策、精准帮扶，先后帮助企业解决困难170多个。10个重点企业总体运行平衡，9个重点项目开工8个，6个重点招商项目开工4个。粟海集团改制重组稳步推进，华圣铝业借力全电量电力直购政策快速发展。鼓励企业强化科技创新，阳煤千军铝业引进机器人浇筑单元生产的高档汽车配件供不应求，新时速电机电器全年申请专利 62 项，被评为"国家两化融合贯标试点示范企业"。扎实推进项目建设，"上大压小"热电联产、麟龙公司铝合金连铸连轧生产线等 77 个重点项目有 11 个建成投产，53 个新建项目开工 39 个。全年实施招商引资项目 50 个，到位资金 51.2 亿元，助推工业经济持续发展。

持之以恒加快农业转型，现代农业迅猛发展。永济市持续加大"三农"投入，不断壮大优势产业和农产品加工集群，加快现代农业发展。继续深化农业调产，大力发展设施农业、高效农业和特色农业；不断提升农业产业化水平，围绕打造全省重点农副产品加工基地目标，在扶持粟海、忠民等现有企业发展壮大的同时，进一步完善补充产业链，通过"公司+合作社+基地+农户"等模式，努力提高农产品就地转化率，构建产加销相互衔接的现代农业产业体系。全年新发展干鲜果 2.8 万亩，农业优势产业面积进一步扩大，设施化、科技化和机械化水平进一步提高。着眼于农业调产与旅游观光相融合，实施尧王洞天、紫韵花海薰衣草庄园等一批休闲观光农业项目，形成集休闲采摘、乡村旅游于一体的现代农业新模式。积极扶持现代农产品加工企业发展，新建东信科技红枣加工、锦源食品菊花加工等 7 个项目，农产品就地转化率进一步提高，全年农产品加工企业销售收入达 81.6 亿元。加大大中型水库移民扶持，高标准基地农田整理等项目扎实推进，为现代农业发展奠定了更加坚实的基础。

多措并举统筹推进城乡发展，人居环境持续改善。围绕"城乡一体化示范基地"建设，坚持城乡并重、城乡同治。一是以规划引领发展，完成《永济市近期建设规划（2015—2020年）》修编报批，以规划为目标加快实施；二是以项目促进发展，进一步完善城市路网体系，加快虞乡农场等3个棚户区改造和韩阳镇地质灾害移民小区建设，扎实推进卿头镇小城镇建设，继续实施20个市级示范村"美丽乡村"建设；三是以管理保障发展，以"五城联创"为引领，全面提升城市精细化管理水平；四是以信息助推发展，加快信息基础设施建设，全力推进联通3G、4G覆盖，推动互联网、电信网、广电网"三网融合"。永济市坚持强基础、补短板，"五城同创"走在运城市前列，完成科技路、机电街等5条新开道路建设，中山街等街道空架电网入地、黄河大道污水导流等工程全面竣工。3个农场棚户区改造、伍姓湖污水处理厂升级、城区供热管网改造、农网中低压改造等基础设施建设项目进展迅速，城乡功能更加完善。加快实施舜帝山山体色彩提升等造林绿化工程，完成滨河街、涑水东街等7条街道绿化提升，城市建成区新增绿化面积1.2万平方米，全市森林覆盖率达到26.8%。以西厢、太宁、水峪口等5个省级示范村为代表的"美丽乡村"建设成效明显。深入开展环保专项行动和"三治一化"行动，环境质量明显提升，全市二级以上优良天数达到303天。

千方百计加快文旅融合发展，旅游突围初见成效。永济市委、市政府将旅游产业作为县域经济的重要增长极，冲破观念和体制束缚，全力推进大改制、大招商、大提升、大开发、大宣传，努力形成大旅游、大产业，把永济建成"全国文化旅游名城"。第一，顶层设计抓规划，完成了"全域旅游"规划编制，以规划为统领，加快实施建设；第二，整合开发促提升，深入开展景区环境集中整治，促进景区建设再上台阶；第三，完善要素兴业态，以解决景区独特性、吸引力为重点，进一步延伸"吃住行游购娱"产业链，大力发展特色鲜明的乡村旅游产品，形成饮食和旅游相互带动的良性发展格局。永济成功入围国家全域旅游创建示范区，全面启动了国有景区改制工作。神潭大峡谷玻璃栈道建成运营，成为晋南旅游又一亮点；五老峰基础设施提档升级，西厢名吃步行街等项目建成竣工，完成普救寺砖塔、东姚温砖牌坊等文物保护工程；深入挖掘地域文化，举办五老峰登山节、鹳雀楼迎春灯会等 10 余项特色文旅活动，进一步丰富了景区文化内涵。中央电视台在景区拍摄的《风雨鹳雀楼》《相约普救寺》在央视播出，加之新媒体系列微推广活动，极大提升了全市旅游景点的知名度。全年接待游客 786 万人次，门票收入 8002 万元，分别比 2015 年增长 33% 和 99%，旅游经济效益和社会效益实现重大突破。

倾心尽力持续增进民生福祉，社会事业全面发展。永济市委、市政府把人民对美好生活的向往作为工作奋斗目标，坚持从群众最关切的问题抓起，从群众最希望的实事做起，努力让人民生活得更幸福。将脱贫攻坚作为第一位民生工程，全年实施扶贫项目 100 余个，脱贫 1255 户 3670 人。年初确定的巩固乡村清洁工程、改造 300 户农村困难群众危房等 10 件民生实事圆满完成。大力压缩"三公"

经费，全年民生支出达 15.3 亿元，占一般公共预算支出的 77.4%。统筹发展社会事业，合理配置教育资源，积极推进校长、教师校际交流，教学质量稳步提升，高考达二本线者 816 人；深化医药卫生体制改革，落实乡级诊疗制度，加强医疗机构管理和医疗市场整治，保障群众健康权益；非公经济单位参保、城乡居民基本医疗保险制度改革扎实推进；实施积极的就业政策，着力解决结构性就业矛盾，城镇登记失业率控制在 3.2%；扎实开展城乡低保、医疗救助、救灾救济等社会救助工作，启动老年人日间照料中心建设，努力提高全市社会保障水平。

2017 年 10 月 18 日，中国共产党第十九次全国代表大会召开，会议提出决胜全面建成小康社会，开启全面建设社会主义现代化国家新征程，夺取新时代中国特色社会主义伟大胜利，实现中华民族伟大复兴的中国梦。永济市委、市政府认真学习贯彻党的十九大精神和习近平新时代中国特色社会主义思想与治国理政新理念、新思想、新战略，认真落实中央、山西省、运城市经济工作会议和全国"两会"精神，按照市第六次党代会和经济工作会议的总体部署，坚持新发展理念，以深化供给侧结构性改革为主线，以提高经济发展质量和效益为中心，以"三动三新"战略为统领，大力实施五大战略，加快建设"四基地一名城"，全力促进经济稳步向好发展，民生不断改善，社会和谐稳定。

坚定不移推进工业崛起，加快主攻产业基地建设。永济市委、市政府不断扩大工业规模，做优三大集群，做强高端制造业基地，加快新型工业化进程，着力振兴实体经济。重点在项目建设上下功夫、求突破。全年以铝深加工、机电装备制造、农产品深加工三大产业为主，共确定41项建设项目。确保了9个续建项目投产，24个新建项目快速进展，8个预建项目对接开工。西沙金属铝深加工、键键铝业高端铝型材、阳煤千军汽车发动机缸盖生产线扩建等一批项目建成投产达效。注重在企业帮扶上下功夫、求突破。继续抓好"三个一百"工作，扎实做好干部入企服务，对共性问题、重大问题及时会商研究解决，围绕"三个发展计划"，积极帮扶龙头骨干企业破解难题，14个企业纳入运城市"龙头虎榜"培育企业；狠抓"五小企业"发展，先后发展晋诚机电等优势企业60余个；在做好外出餐饮人员服务基础上，围绕"凤还巢"，与永济籍人士创办的西安金花、青岛中科华联等大企业对接，初步确定了回乡投资项目。努力在发展民营经济上下功夫、求突破。以永济电机国家火炬特色产业基地为依托，建立科技创新示范园区，提高机电加工企业自主创新能力，提升产品市场竞争力；强化产学研合作，引导有基础、有规模的中小企业积极与科研院所合作，加快新产品开发和新技术应用；成功申报设立了永济经济技术开发区，成立铝深加工、机电装备制造协会和技术创新战略联盟，两大产业在高端制造方面都有突破性进展，产业升级迈出坚实步伐。同时与相关协会、企业多次对接，全年新签约项目19个，到位资金33.6亿元，工业发展实力进一步增强。

坚定不移促进农业转型，进一步加快产业化发展。永济市委、市政府深入贯彻落实中共中央（2017）1号文件精神，坚持以农业供给侧结构性改革为重点，加快培育农业农村发展新动能，不断提高农业综合效益，使农村经济更加繁荣，农民收入更加稳定。持续优化产业结构，着力推进农业提质增效；壮大农产品加工业，拓展农业产业化增值链；强化科技创新驱动，引领现代农业加快发展。以深化农业供给侧结构性改革为主线，不断调整产业结构，使"两高一优"特色产业面积进一步扩大，设施化、标准化程度进一步提高，山西省政府在永济召开了全省农业标准化现场会。狠抓职业农民培训和新型农业经营主体培育，培训农民 11 万余人次，新发展专业合作社 73 个，家庭农场 20 个。推进农机化综合示范市建设，不断提升农业机械化水平，永济市农业产业化企业销售收入达到 84.7 亿元。实施凡谷归真、紫韵花海薰衣草种植园、河东葫芦文化艺术庄园、尧王洞天、中农乐有机冬枣基地、新意农业科技示范园等项目，培育农业发展新动能，加快了农旅融合步伐；争取省级田园综合体试点资金 3740 万元，建成一批新项目，走出乡村振兴新路子，被评为运城市"农业农村工作先进县（市）"。

坚定不移抓好城乡提升，加快城乡一体化发展。永济市围绕建设运城市副中心城市目标，以规划为龙头，不断完善功能，提升品位，优化环境，全方位加快"城乡一体化示范基地"建设。继续狠抓城乡基础设施建设，科学编修城乡规划，以高水平的规划指导高质量的建设。强力推进大西高铁引道项目，打造城市西部景观大道。经多方协调，大西高铁引道、赵杏高速立交桥等事关永济长远发展的重大基础设施项目动工实施。全面完成迎新街、东丰路北段、韩阳铁路桥、峒石线等路桥改造提升，进一步改善了城乡综合交通网络。以完善殡仪馆、中医院门诊楼、住院综合楼及三中实验楼、图书馆等公益设施建设为抓手，提升了公共服务水平。扎实开展"美丽乡村"建设，围绕山西省、运城市和本市确定的美丽乡村示范村、推进村，整合资金，立足"产村融合""村景融合"，改善人居环境，开展城乡环境综合大整治，清垃圾，清违章，治污水，治农业污染，完善基础设施，提升公共服务设施品位。全力推进"五城同创"（山西省文明城市、国家卫生城市、国家园林城市、国家食品安全城市、国家全域旅游示范区）。突出重点，深化专项整治，以长效机制不断提升城市管理科学化、精细化、规范化水平，确保创建工作有效推进，永济成为运城市首家成功创建国家园林城市、唯一获得"全国平安县"荣誉的县市，顺利提名省级文明城市，并连续 19 年被评为省级卫生城市。同时强化生态环境保护，高标准完成荒山绿化、通道绿化、村镇绿化、城区绿化，提升造林工程质量，建成一批产业融合型、乡村旅游型、特色小镇型、城乡一体型美丽宜居示范村，实现了城市添彩、农村增绿，城乡环境明显改善。

　　坚定不移实施旅游突围，进一步加快文旅名城建设。永济市委、市政府把文化旅游产业作为推动经济文化发展的重要载体，全方位谋划，高标准规划，大力度招商，快节奏推进；破短板，强优势，促融合，努力把文化旅游产业打造成永济的战略性支柱产业。一是以体制改革为突破口，做优旅游产业。破除束缚景区发展的体制机制障碍，圆满完成了国有景区改制，组建了鹳雀楼旅游集团，并与陕西华旅签订框架合作协议。实施神潭大峡谷三期、五老峰高空玻璃吊桥等一批重点工程，完成卿头横桥、栖岩寺塔群、孟桐家族墓地保护修缮及蒲州故城西城墙抢险加固等工程，深入开展景区环境整治和标准化建设，旅游软硬件全面提升，做强做活西部历史文化观光区和做优做特东部山水生态旅游度假区。启动中部伍姓湖农业生态休闲观光旅游景区建设。二是以全域旅游为统领，完善旅游业态。围绕国家全域旅游示范区创建，进一步提升相关工作，扎实做好"旅游+农文商"大文章。在"旅游+农业"上，做优沿山一带农业特色产业，打造生态休闲、观光农业、养生度假等乡村旅游产业；"旅游+文化"上，挖掘舜帝文化、大唐文化、黄河文化、爱情文化，创作民俗文化作品，拍摄地域风情影视作品；"旅游+商业"上，全力开发地方精品农产品，桑落酒、张营米醋等非遗项目生产基地对外开放；不断完善五老峰森林生态体验功能，积极推进"美丽公园"建设，大力发展生态游、商务游、体育游、文化游、乡村游等旅游新业态。三是以文化宣传为抓手，打造文旅品牌。加强与国内主流媒体、知名网站及文化传媒公司合作，做好旅游总体策划包装和文化宣传；成功举办五老峰登山节等系列节庆活动，韩阳背冰、蒲州花伞等特色节目融入景区表演，特别是《中国影像方志·永济篇》"人说山西好风光"第二季电视竞演等节目的成功播出，进一步提升了永济文化旅游品牌。全年接待游客976万人次，门票收入1亿元，分别比2016年增长22.3%和20%。

保障民生改善民生，进一步提升群众幸福指数。永济市委、市政府坚持办实事，惠民生，年初确定的更换新能源电动公交车、新扩建标准化幼儿园、改造维修部分中小学校舍、对45个村和部分城市小区管网进行改造等10件民生实事圆满完成,解决了一批与群众利益密切相关的生产生活难题。打好脱贫攻坚战,通过产业扶贫、健康扶贫、教育扶贫、金融扶贫、社会保障扶贫等一系列措施,贫困人口2013人实现脱贫。全面推进社会事业发展,坚持优先发展教育,加强教师队伍建设,统筹推进各类教育均衡发展,增强职业技能培训的实效性,缓解了劳动力供需不对接的结构性矛盾;积极深化医药卫生体制改革,组建医疗集团,全面推进分级诊疗和家庭医生签约服务,医疗卫生服务能力不断增强,城西社区卫生服务中心被国家卫计委授予"最美家庭医生团队"荣誉称号;高度重视创业就业,开展"凤还巢""家园创业"等活动,年度目标任务圆满完成;扎实推进城乡低保、医疗救助、五保供养、救灾救济等民生工作,有效保障了弱势群体基本生活。注重统筹安排,有效推动了社会各项事业健康全面发展。

2018年,是贯彻落实中共十九大精神的开局之年。永济市人民以习近平新时代中国特色社会主义思想为指导,全面贯彻党的十九大精神和中央、山西省、运城市的决策部署,坚持稳中求进工作总基调和新发展理念,紧扣经济社会主要矛盾,按照高质量发展要求,统筹推进"五位一体"总体布局,协调推进"四个全面"战略布局,积极融入"大运城"发展战略,坚持围绕"四基地一名城"建设目标,全力推进"五大战略"实施,强化抢先机、站前列、创一流的责任担当,主动作为,综合施策,精准发力,扎实做好稳增长、促改革、调结构、惠民生、防风险等项工作，努力实现经济社会各项事业持续健康发展。

狠抓精准突破，全力推动工业崛起。永济市围绕构建现代产业体系，加快工业企业由粗放加工向精细加工转变，不断做大工业规模，做优产业结构。全年将"三个发展计划"作为振兴实体经济的重要抓手，积极帮扶"龙虎榜"培育企业解决困难，借电力供给侧改革机遇，组织华圣铝业、永济电机等企业参加直购电交易，节约成本 3.5 亿元；帮助永济电机积极拓展市场，强化"晋品晋用"，增加订单，在省内风电项目上加大推荐产品力度，新增产值 2 亿元；加强政、银、企对接，新增企业授信 19.9 亿元，华海康道入围"虎榜"企业。围绕"群星灿烂"计划，建设创业基地 5 个，孵化小微企业 1234 个，新增就业岗位 1.2 万个，新康机械制造等 5 个企业实现"小升规"（小型企业升为规模以上企业）。全面落实"凤还巢"计划，积极招引永济在外人员回乡创业、投资兴业，组建小吃餐饮行业协会及 12 个城市分会，努力为在外经商打工人员做好服务；广泛宣传"凤还巢"优惠政策，多次外出"招商引智"，青岛蓝科途锂电池隔膜等回乡创业项目顺利实施。强力推进工业项目建设，努力加快西沙金属汽车轻量化铝合金挂车车厢、海丰铝业模板等 6 个续建项目建设，确保快投产、快达效；积极推进精益集团汽车锻压轮毂、龙行天下立式氟碳喷涂生产线、保定屹隆汽车内饰产品生产线等 17 个新建项目快启动、快实施；石家庄派克年产 30 万件铝合金电池箱体、海丰铝业年产 5000 吨铝模板等一批项目投产运营，进一步增强了工业发展后劲。

狠抓提质增效，着力推进农业转型。市政府科学编制乡村振兴发展规划，按照农业供给侧结构改革要求，坚持市场引领，基地支撑，集群发展，绿色安全，大力实施"八大提档升级行动"，推进农业由增产向提质转变。围绕标准化、规模化、设施化、品牌化，继续扩大设施蔬菜、葡萄、有机冬枣和中药材、芦笋、花卉苗木等特色产业面积。全力抓好凡谷归真园、丰农设施葡萄园、中农乐有机冬枣园、长荣农科原种猪场等"三园一场"标准化建设，全面强化农产品检验检测和"三品一标"认证，加快建设农产品质量可追溯体系，创建省级农产品质量安全县。积极推进"农业+"战略，大力发展功能农业、绿色农业、智慧农业、休闲农业、养生农业、观光农业、创意农业。加快推进皇龙粉业面粉加工、金格瑞食品加工、东信枣业冬枣深加工、锦源食品药材加工等项目建设，进一步延伸产业链条，提高产品就地转化率。科学划定粮食生产功能区60万亩，完成高标准设施冬枣、中药材、绿色蔬菜等14个调产项目和一批标准化农业示范建设。粮食总产达41.8万吨，新发展干鲜果1.8万亩，提质增效1.2万亩，蔬菜总面积达到9万亩，新认证"三品"（无公害农产品、绿色食品、有机食品）产品14个，农业优势产业设施化、标准化程度进一步提高，实现了由量的扩大到质的提升转变。同时，锦源食品药材加工、东信枣业冬枣加工等项目建成投产，绿风苗木千亩花海等休闲观光农业蓬勃发展，促进了农业转型，夯实了乡村振兴基础。

狠抓融合发展，强力促进旅游突围。按照山西省黄河旅游板块和运城黄河经济带总体布局，永济市以建设"华夏经典文化深度体验目的地"为总体定位，全力打造集文化体验、休闲游乐、康养度假于一体的黄河旅游精品线路。深化旅游体制改革,以鹳雀楼为龙头,将普救寺、蒲州故城、蒲津渡遗址等景区捆绑打包,全面启动国家 5A 级景区创建工作。强力推进旅游文化融合发展,突出诗歌文化,将鹳雀楼打造成"经典诗楼";突出爱情主题,做精做优爱情文化,打响普救寺爱情品牌;突出运动休闲,以运蒲旅游路为轴线,以伍姓湖和神潭大峡谷等景区为载体,打造百里画廊风景带、最美跑道运动带和国家生态度假示范带;突出康养文化,启动集休闲度假、健康养生、尽孝养老于一体的水峪口中医康养小院项目。与山旅黄河公司签订合作协议,启动游客集散中心、自驾车营地等建设项目;尧王洞天、神潭大峡谷春风里文旅小镇等项目进展顺利,任阳关帝庙等文保工程圆满完成;在运蒲路百里沿线发展观光农业及特色采摘基地 20 个,打造特色优势产业村 86 个、乡村旅游村 12 个、历史文化村 4 个,发展乡村客栈和"农家乐"158 个,完成了国家全域旅游示范区创建工作总量的 80%。在抓好传统文化节庆活动的基础上,成功举办了首届"诗意中国·诗歌电影艺术季启动仪式",被确定为"诗意中国"永久举办地。特别是受邀参加央视《魅力中国城》节目竞演,喜获"十佳魅力城市"和"年度魅力主题旅游线路"奖牌。全年接待游客 1223 万人次,门票收入 1.21 亿元,分别比 2017 年增长 25.3%和 23%。

狠抓城建提升,全面统筹城乡发展。永济市围绕打造运城市副中心城市目标,全面加强城乡建设管理和生态治理,努力让城乡特色更加明显,管理更加有序,环境更加宜居;大力推进城乡一体化发展,不断提高居民的幸福感和自豪感。进一步完善城乡综合路网体系，实施了一批城建重点工程。高标准完成了伍姓湖巡护路建设和绿地、美化及文化节点建设，伍姓湖生态得到有效保护；赵杏桥拓宽改造建成通车，大西高铁引道、体育中心等建设项目有序推进，柳园路、电机支路西延、街道路灯改造等项目建成竣工。在巩固国家园林城市创建成果的基础上，继续加快国家卫生城市、省级文明城市、国家食品安全城市、国家全域旅游示范区创建步伐，促进城市管理水平提升。全面开展美好环境与和谐社会共同缔造行动，大力实施以绿化、道路补修、立面改造、公园提升、小游园建设为主要内容的"城市双修"工程，不断优化城市综合环境。以停车场、公厕为重点，逐步完善公共服务设施。在强化城市管理执法，狠抓城市"八乱"整治的同时，大力推动智慧城市建设，使城市管理向数字化、智慧化方向迈进。深入开展蓝天保卫战、清水行动、净土行动，超额完成农村煤改电、煤改气年度任务，一批影响环境的突出问题得到解决。在新农村建设上，将人居环境集中整治与美丽乡村、全域旅游、田园综合体建设有机融合，加大财政投入，建立长效机制，严格考核管理，全力以赴清垃圾，治污水，治农业面源污染，不断完善基础设施，提升公共服务水平，城乡环境更加宜居。

狠抓社会治理，努力补齐民生短板。永济市委、市政府将脱贫攻坚作为第一民生工程，严格落实联动帮扶机制，发挥村级组织和帮扶干部精准扶贫的基础性、关键性、引导性作用，扎实开展产业扶贫、健康扶贫、教育扶贫和社会保障扶贫，圆满实现了年度脱贫目标。继续从群众最关心、最现实的问题入手，千方百计解难题，做好事，着力办好民生实事。年初确定的在城区主要街道节点建设公共停车场，建立市、镇、村三级公共法律服务实体平台，为全市 4200 名育龄妇女提供免费产前筛查与诊断服务，为3000 名 60 岁以上贫困人口提供免费个性化家庭医生签约服务，实施农村地面数字电视无线覆盖工程等 8 件民生实事顺利完成。坚持教育优先，加快发展普惠性学前教育，统筹推进城乡义务教育，重点抓好高中教育，加大投入打造名校。以办好人民满意的医院为目标，提升医疗装备和技术水平，强化医德医风建设，利用互联网技术推进市、镇、村三级优质医疗服务。"舜都讲坛"、公益电影放映、送戏下乡、全民健身等文化惠民活动扎实展开。积极推进就业创业，转移农村劳动力 6720 人，城镇新增就业 5643人。全力做好城乡低保、医疗救助、五保供养、救灾救济等社会救助工作。坚持以扫黑除恶专项斗争为龙头，统筹推进风险化解、社会治理、安全生产等工作，促进社会各项事业全面发展。

进入新时代，面临新机遇，永济人民决心在党的十九大精神鼓舞下，不忘初心、牢记使命，坚持新发展理念，决胜全面建成小康社会，紧紧围绕中央"五位一体"总体布局和"四个全面"战略布局，全力实施五大发展战略，加快建设"四基地一名城"，凝神共建新蒲坂，同心共筑"永济梦"，为夺取新时代中国特色社会主义伟大胜利，实现中华民族伟大复兴的中国梦不懈奋斗。

附　录

一、革命烈士

河东蒲坂，毗秦邻豫，表里河山，地势险要，自古迄今兵家必争战事频仍，千百年来英雄辈出忠烈星耀。1937 年七七事变后，八年烽火浴血全民抗战，三年波澜壮阔解放战争，保家卫国抗美援朝，捍卫疆域对越反击，永济人民在中国共产党领导下，不畏强敌如虎，战胜血火考验，演绎了众志成城、抵御外侮的英雄故事；寒凝大地，血沃疆场，一寸山河一腔血，一抔热土一忠魂，永济儿女前赴后继，英勇牺牲，用鲜血和生命谱写了感天动地、气壮山河的英雄史诗，永济市（县）涌现出革命烈士 300 余人，为民族独立与人民解放，为人民共和国的创立与建设做出了历史贡献。

中华民族历经数千年磨难而傲然屹立，是英雄以血肉之躯铸就坚不可摧之民族脊梁。我们记录英雄，缅怀英雄，就是要让英雄的名字永远闪耀于星空、留垂于青史，让英雄的精神永远流淌于我们的血脉、置顶于信仰的高端。

条山巍巍化丰碑，黄河溅溅忆忠魂。那些为国家独立民族解放而英勇牺牲的英雄，历史不会忘记，祖国不会忘记，人民不会忘记，他们的英名将与日月同辉，他们的壮举将彪炳史册，他们的精神将世代传扬。我们永远怀念他们，人民英雄永垂不朽！

1. 烈士名录（以括弧内烈士牺牲年前后排序）

郭云舫（1933）	曹克恭（1937）	祁尧天（1937）	王世楠（1937）
邵友三（1938）	王鹤清（1938）	张志忠（1938）	王登甲（1938）
叶毛娃（1938）	胡赋行（1939）	张金益（1939）	樊景洪（1940）
罗宽众（1940）	申文海（1940）	王孟令（1941）	晋子民（1941）
马聚福（1941）	王纪登（1941）	晋苍管（1941）	武卫国（1942）
高功叔（1942）	杨际升（1942）	曹向贤（1942）	许根风（1942）
张来全（1942）	薛应湖（1942）	胡永福（1942）	邓绪熬（1942）
王芹子（1942）	崔进江（1943）	吴兴旺（1943）	秦　兴（1943）
袁英杰（1943）	王绍勉（1943）	黄占顺（1943）	肖　扬（1944）
刘文汉（1944）	秦全顺（1944）	张士岗（1945）	王士庆（1945）
王彦萍（1945）	杨译吾（1946）	李耀东（1946）	梁根银（1946）
胡永康（1947）	吴邦邦（1947）	全新仓（1947）	祁保家（1947）
王增娃（1947）	申海芳（1947）	解银生（1947）	李富家（1947）
祁天赐（1947）	郭二句（1947）	任广运（1947）	吴富贵（1947）
杨文森（1947）	杜狗胎（1947）	田狗娃（1947）	惠天福（1947）
王庚年（1947）	巩兆吉（1947）	廖林喜（1947）	阎合喜（1947）
张金贵（1947）	李三更（1947）	阎全录（1947）	薛长山（1947）
姚红钧（1947）	吴应选（1947）	李振英（1947）	刘命光（1947）
樊永治（1947）	吴育合（1947）	尚海芳（1947）	黄天顺（1947）
李永辰（1947）	樊双存（1947）	韩其大（1947）	王金拱（1947）
李成家（1947）	杨富家（1947）	李家戍（1947）	钟吉佗（1947）
刘保定（1947）	张天喜（1947）	屈白彦（1947）	李百科（1947）
李留根（1947）	柴汤锁（1947）	王群仁（1947）	牛两管（1947）
张院娃（1947）	胡丙德（1947）	张玉锁（1947）	程丑娃（1948）

张希仲（1948） 李骡子（1948） 朱玉胜（1948） 薛随福（1948）

侯振英（1948） 高永法（1947） 宜德英（1948） 叶宜生（1948）

韩玉福（1948） 杨子明（1948） 傅创业（1948） 王栓福（1948）

李文杰（1948） 谢养苗（1948） 王学西（1948） 惠随来（1948）

杨五贯（1948） 王随子（1948） 周根瑞（1948） 荆马驹（1948）

申明月（1948） 周怀斌（1948） 尚润月（1948） 卫双娃（1948）

刘郭氏（1948） 王狗当（1948） 韩廷会（1948） 杜小旺（1948）

李德茂（1948） 张宏理（1948） 吕富科（1948） 王安辰（1948）

李德兴（1948） 朱立志（1948） 李吉仁（1948） 李怀忠（1948）

卫建业（1948） 杨才娃（1948） 赵科娃（1948） 王天明（1948）

刘景州（1948） 王金山（1948） 李天礼（1948） 李意刚（1948）

郭满成（1948） 贾东朝（1948） 李黑娃（1948） 岳麦生（1948）

王满堂（1948） 尚管管（1948） 惠来有（1948） 李兴来（1948）

贾存锁（1948） 武料娃（1948） 侯仰光（1948） 胡黑元（1948）

胡东茂（1948） 孙占山（1948） 屈黑子（1948） 张振汗（1948）

谢正荣（1948） 张建功（1948） 程全贵（1948） 张狗下（1948）

薛福全（1949） 姚承仁（1949） 梁保家（1949） 张天会（1949）

翟桂林（1949） 何许丁（1949） 李八昌（1949） 仝　莹（1949）

樊孟夏（1949） 张学仁（1949） 张长海（1949） 张增国（1949）

谢俊耀（1949） 王天才（1949） 王志平（1949） 尚存娃（1949）

张海江（1949） 吴世焕（1949） 吕长水（1949） 李创成（1949）

陈新有（1949） 王新欢（1949） 李林法（1949） 李逢春（1949）

杨玉忠（1949） 张顺序（1949） 胡三友（1949） 樊水娃（1949）

韩如玉（1949） 吴狗娃（1949） 牛广前（1949） 王登举（1949）

姬甲科（1949） 黄开子（1949） 贾占林（1949） 张安定（1949）

师穆子（1949） 李一心（1949） 薛红武（1949） 李永宁（1949）

吕鸿喜（1949）　李满胜（1949）　张全娃（1949）　张方奎（1949）

石黑娃（1949）　李万胜（1949）　孙敬娃（1949）　李怀玉（1949）

介振海（1949）　谢清榜（1949）　李来福（1949）　吕丁昌（1949）

黄春林（1949）　张春祥（1949）　盛庆云（1949）　吕丙辛（1949）

申天云（1949）　曹士文（1950）　张志正（1950）　寇清史（1950）

李全文（1950）　魏保子（1950）　陈永合（1950）　李同录（1950）

耿学德（1950）　杜志英（1950）　周福庆（1950）　吴水成（1950）

尚　英（1950）　曹子义（1950）　朱来福（1950）　吕子安（1950）

张志俊（1950）　曹世文（1950）　裴拴石（1950）　荆占胜（1950）

任富山（1950）　张风领（1950）　李怀学（1950）　杨士贵（1950）

唐贵荣（1950）　王兆岭（1950）　周振海（1951）　杨学民（1951）

杜振庆（1951）　王善习（1951）　王彦青（1951）　侯怀信（1951）

姬希文（1951）　周学义（1951）　樊窝窝（1951）　李绪先（1951）

赵小才（1951）　樊玉岐（1951）　尚光显（1951）　李小六（1951）

吕北海（1951）　雷向华（1951）　魏云海（1951）　叶吉章（1951）

郭长法（1951）　俞小牛（1951）　景鹏成（1951）　樊香娃（1951）

吕常喜（1951）　赵建荣（1951）　孙东洋（1951）　冯振山（1952）

周增良（1952）　冯克法（1952）　王治业（1952）　吴永太（1952）

牛成才（1952）　张汉穆（1952）　谢洪昌（1952）　廉永祥（1952）

史年成（1952）　李行家（1952）　相子杰（1952）　杨振河（1952）

姚改换（1952）　薛雨涝（1952）　杨起合（1952）　侯宝山（1953）

李向忠（1953）　乔景斌（1953）　赵德功（1953）　樊学义（1953）

侯家赞（1953）　王智利（1953）　裴甲戌（1955）　王健吾（1956）

陈发家（1956）　薛全海（1956）　李保林（1956）　秦小虎（1956）

李瑞亮（1956）　陈茂法（1957）　李银清（1957）　周平定（1960）

李振亚（1960）　张晨学（1969）　尚百长（1969）　范　绪（1970）

谢学仁（1970）罗虎娃（1970）　薛长命（1971）赵俊江（1972）

郭德才（1974）程恒昌（1976）　井起宣（1976）孙安定（1979）

李三管（1980）张有科（1980）　姜新社（1980）张生荣（1986）

许宝德（1986）陈文权（1986）　樊红兵（1988）朱　济（1992）

蔡建峰（1997）郝　磊（2004）　孙克强（不详）王金格（不详）

朱寅虎（不详）王朝德（不详）　薛青山（不详）梅柏春（不详）

2. 烈士选介

　　郭云舫（1908—1933），蒲州镇西文学村人。出身旧军人家庭，在长安民立中学读书时入党。1925 年春，因父被害投奔吴佩孚部下刘镇华部从军。1927 年春，刘镇华部北伐战争中被击溃后，随岳父到山东苍县小学教书。1932 年春，为秘密进行党的工作到小岭村教书。是年秋，中共山东省临郯中心县委成立，任军事部长，年末又被组织安排到尚岩小学教书，以求字送画作掩护筹备武装暴动。1933 年 7 月苍山暴动中，中国工农红军鲁南游击纵队被国民党军队包围，司令员郭云舫指挥战士突围时不幸被捕。面对敌人严刑拷打，他坚贞不屈，慷慨就义，时年 25 岁。

　　曹克恭（1904—1937），城北街道赵杏村人。永济第五高小毕业后赴陕西求学，后又考入阎锡山举办的太原学生兵团，毕业后在阎锡山部下李生达军任军械处长。1930 年 11 月阎锡山、冯玉祥倒蒋失败后，随军退到山西平定县，部队整编为七十二师，隶属于傅作义三十五师，克恭任少校参谋。克恭曾参加蒋介石在庐山举办的集训团，后到国民党李服膺军部任少校参谋、四〇五团团长等职。1937 年在李服膺军任中校副团长时，奉命在天镇至盘山一线阻击日军。连续激战 7 昼夜，多次打退敌人疯狂进攻，由于敌强我弱，部队趁着夜间向南突围，克恭率部断后，遭敌人重重包围，在击毙数名日军后拉响手榴弹，与敌人同归于尽，时年 33 岁。

胡赋行（1914—1938），开张镇黄旗营村人。自幼聪明，学习成绩名列前茅。1930年入蒲坂中学，经常阅读鲁迅等进步作家书籍，接受进步思想教育。1933年考入太原国民师范学校，加入"红军之友社"，宣传抗日救国和红军反围剿胜利，组织同学为红军募捐。1934年3月，在反会考斗争中经受锻炼后，思想更加成熟，7月加入中国共产党，并担任国民师范学校党支部书记。1935年10月，中共山西工委重新组建，胡赋行为工委领导成员。1936年2月红军东征，阎锡山惊恐万状，到处抓捕进步学生和共产党员，党组织安排胡赋行去五台山。3个月后又辗转回到家乡，与同学陈鸣玺商议在当地组建武装未果，1937年1月，他们赴陕西富平县庄里镇参加贺龙领导的红二方面，并进教导团训练班学习。1937年七七事变后，参加八路军一二〇师东渡黄河先遣部队，任师直教导队指导员，在兴县一带抗击日军。虽身患重病，仍坚持战斗，后病情恶化，于1938年3月去世，时年24岁。全国解放后，人民政府追认胡赋行为革命烈士。

王鹤清（？—1938），城北街道任家庄人。1929年经于保安介绍入党，1930年8月至1937年11月任中共永济县支部委员。1938年3月，日军侵占永济、虞乡，王鹤清任永济县人民武装自卫队第五大队队长。其后受党组织委派，参与组建"中条山第三游击纵队"，在临晋一带偷袭日军炮楼和运输车队，围歼伪军林凤天部，收编60多人。1938年11月，"中条山第三游击纵队"在长宁、杨杏村驻地遭遇日军袭击，纵队长王光甫率部转移到马铺头一带，又向北撤到城子埒村休整，敌人紧追不舍，遂退守到吉令村。日军将吉令村包围，派人送信劝降，喊话鼓动倒戈。王光甫不知去向，队伍群龙无首，危急时刻王鹤清协助二中队队长景翼云组织抵抗。但由于队伍多为新兵，军事素养较差，难以进行有效抵御，在日军的强大攻势面前一触即溃，王鹤清与几名队员躲进老百姓的红薯窖里。日军发现窖口后塞入柴草倒上辣椒面点燃，再用风车扇，并大喊："缴枪不杀！归顺有赏！"王鹤清宁死不屈，与几名队员被活活熏死在红薯窖里。王鹤清牺牲后遗体被家人运回任家庄草草掩埋，却遭日军刨坟扬尸，割下头颅，并悬挂于高市村大官路口示众。

罗宽众（1914—1940），城东街道干樊村人，中共党员。1937年3月，宽众与30余名同学到平定国民兵军官教导第五团学习政治、军事。七七事变后，国民兵军官教导团改编为山西青年抗敌决死队第二纵队。1938年3月，被派任壶关县第二区政府牺盟会秘书，他积极发动民众，组织抗日武装力量。1939年12月，阎锡山发动晋西事变，宽众由公开状态转为秘密活动。1940年1月，宽众等17名同志在壶关县百尺台镇台底村召开秘密会议时，被阎锡山部队包围，他率众突围，终因敌我力量悬殊，英勇牺牲，时年26岁。

武卫国（1914—1942），原名鸿元，城北街道东伍姓村人。三岁丧母，饱尝辛酸。1932年自临晋一高小毕业考入冯玉祥创办的汾阳军校，毕业后赴张家口参加冯玉祥组织的"察哈尔抗日同盟军"，遭蒋介石围剿返乡。七七事变爆发，他立志保家卫国，故改名卫国。1938年在地下党员尚青教育培养下加入中国共产党。因奔走抗日曾被父亲锁在家中，但他毫不动摇，毅然越墙而出找到牺盟会，与惠益民等组建七八十人的抗日游击队。但队伍遭日伪破坏，卫国等人被捕。保释出狱后，卫国加入中共组织的民众抗日游击队，后被日军包围在吉令村击散。不久卫国又与梁茂德等组建四五十人的抗日队伍，两次袭击临晋县东关日军据点，缴获步枪10余支。卫国又率部在大屯村北官路侧击日军，打死1名日军中队长。1941年春，卫国随共产党员冯彦俊组织的"汾南保安团"开展抗日斗争，杀死汉奸段知利等3人，缴获步枪5支。次年夏随陈青林转战山南，一次奉命回山北筹集军需，行至黄家窑山口被汉奸吴宏兴暗杀，时年28岁。

高功叔（1910—1942），原名高占成，虞乡镇洗马村人。中学时即接受共产主义思想启蒙教育。1936年11月，赴太原牺盟会村政协助员训练班学习，接受党的教育，12月被派往平陆县任牺盟会村政协助员。1937年4月，去太原参加国民兵军官教导团训练。七七事变后返回家乡，以教师为职业从事革命活动，是年冬入党，任虞乡县抗日人民武装自卫队中队指导员。1938年3月日军侵占虞乡，高功叔率自卫队多次袭击日军。同年 6 月担任中共虞乡县委书记兼自卫队大队指导员。1939 年自卫队改编为山西新军政卫一支队第八大队，功叔任大队指导员。1941 年初被派往介休，根据中央"隐蔽精干"的方针，介休县委配备"公开""隐蔽"两套班子，功叔任秘密县委副书记。他经常不顾安危，挑货担作掩护，活动于敌占区，发动群众开展抗日。1942 年初任介休县委书记。 4 月 17 日带领四名游击队员去兴地村开展工作，次日拂晓遭日军袭击，突围时不幸中弹牺牲，时年 32 岁。

胡永福（1903—1942），开张镇东开张村人，人称"双枪手胡麻子"。自幼喜听"绿林英雄"故事，好舞拳弄棒抱打不平。20 岁怒杀乡霸后逃往陕西，上山入伙除霸安良，后返回河东任嘉康杰警卫员，1936 年经嘉康杰介绍入党。1938 年在景兴、张同生支持下成立条山抗日游击队，任小队长。一次游击队与日军遭遇，他双枪弹无虚发，击毙日军数人。景兴、张同生带游击队奔赴晋东南抗日前线后，胡永福重组游击小分队，后率众入杨振邦部并任执法队长。夜围日军在临晋县封神庙举办的青年奴化教育训练班，活捉副校长毕向斗，将 49 名训练班学员带至中条山加入抗日队伍。生擒伪临晋县财政科长，缴获 2000 元解决军需。杀死汉奸沈性天，为民除害。打日寇除汉奸，胡永福名震蒲坂，民间流传有："胡麻子使双枪，日寇汉奸心发慌；心发慌想革除，可惜就是捉不住。"1942 年，胡永福被杨振邦部保安团团长吴辰理奉胡宗南驻杨部代表密令枪杀于伍姓滩，壮烈殉国，时年 39 岁。

薛应湖（1916—1942），城北街道晓朝村人。自永济县第五高小毕业考入运城师范学校后，因家庭经济困难辍学，回晓朝村小学教书。1938 年参加牺盟会，曾任县青救会组织部部长，时常与共产党员周之久、张学谦、史光华、陈青林等接触，汲取进步思想，提高革命觉悟，次年加入中国共产党。1941 年 3 月参加永济特务营，贴标语散传单，积极参加抗日活动。1941 年 9 月 4 日，日伪宪兵队突然包围晓朝村，薛应湖立即下到井中地洞里。日伪宪兵冲进他家，搜遍房屋，毒打家人，后发现井中地洞，薛应湖自知无法逃脱，毅然跳入井中，但仍被日军捞捕押回。面对敌人严刑拷打，他坚守秘密，宁死不屈，后经党组织营救出狱。1942年，党组织安排薛应湖打入杂牌军吴德部，改名换姓，被称为"孔副官"。时隔不久，薛应湖在山南被日军抓捕杀害，时年 26 岁。

肖　扬（1915—1944），原名杨树义，虞乡镇陶家窑村人。自幼聪颖，13 岁读完《四书》《五经》，考入虞乡高小，15 岁考入省立运城中学。1933 年，入北平宏达学院高中部读书，次年考入北平大学。1934 年参加中国社会科学联盟，次年加入中国共产党，后任中共北平市委秘书。抗战爆发后，任彭真秘书和中共中央北方局组织部干事。1938 年 12 月，任中共晋西省委委员、中共晋西南省委中离特委书记。次年 9 月，调中共晋西南区党委任职。10 月，赴延安汇报工作，经中央指示从八路军各部抽调一批军事骨干到新军工作。1940 年初任晋西局党委秘书长、统战部副部长兼调查研究室副主任。1942 年任中共晋西北区党委委员、晋绥分局秘书长、宣传部副部长、宣传部部长。1944 年任中共晋绥分局党校副校长。肖扬善于学习，追求真理，目光敏锐，才华横溢，对党无限忠诚，工作夜以继日，以致积劳成疾，时常晕倒。但仍带病参加大生产运动，终因劳累过度肺病伤寒加重， 于 1944 年 6 月 20 日病逝，时年 29 岁。

张士岗（1920—1945），字岚若，栲栳镇韩村人。自幼天资聪敏，喜读屈原、陆游、岳飞诗词，素有报国志向。14 岁时怀着读书救国愿望，考入省立运城第二中学。1936 年加入中国共产党，投身革命。七七事变后，日军压境，学校停课，士岗回到家乡。1938 年加入永济县牺盟会，任第五区秘书和交通员，兼做青救会工作，动员群众参军参战，为景兴支队募捐鞋袜，积极开展抗日救亡活动。1940 年撰文并油印《烽火战报》，揭露日军的阴谋，鼓励广大青年坚定抗日信念。后以小学教师为业，从事革命活动，传播爱国思想。任教冯营、张营、七社村学校时，资助贫困进步学生胡永康、皇甫理平读完小学，又介绍他们加入中国共产党，使之成为抗日骨干。1942 年任教七社完小，白天教书，晚上张贴标语，进行抗日活动。1943 年被日伪抓捕入狱，他坚贞不屈，经保释出狱。日军实施"治安强化运动"，形势恶化，张士岗赴夏县开展武装游击斗争。1945 年 2 月，张士岗遭日军围击，不幸被捕，惨遭杀害，时年 25 岁。

王彦萍（1907—1945），字庭兰，号侠臣，韩阳镇长旺村人。早年求学于运城、太原、北平，1929 年参加革命，1931 年加入中国共产党，先后活动于太原、北平、开封、上海、西安等地，曾任国民革命军第四军团总指挥部上尉处员等职，长期秘密从事共产党地下军运策动工作。抗日战争爆发后返回家乡，以教书为掩护，组织抗日自卫队，武装抗敌，袭击日军炮楼，炸毁日军汽车，长期坚持在中条山上与日军周旋，曾三次被伪警备队和日军宪兵队抓捕，家中花费巨资，由同乡、同学等出面保释。每次出狱之后，他抗日救国信念愈加坚定，仍重上条山坚持战斗。他带领的自卫队多次袭击日军，并配合国民革命军中条山抗战。日军以各种手段威逼利诱，劝降无果，遂于 1945 年农历三月初十指使警备队重金收买叛徒将王彦萍和妻子、襁褓中的儿子、16 岁的女儿、随身警卫刘天运 5 人暗杀于中条山南的芮城县中瑶乡垴寨村。一代侠臣，壮烈殉国，时年 38 岁。

秦全顺（1913—1945），栲栳镇吕车村人。在张营高小、临晋中学、运城中学求学期间，经常阅读进步书刊，接受革命思想。1937 年七七事变后，在堡里、王西等村小学教书时，与地下党员于保安、张士岗、史光华来往密切，受他们影响积极参加抗日活动。1939 年由于保安介绍加入中国共产党，并根据形势需要和组织安排，弃教卖书，活动于各村学校宣传抗日，传递情报，散发传单，在教师和学生中发展党的力量。1942 年 10 月，日伪企图借召开所谓文化人座谈会，集中逮捕共产党人和抗日积极分子，全顺识破敌计，及时报告党组织，避免了一场劫难。全顺的抗日活动，被日伪察觉，多次到他家搜捕未果，便抓走其父母作为人质。在狱中 40 多天，双亲遭受百般凌辱折磨，危在旦夕，后经村民保释回家，不久其母去世。1943 年 1 月，全顺离开家乡奔赴抗日前线，在夏县参加抗日十支队，改名王志恒，立志恒久抗日。1945 年 5 月，全顺不幸被捕，严刑面前他大义凛然，英勇不屈，敌人残忍地剁掉他的脚趾，后遭枪杀，时年 32 岁。

胡永康（1924—1947），张营镇冯营村人。早年丧父，家境贫寒，地下党员张士岗资助其在冯营初小、张营高小完成学业。1942年在冯营小学任教，同年经张士岗介绍加入中国共产党。1943年2月，担任中共永济县二、五区联合区委书记。党组织遭到破坏后只身翻越中条山，向中共永芮虞解联合县委书记郭久长汇报情况。郭久长指示他坚持武装斗争，返回后即在正阳屯小学建立140余人的"永济人民防匪保安秘密武装自卫游击队"（简称条北游击队），李天昌任队长，胡永康任党代表。他与李天昌率自卫游击队奇袭日军文学机场，趁夜捣毁日伪警察所，处决伪所长，缴获一批枪支弹药。雨夜处死花园村敌军哨兵两名，枪毙反动地主李学智，被百姓称为"天兵"。1945年日本投降后，条北游击队编入"张凯支队"，永康任二大队六中队指导员。1946年初，永康打入"国民党军事委员会河北特工部运城联络站"，与副站长、地下党员周乃琢直接联系，是年因叛徒李华峰出卖被捕入狱，敌人多次劝降均严词拒绝，次年10月永康被杀害于运城，时年23岁。

侯仰光（1914—1948），张营镇长处村人。仰光少时勤奋好学，1932年毕业于永济县第三高小，因家贫加之祖父祖母多病，遂辍学务农。1936年参加全县招录小学教员考试，以甲等成绩录用。1937年，参加薄一波领导的山西青年抗敌决死队，奔赴抗日前线，曾参加"百团大战"。在晋东南八路军敌后武工队时舍生忘死，一直战斗在晋冀豫抗日前线。1946年，仰光调太岳军区第五分区司令部担任侦察科科长，投身于解放战争。攻打运城时仰光带领侦察员到平陆、芮城、永济、万荣等地黄河沿岸侦察敌情，过家门经随同人员说服仅在家停留一日，机智、勇敢、出色地完成侦察任务。运城解放后，仰光升任团参谋长，先后参加解放临汾、晋中等战役。攻打太原东山时，仰光亲率三营八连和1个重机枪排、1个八二迫击炮排，主攻杨家峪据点，经数小时激战终于攻克。次日晨敌人以数倍兵力反攻杨家峪，仰光率军激战，击退敌军七八次强攻，战斗中不幸壮烈牺牲，时年34岁。

李绪先（1916—1951），张营镇长处村人。幼年入学，勤奋苦读，但家境贫寒，被迫辍学到蒲州城南关做店员。1938年3月，日军侵占永济，到处烧杀抢掠。绪先目睹日军法西斯暴行，义愤填膺，立志抗日，便考入临汾民族革命大学，投身抗日救亡运动，随学校辗转乡宁、吉县、大宁、永和一带。1939年10月，经宜川秋林镇到延安，转入陕北公学院学习，在校期间加入中国共产党。1943年，被分配到边区工业系统绥德难民纺织厂任总务科长。1945年日本投降后，随军挺进东北，曾任黑龙江省桦南县委委员、毛柳河区委书记兼区长，为搞好土地改革，他深入农村调查研究，发动贫苦农民斗地主分田地。1948年10月，调锦州市任合成炼油厂全权代表。1949年1月，调本溪市钢铁公司任运输监委书记，后任本溪市委政策研究室主任。1950年参加中国人民志愿军，担任志愿军后勤部第5分部19兵站秘书股长。1951年11月18日，在敌机轰炸中壮烈牺牲，时年35岁。

周平定（1933—1960），开张镇黄旗营村人。出身农民家庭，幼年目睹日军暴行，发誓长大要赶走日本侵略者。1949年春，解放军南下途经黄旗营一带，他积极参加拥军活动，带头为解放军担水、运柴、割草、喂马，同年秋考入运城师范学校。1950年，参加中国人民解放军，编入空军战士训练队。1951年2月，转第七航校，先后担任空军部队小队长、地勤主任、四团工程大队中队长等职。1953年，加入中国共产党，荣立三等功两次。1960年秋，牡丹江地区连降暴雨，洪水泛滥，部队驻地附近的国营农场遭洪水冲击，平定奉命带领部队抢险。在与洪水搏斗中木桥被冲垮，前进受阻，面对汹涌的洪水，平定第一个跳下去，一步一步为战士探路，又一个一个护送战士上岸。但不幸狂风骤起，巨浪袭来，平定被洪水吞没，为保护人民生命财产英勇献身，时年27岁。被中国人民解放军三总部授予 "防汛特等模范" 称号，荣记特等功。

孙安定（1936—1979），栲栳镇韩村人。1953年高小毕业。1955年3月参加中国人民解放军，入空军航校学习飞行。1956年10月，加入中国共产党。他克服文化较低等困难，勤学苦练，成为第一批飞两种气象、第一批击落敌标气球、第一批夜航的飞行员。曾担任飞行中队长、副大队长、团射击副主任等职，20余年驾驭战鹰守卫祖国领空，安全飞行 1160 余小时。1975 年始，他身患多种疾病，为增强体力，他改每天一次锻炼为两次，爬山长跑，四季不断。1979 年 2 月参加对越自卫反击战，紧张的战斗使他时常发病，但他拒绝入院检查，坚持带病飞行。父亲病故，他深知忠孝难全，往家寄去 150 元后继续飞行。边防前线三个半月他飞行 34 场次 69 架次，完成了空中巡逻、边境搜查目标和我军布防照相等任务，在参战飞行员中名列前茅，受到团党委嘉奖。6 月 3 日从前线归来病情加重，为总结战斗经验仍坚持上班，直至病倒入院检查，已是肝癌晚期，经医治无效，不幸于 6 月 20 日病逝，时年 43 岁。被中央军委授予 "一心为革命的好飞行员" 称号，获一级英模奖章。

陈文权（1966—1986），虞乡镇新义村人。7 岁丧母，14 岁丧父，年少不幸造就了他坚毅性格。1984 年，文权参加中国人民解放军。在部队他勤学苦练，眼睛出了毛病，双眼视力相加才 0.8，战友们劝他休息治疗，他说："没有硬本领怎么能打硬仗！" 始终坚持参加夜间行军训练。开赴对越自卫反击前线时，他咬破手指以血写道："为了人民的安宁，我要杀敌立功，献出自己的一切！" 1986 年 4 月 25 日晚，越军偷袭陈文权所在班阵地，他和战友们打退敌人多次进攻，坚守到拂晓。次日晚，越军 1 个加强排分 5 路袭来，并以两个班兵力包围连指挥所，排长带领 13 名战士迅速前往增援，阵地上仅留下他和刘宗智。越军 1 个班又气势汹汹扑来，他们沉着应战，机智勇敢，接连打退了敌人两次进攻，牢牢守住阵地。战斗间隙，文权坚守洞口观察敌情，敌炮弹落在洞口爆炸，文权壮烈殉国，时年 20 岁。文权牺牲后，部队为他追记一等功。

许宝德（1965—1986），城北街道七社村人，共青团员。1984 年参加中国人民解放军，入伍后以全部精力致力于学习和训练。1985 年，部队即将开赴云南前线参加对越南自卫反击战，此时他接连收到两封家信一封电报，告知父病重病危，他给家中写信说 "自古忠孝难两全……" 毅然登上列车南下。部队进入前线后，立即构筑防御工事，阵地恰在敌雷区，排雷危险，宝德是工兵，他坚决要求一个人去完成排雷任务。冒着越军的炮火，他排雷 18 枚。又有一次他独自连续排雷 47 枚，布雷 169 枚。1986 年 4 月 26 日战斗打响后，为防越军偷袭，团部决定让工兵连派一个精干的布雷小组，设阵布雷，宝德又递交了请战书。4 月 30 日，宝德和三名战友冒雨布雷 200 多枚。后撤时因道路泥泞滑倒，触发绊发雷，宝德身负重伤，为国捐躯，时年 21 岁，追记一等功。

张生荣（1967—1986），虞乡镇屯里村人。1984 年 12 月，参加中国人民解放军，他严格要求自己，苦练杀敌本领，被评为技术尖子。临战训练中，他积极探索山岳丛林地带作战特点，撰写出《山岳林地防敌偷袭十项措施》，得到连队肯定与应用。部队到老山前线接防后，他要求到最艰苦最危险孤立突出的老鹰咀 12 号哨位执行任务。战斗中他英勇顽强，不怕牺牲，和战友们一起击退敌人多次偷袭。1986 年 10 月 14 日，生荣所在连队奉命对敌实行火力佯攻，配合兄弟部队出击拔点，他冒着炮火观察敌情，并用重机枪压制敌人火力，一直坚持到战斗结束。12 号哨位观察报告敌情及时准确，打击越军稳准狠。越军企图用导弹摧毁哨位，生荣不顾个人安危，将 3 个战友推进猫耳洞，自己献出了 19 岁的年轻生命。部队党委追认他为中共正式党员，并追记一等功。

郝　磊（1983—2004），蒲州镇寨子村人。2004 年 8 月 10 日下午，永济突降大暴雨。下午 4 时 10 分左右，逸夫中学初一年级学生刘郑鑫和其他 5 个孩子在穿过铁路立交桥时，因桥下路面积水太深，无法通过，便沿立交桥西侧土崖行走，刘郑鑫不慎滑入桥下两米多深的蓄水池内，情况十分危急。这时，路经此处的郝磊得知有人落水，丢下自行车，急速跑到水池边。问明落水位置后，毫不犹豫地跳入水中救人。由于水深池滑，赫磊终因精力耗尽献出了宝贵的生命，时年 21 岁。2004 年，运城市见义勇为协会追授郝磊为运城市见义勇为先进分子，并荣获一等奖。2005 年，山西省见义勇为协会追授其为山西省见义勇为模范。

二、市（县）级领导名表

中共永济市（县）委历任书记名表

姓　名	职　务	任　期	籍　贯
姚伯功	永济县委书记	1937.11—1938.1	山西芮城
高一清	永济县委书记	1938.1—1938.10	山西垣曲
丁皖生	永济县委书记	1938.1—1939.12	山西万荣
董奥林	兼永济条北县委书记	1940.2—1942.4	河南孟县
白　锋	永芮联合县委书记	1941.2—1941.7	山西闻喜
	永芮虞解联合县委书记	1941.7—1942.4	
		1943.2—1943.5	
贠　灏	永济县委书记	1942.4—1943.2	山西平陆
郭久长	永芮虞解联合县委书记	1943.5—1947.4	山西运城盐湖区
	永虞县委书记	1949.10—1950.4	
	永济县委书记	1950.4—1951.7	
任明道	永济县委书记	1947.4—1947.9	山西沁源
	永虞县委书记	1947.9—1949.6	
	永济中心县委书记	1949.6—1949.9	
王献英	永济县委书记	1951.8—1952.7	山西榆社
栗　璜	永济县委书记	1952.7—1954.2	山西沁县
张　钦	永济县委第一书记	1954.2—1957.4	山西交口
刘　煜	永济县委第一书记	1957.4—1958.11	山东掖县
张　锋	永济县委书记	1957.12—1958.9	山西浮山
王国英	永济县委第一书记	1961.5—1967.4	山西阳城
石海涛	永济县核心小组组长	1967.4—1969.5	山东长清
郝洪文	永济县核心小组组长	1969.5—1969.9	河北滦县

续 表

姓 名	职 务	任 期	籍 贯
冯良才	永济县核心小组组长	1969.9—1970.1	河北内丘
王占一	永济县革委核心小组组长	1970.2—1971.3	河北临城
	永济县委书记	1971.3—1972.1	
李廷芳	永济县委书记	1972.1—1973.2	河北省
刘之光	永济县委书记	1973.2—1975.2	山西沁源
李俊卿	永济县委书记	1975.2—1978.11	山西万荣
王创元	永济县委代书记	1977.7—1978.11	山西永济
	永济县委书记	1978.11—1980.5	
卫东昌	永济县委书记	1980.5—1983.9	山西闻喜
王学良	永济县委书记	1984.1—1985.12	山西临猗
姚新章	永济县委书记	1986.1—1988.5	山西临猗
孙秉晨	永济县委书记	1988.10—1992.2	山西万荣
詹进宝	永济县委书记	1992.3—1993.12	山西运城盐湖区
	永济市委书记	1994.1—1995.1	
石丙录	永济市委书记	1995.3—2001.1	山西芮城
潘和平	永济市委书记	2001.2—2006.4	山西临猗
武宏文	永济市委书记	2006.6—2009.8	山西孝义
冯方汇	永济市委书记	2009.12—2011.4	山西万荣
陈 杰	永济市委书记	2011.4—2016.7	山西万荣
徐志英	永济市委书记	2016.7—2020.1	山西万荣
孙中全	永济市委书记	2020.1—	山西河津

永济市（县）人大常委会历任主任名表

姓　名	职　务	任　期	籍　贯
王西尧	永济县七届人大常委会主任	1981.11—1984.9	山西沁县
张克让	永济县八届人大常委会主任	1984.9—1987.5	山西永济
	永济县九届人大常委会主任	1987.5—1990.4	
	永济县十届人大常委会主任	1990.4—1993.8	
谷恒水	永济县十一届人大常委会主任	1993.8—1994.4	山西永济
	永济市一届人大常委会主任	1994.4—1998.6	
	永济市二届人大常委会主任	1998.6—2002.4	
杨文宁	永济市二届人大常委会主任	2002.4—2003.8	山西临猗
	永济市三届人大常委会主任	2003.8—2007.5	
	永济市四届人大常委会主任	2007.5—2011.6	
	永济市五届人大常委会主任	2011.6—2016.8	
刘　明	永济市六届人大常委会主任	2016.8—	山西河津

永济市（县）历任市（县）长、革委会主任名表

姓　名	职　务	任　期	籍　贯
赵敬斋	代县长	1947.4—1947.4	
卫璜	县　长	1947.4—1947.5	山西永济
贺奉先	县　长	1947.5—1947.9	山东临邑
	县　长（永虞县）	1947.9—1949.10	
周靖夷	县　长（永虞县）	1949.10—1950.3	陕西周至
郭久长	县　长	1950.4—1950.9	山西运城
秦廷机	代县长	1950.9—1951.11	山西浮山
	县　长	1951.11—1952.6	

续 表

姓 名	职 务	任 期	籍 贯
章 俊	县 长	1952.9—1954.7	山西长治
李英锋	县 长	1954.7—1958.2	山西沁源
张 锋	县 长	1958.2—1958.11	山西浮山
李晋民	县 长	1961.5—1964.7	山西沁源
南俊秀	县 长	1964.7—1965.4	山西夏县
阎洪文	县 长	1965.4—1967.2	河北满城
石海涛	县革委会主任	1967.4—1969.4	山东长清
郝洪文	县革委会主任	1969.4—1969.9	河北滦县
冯良才	县革委会主任	1969.9—1970.1	河北内丘
王占一	县革委会主任	1970.6—1972.1	河北临城
郭正文	县革委会主任	1972.1—1973.4	山西沁源
赵云山	县革委会主任	1973.5—1975.3	山西洪洞
南俊秀	县革委会主任	1975.3—1977.11	山西夏县
李 明	县革委会主任	1977.11—1981.10	山西永济
林 涛	县革委会主任	1981.10—1982.4	山西万荣
	县 长	1982.4—1986.10	
孙秉晨	代县长	1986.10—1987.5	山西万荣
	县 长	1987.5—1989.6	
黄喜元	代县长	1989.8—1990.2	山西稷山
	县 长	1990.2—1992.2	
石丙录	县 长	1992.2—1993.12	山西芮城
	市 长	1994.1—1995.3	
潘和平	市 长	1995.4—2001.2	山西临猗

续 表

姓 名	职 务	任 期	籍 贯
冯方汇	市 长	2001.3—2010.2	山西万荣
陈 杰	代市长	2010.2—2010.3	山西万荣
	市 长	2010.3—2011.4	
朱晓东	代市长	2011.4—2011.6	山西岚县
	市 长	2011.6—2013.6	
廉广锋	代市长	2013.6—2013.7	山西万荣
	市 长	2013.7—2016.7	
孙中全	代市长	2016.7—2016.8	山西河津
	市 长	2016.8—2020.4	
黄亚平	代市长	2020.4.17—2020.4.24	山西稷山
	市 长	2020.4.24—	

1947—1954 年虞乡县历任县长名表

姓 名	职 务	任 期	籍 贯
王永贤	县 长	1947.4—1947.8	山西永济
周靖夷	县 长	1950.4—1951.9	陕西周至
王振东	代县长	1951.9—1952.2	山西霍县
周天选	县 长	1952.2—1952.6	山西浮山
贾明武	县 长	1953.6—1954.1	山西洪洞
段文秀	县 长	1954.1—1954.8	山西沁源

注：1947 年 4 月虞乡解放，设虞乡民主县政府。1947 年 9 月与永济县合并为永虞县。1950 年永虞分置，复设虞乡县。1954 年虞乡县与解县合并为解虞县。1958 年，随解虞县并入运城县。1961 年，析运城县，复设永济县，原解虞县的虞乡部分划入永济县。

政协永济市（县）委员会历任主席名表

姓 名	职 务	任 期	籍 贯
刘 煜	县政协第一届委员会主席	1957.4—1958.11	山东掖县
王国英	县政协第二届委员会主席	1962.8—1963.7	山西晋城
	县政协第三届委员会主席	1963.7—1965.10	
	县政协第四届委员会主席	1965.10—1966.5	
许 毅	县政协第五届委员会主席	1981.11—1984.9	山西永济
李文藻	县政协第六届委员会主席	1984.9—1987.5	山西柳林
	县政协第七届委员会主席	1987.5—1990.4	
廉照江	县政协第八届委员会主席	1990.4—1993.8	山西永济
张殿豪	县政协第九届委员会主席	1993.8—1993.12	山西永济
	市政协第一届委员会主席	1994.1—1998.6	
	市政协第二届委员会主席	1998.6—2002.4	
刘临生	市政协第三届委员会主席	2002.4—2007.5	山西临猗
	市政协第四届委员会主席	2007.5—2010	
袁宏轩	市政协第五届委员会主席	2010.3—2016.8	山西万荣
张廷耀	市政协第六届委员会主席	2016.8—	山西永济

三、永济市老区建设促进会回眸

老促会的成立与历届理事会

1997年3月，永济市被上级确定为革命老区市。同月31日，中共永济市委办公室以永市办发1997（36）号文件下发《关于成立永济市老区建设促进会的通知》，对市老区建设促进会（以下简称老促会）的组织机构、性质、宗旨、任务、会长、副会长、秘书长、副秘书长、理事、办公地址等予以明确。

1997年4月10日，市老促会一届一次理事会议召开。同日对会议选举产生的市老促会组成人员予以公告。4月15日，中共永济市委召开永济市老促会成立大会，运城地区老促会会长李宪政、市委书记石丙录、新任会长张克让出席会议并讲话。

永济市老促会第一届理事会组成人员

名誉会长：刘伯阳

会　　长：张克让

副 会 长：薛才书　　张玉新

秘 书 长：贠年兴

副秘书长：张广印　　王福盛

常务理事：张克让　薛才书　张玉新　贠年兴　张广印

理　　事：张克让　薛才书　张玉新　贠年兴　张广印　王福盛

理事单位：市计委　财政局　民政局　工业局

2002 年 12 月 5 日，选举产生市老促会第二届理事会。

永济市老促会第二届理事会组成人员

会　　长：张克让
副 会 长：薛才书　张玉新　景耀先
秘 书 长：张广印
副秘书长：王建业　负年兴　杨秀生
常务理事：张克让　薛才书　张玉新　景耀先　张广印　王建业
　　　　　负年兴　杨秀生　刘永胜
理　　事：张克让　薛才书　张玉新　景耀先　张广印　王建业
　　　　　负年兴　杨秀生　刘永胜　高思恭　刘建政　黄三海
　　　　　赵建川　王仲熊　朱增先　王永泽　王炳南　范六一
理事单位：水利局　农业综合开发办公室　　农业局　　财政局
　　　　　计　委　广播局　卫生局　教育局　农机局　科技局
　　　　　民政局　交通局　地税局　畜牧局　林业局　国税局
　　　　　土地局　乡（镇）局　农业银行　信用联社　电力公司
　　　　　县　社　粮食局

2008 年 3 月 7 日，选举产生市老促会三届理事会。

永济市老促会第三届理事会组成人员

名誉会长：袁宏轩　叶彩凤　杨春廷　杨克义
会　　长：张克让
副 会 长：薛才书　张玉新　景耀先
秘 书 长：张广印
副秘书长：王建业　负年兴　冯占星
常务理事：张克让　薛才书　张玉新　景耀先　张广印

```
            王建业　负年兴　冯占星　刘永胜
理　　事：张克让　薛才书　张玉新　景耀先　张广印
            王建业　负年兴　冯占星　刘永胜　刘建政
            赵建川　王仲熊　朱增先　王永泽　范六一
            张长满　梁金山　张克敏
理事单位：农业局　水利局　林业局　农机局　畜牧局
            农业综合开发办公室　土地局　民营经济局
            农小办　卫生局　科技局　供电公司　粮食局
            财政局　教育局　发改委　劳动保障局
            民政局　信用联社　旅游局　宣传部　交通局
            环保局　广电局　工商联　工商局　国税局
            地税局　文体局　计生局　城建局　党史办
            城北街道　张营镇　开张镇　卿头镇
```

2016 年 12 月 27 日，选举产生市老促会四届理事会。

永济市老促会第四届理事会组成人员

```
名誉会长：傅　刚　刘晋萍　牛艳玲　孙晋民
会　　长：袁宏轩
副 会 长：姚立荣　杨克义
秘 书 长：王新社
副秘书长：张国良　张仰民　王柏杉
常务理事：袁宏轩　姚立荣　杨克义　王新社　张国良
            张仰民　王柏杉
理　　事：袁宏轩　姚立荣　杨克义　王新社　张国良
            张仰民　王柏杉　杨彩霞　范六一
理事单位：中小企业局　农业综合开发办公室　地税局
            供电支公司　畜牧发展中心　国土局　审计局
            农业委员会　水利局　农商银行　民政局
```

科技局　农村经济服务中心　卫计局　引黄局
环保局　统计局　旅游局　城建局　国税局
经信局　人社局　农　行　教育局　文体局
发改局　交通局　财政局　农机服务中心
林业局　工商和质监局

永济革命老区和 31 个老区村的确定

1997 年 3 月，永济市被上级确定为革命老区市。4 月，永济市老促会成立。其后，根据上级"党组织发展较早，地下党活跃，曾是中共县、区委驻地"等要求，经深入调研，永济市首批确定老区村 13 个。分别为：虞乡村、麻村、卿头村、尚志村、西开张村、宋家卓村、普乐头村、东信昌村、东五姓村、张营村、七社村、赵柏村、黄营村。

2002 年，经继续深入调研，永济市第二批确定老区村 11 个。分别为：皇甫营村、洗马村、西五姓村、冯营村、长处村、康蜀村、南苏村、韩村、蒲州村、西厢村、西姚温村。

2007 年 1 月，根据东开张村申请资料，经市老促会常务理事会调查研究，确定东开张村为老区村。

2012 年 5 月，山西省老促会以晋老促发（2012）3 号文件下发五类老区村标准，市老促会据此对永济市非老区村逐一对标核查，永济市第三批确定老区村 5 个。分别为：任阳村、马铺头村、风柏峪村、下寺村、韩阳村。7 月，又接到高市村申请资料，经市老促会常务理事会调查研究，确定高市村为老区村。

至此，永济市共有老区村 31 个。老区村人民在革命战争年代，为中国共产党在永济建立发展，为抗日战争和解放战争的胜利做出了巨大牺牲和贡献。1947 年虞乡、永济解放后，老区人民在党的领导下，立即投入政权建设、开仓济贫、清匪反霸的革命斗争和土地改革、发展生产、支援全国解放战争的群众运动。31 个老区村先后建立了基层政权，人民群众分到了土地，推翻了帝国主义、封建主义、官僚资本主义三座大山的压迫，掌握了自己的命运，从此站了起来。1956 年 9 月，中国共产党第八次全国代表大会之后，老区人民又积极掀起社会主义革命和建设的热潮。当年，31 个老区村先后成立高级生产合作社。1959 年先后加入人民公社。1962 年始，大力开展兴修水利、大搞农田基本建设。1967 年前后 31 个村先后建立学校、卫生室，架设电力线路，并打机井、购置大型农业机械，改善生产、生活设施。1978 年 12 月党的十一届三中全会召开后，老区人民进入改革开放新时代。1982 年，31 个老区村全面实行家庭联产承包责任制，从根本上解决了温饱问题。在此基础上，老区人民发扬老区精神，开拓创新，进一步下功夫发展老区经济。1984 年，南苏村群众在党支部书记李种麦带领下，利用黄河滩涂面积广阔的优势，先后在滩涂营造防护林 150 亩，栽植经济林 200 亩，开挖鱼塘 150 亩，开辟了群众增加收入的新途径。1988 年，西厢村群众在党支部村委会的带领下，开挖鱼塘，大面积栽植芦笋，群众收入迅速增加，甩掉了贫困帽子。1989 年，东开张村党支部书记余艳萍上任后，带领群众改良南滩盐碱地、大力发展肉鸡养殖、枣林间作，创办造纸厂、纸箱厂、棉纺厂，安装自来水，兴办高标准学校，群众收入不断增长，生产生活条件彻底改善。1994 年，洗马村在党支部书记郭管管的带领下，建日光温室种蔬菜，建大拱棚、小拱棚种西瓜，适应市场需求发展有机花菜，群众致富不离村，鼓了钱包，富了生活。2001 年，西姚温村在党支部书记李栓牢带领下大胆探索蔬菜产业化发展新路子，到 2017 年全村蔬菜大棚发展到 260 个，人均纯收入达到 10800 元，95% 的户摆脱了贫困。2000 年始，31 个老区村在党的一系列惠民政策的指引下，开始新一轮改善生产生活条件的热潮。推进新农村建设，大搞村通工程、甜水进村工程、硬化巷道工程、网络覆盖工程、体育文化设施建设工程、高标准农田建设工程，使老区人民的生产生活发生了翻天覆地的变化。2012 年，中共十八大后，老区人民又迈出了农村农业供给侧改革步伐，踏上根据市场需求发展农村农业的新路子。2015年中央提出实施扶贫攻坚战略后，31个老区村均甩掉贫困村帽子，根据中央精神又转入贫困户、特困户的脱贫攻坚阶段。2017年党的十九大召开后，老区人民借东风再鼓干劲，又昂首步入建设"产业兴旺、生态宜居、乡风文明、治理有效、生活富裕"美丽乡村的康庄大道。

老促会工作纪实

1997年永济市老促会成立迄今，始终将老区人民对中国革命的牺牲奉献铭刻于心，始终怀着对老区人民的深厚感情与他们同呼吸心连心，始终全心全意为老区人民脱贫致富、实现小康、走向富裕服务，始终以习近平总书记提出的"让老区人民过上更加幸福美好的生活"为目标，不忘初心、牢记使命，弘扬老区精神，传承红色基因，深入老区镇村，实地调查研究，上传老区民意，精准建言献策，引进资金技术，培训适用人才，搭桥梁结纽带，解难事办好事，矢志不渝助推老区建设，为老区发展做出了应有贡献，受到上级老促会的充分肯定与表彰。2006年始连续11年被评为"全国老区精神宣传先进单位"；2010年在北京召开的中国老区建设促进会成立20周年总结表彰大会上，被授予"全国先进老促会"称号，会长张克让受邀参会并接受表彰；2013年被评为"全国支持和促进革命老区建设发展先进单位"。

聚焦红色 讲好老区故事

习近平总书记曾多次强调"共和国是红色的，不能淡化这个颜色"。全面领会总书记要求，我们深感弘扬老区精神，传承红色基因，从思想上聚焦红色，切实讲好老区故事，是老促会工作的鲜明特色和重中之重。基于此，每年年初，市老促会都与市委宣传部联合召开老区宣传座谈会，安排当年老区宣传工作，明确新闻、文化、文联、教育等部门的宣传任务，组织大家通过各种形式创造性地讲好老区故事。一是组织老区史书编纂，为讲好老区故事提供丰富资料。先后组织编纂印刷了《永济革命老区的形成发展和历史贡献》《永济革命老区 60 年巨变》等反映当地老区建立发展和老区人民不懈奋斗的历史书籍，并发至全市机关单位、镇村、学校，组织阅读，广泛宣传。倾情编纂的《永济市革命老区发展史》也已终审，即将付梓印刷。同时，还先后在《中国革命老区》《中国老区网》《山西老区开发》《运城老区工作通讯》等报纸杂志发表文章 150 余篇，多方面宣传永济老区建设发展的新人、新事、新精神、新成就。二是强化阵地建设，为讲好老区故事提供基地和平台。1997 年市老促会成立后，即为讲好老区故事，传承红色基因，相继主导修建了西开张村虞临永支部纪念馆、西姚温抗日英烈园、东伍姓村抗日英雄纪念碑、普乐头村地下联络站、虞乡血泪井等 7 处红色遗址，使讲好老区故事有基地有场所。每年建党节、建军节、国庆节等特定纪念日，均组织党员干部和学校师生到红色遗址接受爱国主义和革命传统教育，老促会理事长、副理事长、理事还轮流担任讲解人。2016 年，已 82 岁高龄的老促会秘书长张广印，还受邀到红色遗址，满怀激情主讲老区故事。三是进行阵地融合，为讲好老区故事策划布局。借助市电视台、《永济报》《永济新闻》微信公众号等主流媒体平台，开辟"饮水思源、不忘老区""蒲坂英烈谱""老区帮扶在行动"等专栏，开展专题宣传，打造全媒体融合的老区宣传阵地。坚持宣传部、老促会、老区镇村三位一体宣传机制，对革命老区先烈、党的革命老区建设方针政策以及支持革命老区建设发展的先进集体和模范个人，进行全方位宣传报道。四是丰富活动载体，为讲好老区故事创新形式。结合永济实际，积极谋划富有创意的宣传活动，定期举办老区宣传书画展，开展红色文化下乡活动，组织鼓励新闻、文艺工作者等到重点老区村进行体验和采风，为创作弘扬老区精神、展示老区发展成就的好作品牵线搭桥，发挥红色文化教育功能，赓续光荣传统，使红色基因代代传承 。

担当使命 践行庄严承诺

"让老区人民过上好日子，是我们党的庄严承诺。"为了加速老区发展进程，老促会既注重鼓励老区干部群众自力更生、艰苦奋斗，更注重凝聚多方力量，同心同向，担当使命，践行庄严承诺。一是坚持建议和协助制定帮扶政策。老促会先后建议协助市委、市政府制定了《关于进一步加强老区建设的决定》《关于促进老区发展的优惠政策》《永济市老区建设帮扶规划》《关于贯彻十八大精神，加快革命老区发展的意见》《市五套班子成员包点帮扶老区村制度》《职能单位定点帮扶老区村制度》。2008年，永济市委、市政府又专门印发了市直单位定点帮扶老区村的通知，选定32个市直单位结对帮扶全市31个重点老区村，制定出帮扶规划，并明确提出了"三个不动摇"要求，即坚持市直单位定点帮扶老区村的制度不动摇；坚持老区优先优惠的原则不动摇；坚持经济发展、农民增收的主要目标不动摇。老促会充分发挥组织协调和督促检查作用，经常深入一线了解情况，协调解决相关问题，并经常性地向永济市委、市政府汇报有关情况。同时，每年都召开市直单位定点帮扶单位汇报会，交流情况，总结经验，表扬先进，推动工作。帮扶单位先后为31个重点老区村争取落实各项投资7142万元，安排各类建设项目71个，硬化村通道路和巷道60余千米，改善黄灌面积1.6万亩。二是坚持搞好联系点。每年老促会都要选择两个老区村作为联系点，经常深入联系点，走访老区群众，与干部群众促膝对面，敞开心扉座谈交流，体察基层民情，协调解决困难问题。在西姚温村，我们组织协调民政、交通、林业、农机等单位，筹资40余万元，在村"两委"帮助下，对地处西姚温的抗日英雄纪念碑和永济英烈园区进行大规模整修。在西开张，与市委组织部联合，经过三个月努力，编写释文版面20块，共计1.8万字38幅图片，顺利完成了"虞临永支部纪念馆"筹建工作。在经济发展相对滞后的老区长处村，协调市交通局投入国补资金40万元，协调市财政局投入扶持资金4万元，修建通村水泥路2100米，又协调市电业局帮助解决了变压器增容问题。在麻村，争取市交通局和文体局支持，建成了面积1500平方米的文化广场，为村民休闲娱乐提供了场所，丰富了群众的文化生活。

三是扎实做好脱贫攻坚。大力推进老区村的产业扶贫，使老区村有劳动力的贫困户"有业可从、有企可带、有股可入、有技可用、有利可获"，将"两不愁、三保障"在老区村落到实处。同时，认真做好老区村脱贫调研评估，把老区的政治优势转化为经济优势，把红色资源转化为红色资本，把老区精神转化为物质实力，加速了老区脱贫致富和经济社会发展。四是树立快速发展典型。促进老区发展，不仅要靠支持、靠帮扶，更重要的还在于激发老区的内生动力。为了激发老区人民发扬老区精神，加快老区发展的积极性，经老促会建议，市委、市政府先后树立了洗马、东姚温、东开张、南苏等10余个老区先进典型村和李种麦、郭管管、张志善、余艳萍、李栓牢等一批老区村先进带头人。使老区人都知道老区发展中涌现出的先进集体、先进人物、先进事迹，使老区的干部更加懂得肩上重任和红色担当。原西姚温村党支部书记李栓牢，上任后带领群众发展蔬菜产业，资金短缺，村委会信贷主体缺位，他就以个人名义申请信贷资金，在外工作的儿子得知后，千方百计劝阻，他回答儿子的只有一句话：我是党员，就要有这个担当。

心之所系　倡导"老区优先"

回顾党和共和国的建立与发展历程，老区人民对中国革命的牺牲奉献，常使我们思绪奔涌、感慨万端；饮水思源，他们的衣食住行、温饱安康，始终是我们的牵挂惦念；心之所系，每每建言献策之际，我们总是首先想到老区群众，坚持倡导"老区优先"。市老促会成立之初，就向永济市委、市政府有关部门提出安排涉农项目、涉农资金、落实农村改革的优惠政策老区村应优惠优先的建议，并得到永济市委、市政府的肯定支持。多年来，市老促会每年年初做的第一件事，就是深入财政局、改革发展局、土地资源局、供电支公司、农业开发办公室、水利局、林业局、农机局、畜牧开发服务中心、农村经济管理局、文化局等32个单位，了解上级和永济市委、市政府有关项目的部署情况，首先强调的就是老区优先。后来，为了便于联络沟通，经老促会理事会研究，并请示市委、市政府批准，把这 32 个单位，全部吸收为老促会的理事单位。20 余年来，这 32 个单位早已形成了"老促会工作重要，老区发展优先"的共识，并身体力行，付诸实施。2016 年始，永济市共为 31 个老区村优先安排项目 71 个，投资 4512 万元，为老区村铺修水泥路、沥青路 141 千米；投资 2296 万元，为老区村修建各种水利设施 161 座（条）；投资 100 余万元，为老区村建设设施农业、引进新品种、培训农科人员和农民经纪人等。2017 年土地确权定位改革开始后，为加快老区村经营体制改革步伐，有关部门实行优先安排，到 2018 年底，31 个老区村土地确权工作全部结束，老区村土地流转步伐进一步加快，各种专业合作社迅速增加，改革发展呈现出迅速向好的新局面。

枝叶关情　倾力山滩边区

永济市的 31 个老区村大多靠山（中条山）、靠滩（黄河滩、伍姓湖滩）、靠边（市域边缘），自然条件相对较差，生产生活的困难较多，他们的问题和诉求多是向村干部、镇干部反映，一些问题往往得不到很好解决。对此，老促会就将每年调查研究的目标尽量选在靠山、靠滩、靠边的老区村，实行调研改革，针对问题进行重点调研和专题调研。一是涉及老区人民生产生活的问题进行重点调研。2010 年以来，老促会重点调研的课题是老区农业"四项"补贴落实情况、老区群众饮水安全状况、老区危房改革补贴落实情况、老区通油路（水泥路）情况、老区经济社会发展情况，经调研分析，撰写调研报告 20 余篇，为永济市委、市政府科学决策提供了重要依据。二是专题调研。2018 年，老促会安排的专题调研项目是如何加快乡村振兴步伐，调研对象是赵柏、东信昌、西开张 3 个老区村。调研中发现，村干部反映当前影响乡村振兴的主要问题是集体经济缺位和原属集体资产管理（包括房产、机动地、盐碱荒地）的法律措施缺位。根据这一情况，老促会立即部署安排，对永济 31 个老区村集体经济发展和集体权属资产使用情况进行全面调研。调研结束后，撰写并向永济市委、市政府提交了有情况、有分析、有建议的专题调研报告。三是及时沟通反馈。对调研中发现的突出问题，迅速撰写完成专题报告，由会长或副会长直接呈送永济市委、市政府分管领导，并与之协商解决办法，分管领导签批办理意见后，老促会即与有关部门联系沟通，协调督促办理。程序化的扎实工作，使大多数问题都得到了很好解决。第三届老促会提出的老区村公用经费严重短缺问题，经永济市委常委会研究决定，市财政每年为 31 个老区村每村补贴经费 5000 元，已执行至今。2017 年，老促会反映的老区尚志村出村 1 千米油路损毁严重，群众出村难问题，年内市交通部门即进行了重新铺设。2018 年反映的老区南苏村村委办公、农业技术培训综合小楼年久失修问题，即由市委组织部和农商银行出资进行了修缮，并配备了桌椅、电脑、网络设施，重新投入使用。2019 年反映的老区韩阳镇下寺村因山泉断流、人畜吃水困难问题，市水利部门一边责成供水公司用水车按时为群众送水，一边研究立项，列入永济市集中供水后续工程，迅速投入实施，使困扰下寺村的人畜吃水问题很快得到解决；反映的老区村集体经济和集体资产流转管理法律措施缺位问题，市委书记亲自签批，责成有关部门拿出意见，在深化老区村经济发展改革中统筹解决。多年来，围绕老区小康建设和发展开展调研 30 余项，永济市委、市政府和有关职能部门根据老促会的调研建议，先后安排饮水、危房改造、巷道硬化、高标准农田建设、文化设施建设、电视和通信网络建设等项目 100 余个，项目使用资金达数亿元。并通过努力，设立了老区发展基金，每年都要帮扶老区村贫困户大中小学生就学，对老区村特困户进行慰问。老促会倾力山滩边老区村，贴心为群众解难事办好事，送去党和政府的温暖，深受赞誉，老区村群众亲切地称赞说"老促会真是和咱老区村心贴心的老促会"。

形象立会　彰显过硬作风

永济市四届老促会，都有一个共同特点，即作风过硬。我们始终认为，老促会作为公益性的社会团体，应是一面鲜红旗帜，应是一块精神高地，它担当的是责任，体现的是作风，树立的是形象。过硬作风体现有三：一是工作扎实。每月初召开全体理事会，确定当月工作任务，将有关事项分解到会长、副会长和理事；月末召开理事会，汇报工作进展情况。2016 年，老促会会长张克让已是 83 岁高龄，患严重脚疾，行动不便，但仍然坚持参加并主持例会，对确定的工作任务，坚持和同志们一起深入老区村调研，亲自向永济市委、市政府有关领导报告情况。二是节俭办事。市财政每年都要为老促会拨付一定经费，以利老促会开展工作。但为了减少开支、节俭办事，更好的支持老区建设，老促会坚持时时处处精打细算、节约经费。老促会主要工作在农村，到镇村联络工作多，调查研究多，因而下乡多，用车多，在乡下吃饭多。用车方面，坚持尽量不调用永济市委、市政府和相关部门的公务用车，租用车辆一律是无暖气、无空调、租金最低的车，使用内部同志的私家车，也是只支付油费，不付租金。特殊情况须在乡下就餐，多是一碗面条、一碗汤，或是一碗泡饭、一个饼，节约的经费全部用于老区建设工作。三是信念坚定。面对工作中的困难，面对一些人的不理解，面对社会普遍存在的负面言论，市老促会一班人讲得最多的话，是任尔东南西北风，咬定目标不放松，弘扬老区精神，传承红色基因，服务老区建设，促进老区发展，必须信念坚定，一以贯之；思考最多的问题，是如何不忘初心、牢记使命，尽职履责、砥砺奋进，脚踏实地当好促进老区建设的领头雁、排头兵、助推器；做得最多的事，是真抓实干，帮助老区人民及早脱贫致富过上好日子，和全国、全省、全市人民一起奔小康。

去岁有枝皆硕果，新春无树不繁花。站在"两个一百年"奋斗目标交汇点上，面对新时代新形势新要求，永济老促会将以更加崇高的责任担当，更加饱满的工作热情，不忘初心、牢记使命，传承红色基因，助推老区发展，为使党中央"让老区人民早日过上好日子"的庄严承诺变为现实而努力奋斗。

后 记

革命老区是一座不朽的丰碑,蕴藏着取之不尽的红色资源,记录老区光荣历史,阐述老区革命精神,展示老区发展成就,是我们这一代人在实现中华民族伟大复兴征程中义不容辞的历史责任和应有的使命担当。

责任重于泰山,使命催人奋进。2001年,永济市老区建设促进会根据运城市老区建设促进会安排,从回应老区人民期盼、挖掘红色资源出发,决定编纂一部永济革命老区史。其后,编纂人员走访调查、搜集史料,制定篇目、精心编纂。至2003年,一部突出"老"字、重写"革命",翔实记述永济革命老区1929年至1949年革命活动的《永济革命老区》成书面世,圆了永济老区人民多年的夙愿。

2017年6月,中国老区建设促进会下发了《关于编纂"全国革命老区县发展史丛书"的通知》,永济市老区建设促进会向永济市委请示汇报后,成立了《永济市革命老区发展史》编纂指导委员会、编纂委员会和征编组,副会长姚立荣任征编组组长,秘书长王新社任征编组副组长。征编组成立后,立即组织编纂骨干,开展前期准备工作。

《永济市革命老区发展史》编纂之初,没有体例规范,没有样书参考。征编人员一边学习借鉴各种史书的编纂体例,一边尝试列出编纂大纲,一边征集相关史料。2018

年 12 月，山西省老区建设促进会组织举办《全国革命老区县发展史》编纂培训会，明确了编纂体例和行文规范。会后，按照上级要求，修订编纂大纲，进一步征集史料，制定详细篇目，工作紧张有序，顺势推进。

《永济市革命老区发展史》的编纂得到永济市委、市政府的高度重视与倾力支持。前任市委书记徐志英、现任市委书记孙中全、市长黄亚平多次强调要切实提高思想认识，重视和组织好编纂工作，批示财政局及时足额拨付编印经费。前任市委副书记余敏、马巍，现任市委副书记王文选先后主持召开编纂工作会议和协调指导编纂工作，并责成市委办副主任王中社、张彩霞联络和督查史料征集和编纂有关事宜，市委办还专门下发通知安排征编工作。老区建设促进会原会长张克让克服年事已高等困难提出宝贵修改意见。党史研究室（市志办）、档案局、通信组、各镇（街道）等积极配合支持征编工作，党史研究室原主任余高原、现任主任王新保等同志都对编纂工作提出了很好的意见。

2019 年 6 月，编纂工作正式启动，编纂人员分工明确，各司其职。永济市老区建设促进会秘书长王新社负责征编的总体联络和资料把关；原市志办主任韩彦平负责全书总纂；参加过两轮《永济市（县）志》编纂的曹中义同志负责编纂革命战争时期部分；年逾七旬的王震亚老先生负责编纂社会主义革命和建设时期部分；王宗周先生负责编纂改革开放新时期部分与全书经济数据核准；老区建设促进会原秘书长、年逾八旬的张广印老先生，负责整理老区建设促进会和永济市 31 个老区村有关史料；老区建设促进会副秘书长王柏杉负责全书图片的征集、拍摄和筛选。其后 5 个月,全体编纂人员高站位严要求,以老区精神编纂老区发展史,分工协作、抱团发力,精研细编、善作善成,至 10 月末完成初稿编纂任务。11 月上旬,初稿分送永济市委、市政府、市委党史研究室(市志办)和相关部门进行审阅和征求意见。2020 年春节后,编纂人员在抗击新冠疫情、做好防疫工作的同时,认真梳理各方提出的修改意见,按照上级老区建设促进会提出的新要求,进一步核准事实,查缺补漏, 打磨提升,进行修改。2020 年 7 月中旬,经过几个月修改完成送审稿,送运城市老区建设促进会进行审阅。8 月上旬, 听取了运城市老区建设促进会的审阅意见后,永济市老区建设促进会召开专题会议,突出重点再安排,大家思想更加重视,标准一以贯之,从谋篇布局到行文记述,赘则删之,缺则补之,繁则简之,错则正之,精修细改保精品,力争向老区人民交出满意答卷,向建党 100 周年献一份厚礼。下旬完成终审稿,经运城市老促会终审后送交出版社。

　　《永济市革命老区发展史》编纂参考了诸多资料,主要有中共永济市委党史研究室编纂的《中国共产党永济历史》及相关文献,永济市志办编纂的《永济市志》《永济年鉴》及相关资料,永济市档案馆馆藏的《中共永济市委工作报告》《永济市人民政府工作报告》及相关资料,永济市老区建设促进会编写的《永济革命老区》及相关资料,镇(街道)、其他部门单位、社团和个人提供的相关资料。在这里,我们一并表示衷心的感谢!

　　《永济市革命老区发展史》涵盖时期长、涉及内容广、要求标准高、编纂时间紧，加之革命战争年代的多数当事者已经谢世，社会主义革命和建设时期的一些档案和文献资料缺失，以及编者学识水平有限，其中记述不当或疏漏之处在所难免，敬请批评指正。

永济市老区建设促进会会长　袁宏轩

2021 年 6 月 30 日